高等学校"十三五"应用型本科规划教材

工程管理概论

主　编　史玉芳　尚　梅

副主编　白芙蓉　王平乐　李　琴

主　审　李永清

西安电子科技大学出版社

内 容 简 介

本书是针对工程管理专业开设的"工程管理概论"或"工程管理专业导论"课程使用的教科书。全书以最新的理论、丰富的案例和翔实的数据,向读者展现了工程管理专业的全貌。本书共分九章,分别为工程概述,工程管理概述,工程管理的支撑平台,工程管理相关基础理论、方法与工具,工程建设市场准入与就业方向,工程管理专业培养方案和教学体系,工程管理专业教育与教学改革,工程管理专业学习方法,工程管理发展展望。

本书既可作为工程管理及相关专业大学本科生的教材,也可作为工程管理和工程技术从业人员提高自身素质的参考书籍。

图书在版编目(CIP)数据

工程管理概论/史玉芳,尚梅主编.

—西安:西安电子科技大学出版社,2013.8 (2016.6 重印)
高等学校"十三五"应用型本科规划教材
ISBN 978−7−5606−3153−0

Ⅰ. ① 工… Ⅱ. ① 史… ② 尚… Ⅲ. ① 工程管理—高等学校—教材
Ⅳ. ① F40

中国版本图书馆 CIP 数据核字(2013)第 180116 号

策 划 戚文艳
责任编辑 许青青 郑 娜
出版发行 西安电子科技大学出版社(西安市太白南路 2 号)
电 话 (029)88242885 88201467 邮 编 710071
网 址 www.xduph.com 电子邮箱 xdupfxb001@163.com
经 销 新华书店
印刷单位 陕西天意印务有限责任公司
版 次 2013 年 8 月第 1 版 2016 年 6 月第 3 次印刷
开 本 787 毫米×1092 毫米 1/16 印张 15.5
字 数 362 千字
印 数 3001~6000 册
定 价 27.00 元

ISBN 978 − 7 − 5606 − 3153 − 0 / F

XDUP 3445001−3

* * * 如有印装问题可调换 * * *

本社图书封面为激光防伪覆膜,谨防盗版。

出 版 说 明

　　本书为西安科技大学高新学院课程建设的最新成果之一。西安科技大学高新学院是经教育部批准，由西安科技大学主办的全日制普通本科独立学院。学院秉承西安科技大学50余年厚重的历史文化传统，充分利用西安科技大学优质教育教学资源，开创了一条以"产学研"相结合为特色的办学路子，成为一所特色鲜明、管理规范的本科独立学院。

　　学院开设本、专科专业32个，涵盖工、管、文、艺等多个学科门类，在校学生1.5万余人，是陕西省在校学生人数最多的独立学院。学院是"中国教育改革创新示范院校"，2010、2011连续两年被评为"陕西最佳独立学院"。2013年被评为"最具就业竞争力"院校，部分专业已被纳入二本招生。2014年学院又获"中国教育创新改革示范"殊荣。

　　学院注重教学研究与教学改革，实现了陕西独立学院国家级教改项目零的突破。学院围绕"应用型创新人才"这一培养目标，充分利用合作各方在能源、建筑、机电、文化创意等方面的产业优势，突出以科技引领、产学研相结合的办学特色，加强实践教学，以科研、产业带动就业，为学生提供了实习、就业和创业的广阔平台。学院注重国际交流合作和国际化人才培养模式，与美国、加拿大、英国、德国、澳大利亚以及东南亚各国进行深度合作，开展本科双学位、本硕连读、本升硕、专升硕等多个人才培养交流合作项目。

　　在学院全面、协调发展的同时，学院以人才培养为根本，高度重视以课程设计为基本内容的各项专业建设，以扎扎实实的专业建设，构建学院社会办学的核心竞争力。学院大力推进教学内容和教学方法的变革与创新，努力建设与时俱进、先进实用的课程教学体系，在师资队伍、教学条件、社会实践及教材建设等各个方面，不断增加投入、提高质量，为广大学子打造能够适应时代挑战、实现自我发展的人才培养模式。为此，学院与西安电子科技大学出版社合作，发挥学院办学条件及优势，不断推出反映学院教学改革与创新成果的新教材，以逐步建设学校特色系列教材为又一举措，推动学院人才培养质量不断迈向新的台阶，同时为在全国建设独立本科教学示范体系，服务全国独立本科人才培养，做出有益探索。

西安科技大学高新学院
西安电子科技大学出版社
2015年6月

高等学校"十三五"应用型本科规划教材
编审专家委员会名单

前　　言

随着我国经济建设的高速发展和建筑业的对外开放及与国际惯例接轨，社会对工程管理人才的需求越来越大，培养符合现代工程需要的工程管理高级人才已成为建设管理部门和高等院校的迫切任务和历史使命。

工程管理是对工程项目全生命周期的管理，既涉及工程技术等自然科学，又涉及管理科学，属于交叉学科，是管理科学与工程的组成部分，具有管理科学的共性。工程管理专业旨在培养具备管理学、经济学和土木工程技术的基本知识，能掌握现代管理科学的理论、方法和手段，能在国内外工程建设领域从事项目决策和全过程管理的复合型高级管理人才。

近年来，伴随我国经济建设的持续高速发展，工程项目的大量实践助推工程管理在基础理论和技术方法等方面日趋完善，使得工程管理在社会经济发展中的重要地位和作用得到普遍的认同和高度的重视，高校工程管理专业教育、教学体系也逐步健全。工程管理专业成为改革开放以来我国高等教育发展最快、成效最好的专业之一。

截至 2012 年，国内共有 341 所高校开设了工程管理专业。工程管理专业办学规模的迅速扩大和办学条件的不断改善，为我国近年来持续发展的工程建设提供了一大批从事工程管理及相关工作的专业人才。

为满足工程管理专业培养目标的要求，更好地完成工程管理专业教学大纲和教学计划，从 2003 年起，西安科技大学和西安科技大学高新学院相继开设了"工程管理学科(专业)导论"和"工程管理概论"课程。在认真分析、总结行业发展及学科建设相关情况的基础上，根据作者多年从事教学、科研的经验，及国内外最新的研究成果和先进经验，我们着手编写了《工程管理概论》一书。

本书在吸取国内外同类教材优点的基础上，全面论述了工程的概念、现代工程的分类和系统结构、工程的生命周期、现代工程的实施方式和工程管理理论与方法，系统总结了工程管理学科及行业的产生、发展过程及专业领域，深入阐述了工程管理行业及学科的支撑平台，细致罗列了工程管理专业相关的基础理论、方法及工程管理领域用到的主要计算机软件，认真分析了工程管理市场准入、就业方向和建设领域执业资格制度，详细介绍了工程管理专业培养目标、教学体系、课程设置、实践环节和发展态势等基本情况，最后总结了近年来工程管理专业教育教学改革状况，对工程管理课程的学习方法提出了合理的建议，并对工程管理未来的发展提出了展望。

本书是一本专业入门的教科书，它勾画出工程管理学科学习的各个重要侧面，可帮助学生在进入专业学习之前了解工程管理行业及学科的基本情况和发展态势，进而达到明确学习目标，增强学习信心，激发学习热情，提高学习自觉性和有效性的目的；本书也是一本新生入学启蒙的教科书，它符合学生的认知规律，在大一学生可以达到的起点上引导他们的学习；本书还是一本专业思想教育的教科书，它体现出应有的教育性，使学生认识到作为一个工程管理人员应具备的事业心和责任感。

本书共分为 9 章，由史玉芳、尚梅担任主编，白芙蓉、王平乐、李琴担任副主编，李永清担任主审。各章的编写分工为：第一、二章由西安科技大学尚梅编写，第三章由西安科技大学史玉芳、白芙蓉编写，第四章由西安科技大学高新学院李琴编写，第五章由白芙蓉编写，第六、七、八章由史玉芳编写，第九章由西安科技大学高新学院王平乐编写，全书由史玉芳拟定内容大纲和统稿。在本书编写过程中，李永清教授对内容大纲及编写规范给予了悉心指导和审定，硕士研究生李强在资料收集、整理及排版方面给予了大力协助，他们为本书的编写付出了辛勤劳动，在此一并表示感谢。

本书在编写过程中，参考了国内外众多专家学者的研究成果以及许多网络资料，在此谨向相关作者及研究人员表示诚挚的谢意。

由于时间仓促和作者水平有限，本书的疏漏之处在所难免，敬请各位读者谅解，并请批评指正。

编　者

2013 年 5 月

目　　录

第一章 工 程 概 述

【本章提要】

本章主要介绍工程的基本概念、现代工程系统、工程项目的生命周期和基本建设程序以及现代工程的实施方式，使学生对工程有一个基本的了解。

第一节 工程基本概念

一、工程的概念

1. 工程的定义

"工程(Engineering)"一词在《辞海》中有两层含义：其一是指将自然科学的原理应用到工农业生产而形成的各学科的总称，如土木工程、水利工程、冶金工程、机电工程、化学工程、海洋工程、生物工程等。这些学科是应用数学、物理学、化学、生物学等基础科学的原理，结合在科学实验和生产实践中所积累的技术经验而发展出来的。例如，土木工程就是把数学、物理学、化学等基础科学知识，力学、材料等技术科学知识，以及土木工程方面的工程技术知识综合运用到人们生产、生活实践中，用于研究、设计、修筑各种建筑物和构筑物的各学科的总称。在此含义下，"工程"的主要内容包括对于工程的勘测、设计、施工，原材料的选择研究，设备和产品的设计制造，工艺和施工方法的研究等。工程的另一层含义是指具体的施工建设项目。例如，全世界最大的水利枢纽工程——三峡工程，是治理和开发长江的关键性工程，具有防洪、发电、航运等综合效益；又如，我国西部大开发的标志性工程——西气东输工程，从新疆塔里木向上海、浙江等东部地区供气，构筑了横贯我国西东的天然气供气系统。

在社会经济高速发展的今天，"工程"的概念已经广泛运用于各行各业，频繁出现在我们的视野里。概括起来说，工程是一种科学应用，是把科学原理转化为新产品的创造性活动，而这种创造性活动是通过各种项目的实施由各种类型的工程技术人员来完成的。

在社会活动和日常生活中，"工程"一词往往还多了另外一层含义，即指重要和复杂的计划、事业、方案和大型活动等，如我国青少年发展基金会发起并组织实施的一项为青少年成长服务的社会公益事业——"希望工程"；我国政府为保障蔬菜副食品供给，满足广大群众生活需要的"菜篮子工程"，以及意为"面向21世纪，重点建设100所左右的高等学校和一批重点学科"的"科教兴国211工程"等经济和社会发展工程。

2. 广义的工程

在现代社会，符合上述"工程"定义的事物是十分普遍的。"工程"是一个十分广泛的概念，只要是人们为了某种目的，进行设计和计划，解决某些问题，改进某些事物等，都是"工程"。所以人类社会到处都有"工程"。

(1) 传统意义上的工程的概念包括建造房屋、大坝、铁路、桥梁，制造设备、船舶，开发新的武器，革新技术等。

(2) 由于人们生活和探索领域的扩展，不断有新的科学技术和知识被发现和应用，从而开辟出许多新的工程领域，如近代出现的航天工程、空间探索工程、基因(如生物克隆)工程、食品工程、微电子工程、软件工程等。

(3) 在社会领域，人们也经常用"工程"一词描述一些事务和事物，例如"扶贫工程"、"211 工程"、"阳光工程"、"333 工程"、"民心工程"、"经济普查工程"、"健康工程"、"菜篮子工程"等。

另外，在许多场合，领导人在提到某些社会问题时常常说，这个问题的解决是一个复杂的"系统工程"。

3. 狭义的工程

工程的定义虽然非常广泛，但工程管理专业所研究的对象还是比较传统的"工程"范围。工程管理的理论和方法应用最成熟的是土木建筑工程、水利工程和军事工程领域。而工程管理专业的学生也主要在土木建筑工程和水利工程等领域就业。所以工程管理专业所指的"工程"，主要是针对土木建筑工程与水利工程，是狭义的工程的概念。在本书中如果没有特别说明，则"工程"一词就是指狭义的工程。

4. 工程的三个方面

归纳上面的各种定义，从工程技术和工程管理专业的角度来说，"工程"一词主要有如下三方面的意义：

(1) 工程是人类为了实现认识自然、改造自然、利用自然的目的，应用科学技术创造的、具有一定使用功能或实现价值要求的技术系统。工程的产品或带来的成果都必须有使用(功能)价值或经济价值，如一幢建筑物、一条公路等；也有一些工程的产品具有很大的文化价值，如埃及的金字塔、天安门广场的人民英雄纪念碑。工程技术系统通常可以用一定的功能(如产品的产量或服务能力)要求、实物工程量、质量、技术标准等指标表达。例如：

① 一定生产能力(产量)的某种产品的生产流水线。

② 一定生产能力的车间或工厂。

③ 一定长度和等级的公路。

④ 一定发电量的火力发电站，或核电站。

⑤ 具有某种功能的新产品。

⑥ 某种新型号的武器系统。

⑦ 一定规模的医院。

⑧ 一定规模学生容量的大学校区。

⑨ 一定规模的住宅小区。

⑩ 解决某个问题的技术创新、技术改造方案或系统等。

在这个意义上，工程是一个人造的技术系统，是解决问题、实现目标的依托。人造的技术系统是工程最核心的内容，一般人们所用的"工程"一词，也主要是指这个技术系统。

(2) 工程是人们为了达到一定的目的，应用相关科学技术和知识，充分利用自然资源获得上述技术系统的活动。这些活动通常包括：工程的论证与决策、规划、勘察与设计、施工、运行和维护，还可能包括新型产品与装备的开发、制造和生产过程，以及技术创新、技术革新、更新改造、产品或产业转型过程等。

在这个意义上，"工程"又包括"工程项目"的概念。

(3) 工程科学。工程科学是人们为了解决生产和社会中出现的问题，将科学知识、技术或经验用以设计产品，建造各种工程设施、生产机器或材料的科学技术。工程科学研究的对象包括相关工程所应用的材料、设备和所进行的勘察设计、施工、制造、维修及相应的管理等技术，按照工程的类别和相关的知识体系又分为许多工程学科(专业)。

综上所述，"工程"包括了"工程技术系统"、"工程的建造过程(即工程项目)"和"工程科学"三个方面的含义。在实际生活中，"工程"一词在不同的地方使用，会有不同的意义。

二、工程的作用

工程的作用主要有如下七个方面。

(1) 工程是人类开发自然，改造自然的物质基础。

工程是人类为了解决一定的社会、经济和生活问题而建造的，具有一定功能或价值的系统。如三峡工程是为了解决我国长江上游的防洪、发电、航运问题而建造的；有些工程具有文化或历史价值，如天安门广场上的人民英雄纪念碑。

人类为了改变自己的生活环境，探索未知世界，一直在进行着各种各样的工程。这似乎是人类社会的一个基本"职能"。从最简单的房屋建筑到复杂的宇宙探索，工程改变了人类的生活，增强了人类认识自然和改造自然的能力。

① 人们通过工程改善自己的生存环境，提高物质生活水平。

例如：通过建筑房屋为人们提供舒适的住宅条件，能够为人们挡风避雨；汽车制造厂生产出小轿车，改善了人们的出行条件。

再如：人们需要通过石油开采工程和发电厂建设工程提供生活、工作所需的能源，需要通过信息工程建设提供通信服务设施。

② 人们认识自然，进行科学研究，探索未知世界，必须借助工程所提供的平台。

例如：人类通过建造的正负离子对撞机、大型空间站、宇宙探索装置等，逐渐认识了大至外层宇宙空间的宏观世界，小到基本粒子的微观世界。

③ 人们通过工程改造自然，使之有利于自己，降低自然的负面影响。

例如：我们的祖先曾经过着日出而作、日落而息、靠天吃饭的原始生活，但随着现代水利、电力、通信等技术的发展，现代人的生存条件得到了极大的改善，同时人类对自然的依赖性也大大降低了。

④ 工程为人们社会文化生活，特别是精神生活，提供所需的场所，丰富了人们的物

质和文化生活。人类历史上建造的各种庙宇、祭坛、教堂、宫殿、纪念馆、大会堂、运动场、园林、图书馆、剧场等都是人们文化生活的场所。

例如：近年建成的奥运场馆、世博会馆、世园会馆等都丰富了人们的物质和文化生活。

工程发展到现在，已经深入到了人们生产和生活的各个方面，人们的衣食住行都离不开工程，如土木工程、食品工程、电子工程、纺织工程、交通工程等。人们通过工程改变着自然，改变着地球的面貌，提升了自己的能力，也改变了自己的物质生活，丰富了自己的精神文化生活。

(2) 工程是人类文明的体现和文明传承的载体。

① 工程是人类运用自己所掌握的科学技术知识开发自然和改造自然的产物，是人类生存、发展历史过程中的基本实践活动，也是人类在地球上生活、进行科学研究和探索留下的重要痕迹。它标志着社会的科学技术发展水平和文明程度，同时也是历史的见证，记载了历史上大量的经济、文化、科学技术的信息。

例如：人们通过对大量古建筑遗址或古代陵墓的考察，可以了解当时的政治、经济、军事状况，科学技术发展水平和人们的社会生活情形。

因此通过对历史上工程(特别是建筑、工程材料和工程结构)的分析和研究，我们可以清晰地了解到科学技术发展的轨迹。

在古代，土木工程所用的材料最早只是天然材料，如泥土、木材、砾石、石材以及混合材料(如加草筋泥)等。这在龙山文化遗址上可以看到(图 1-1)。后来在工程中有了用泥土烧制的砖头和瓦，以及一些陶制品。我国著名的万里长城，就是秦代在魏、燕、赵三国夯土筑城的基础上进一步修筑和贯通的，主要采用夯土、砖和石料。

2000 多年以来，木材和秦砖汉瓦是我国建筑的主要材料。如建于公元 14 世纪，历经明清两代的北京故宫，如图 1-2 所示，是世界上现存最大、最完整的古代木结构宫殿建筑群。

图 1-1　龙山文化遗址

图 1-2　北京故宫

② 工程是人类认识自然和改造自然传承的载体，是人类文化和文明的传承载体。工程是人类智慧和经验的结晶，反映着人类文明和历史的变迁。人类的科学技术和知识的大量内容是通过工程传承的。任何时代，工程是所有已经取得的科学技术的体现，同时科学技术研究和探索又都是在工程的基础上进行的。

例如：现代科学家进行基本粒子研究所用的仪器和设施就代表人类已经获得的基本粒子科学知识的全部；在人们所进行的航天工程中，就用到人类所积累的所有天文学、数学、物理学、化学、材料科学、空气动力学等各方面的尖端科学知识。

③ 在人类历史发展的长河中，建筑工程是文化艺术的一部分。工程从一开始就和艺术

融为一体。现在发现的许多原始人留下的岩石壁画，就可能是最久远的室内装潢艺术。人类开始建造房屋("构木为巢")的时候，就开始了艺术创作。早期的人们就试图在房屋木结构上雕刻，通过建筑工程表现美感、技巧、精神和思想。

经过长期的发展，建筑已成为凝固的音乐，永恒的诗歌。一座优美的建筑带给我们的不仅只有使用功能，而且有视觉上的审美享受，同时也让我们从中看到所处时代的印记和所属民族的特质。不同国度(民族)的建筑或一个国度不同时期的建筑，都表现了不同国度(民族)，不同时期人们的文化、智慧和精神。

(3) 工程是科学技术发展的动力。

工程科学是科学技术的重要组成部分。工程建设和工程科学的发展为整个科学技术的发展提供了强大的动力。即使在现代，科学技术要转化成直接的生产力，仍然离不开工程这一关键环节。

① 工程要应用科学知识解决实际问题。在各种不同种类的工程建设和发展过程中，逐渐形成了一门门工程学科。工程技术和学科的建立和发展与整个科学技术的发展是相辅相成的。在工程中会遇到许多新的问题，出现新的现象，人们研究解决这些问题，就获得了新的科学知识。特别在现代，大型和特大型的高科技工程又是研究和探索科学知识的过程。

② 工程专家(或工程师)要应用科学知识建造工程，以解决社会经济和文化发展过程中出现的问题，为人类造福。如我国的古代建筑赵州桥、埃及的金字塔，都是在当时数学知识和几何知识不甚发达时期修建的，但那时的工程专家(即工匠们)利用丰富的经验和精湛的手艺建造了无与伦比的工程。又如，2000多年前建造的都江堰工程就利用了弯道流体力学的方法取水排沙，而这种方法直到现代社会仍然是水力学研究的前沿问题。

③ 现代社会，科学家需要依托工程所提供的条件进行科学研究。科学家常常需要设计新的科学实验设备或模拟装置，它们本身又是工程。我国的最新一代核聚变实验装置"EAST"(Experimental Advanced Superconducting Tokamak)，见图1-3，俗称"人造太阳"，本身就是一个非常复杂的工程系统。

④ 科学家为大型工程提供具有可靠性和适用性的理论分析和实验模拟。例如：在新的大型结构的应用中，首先制作模型在实验室里进行模拟试验，如力学实验、荷载试验、地震试验等。现在几乎所有的复杂的高科技工程都有这个过程，如图1-4所示。

图1-3 我国的最新一代核聚变实验装置　　　　图1-4 人工模拟水利工程模型

在一些大型工程中，如我国的"两弹一星"工程、奥运工程，以及最近的"载人航天"

工程等，都有工程技术和科学研究的高度结合。工程需要进行大量的科学模拟实验，以解决工程中的新问题。同时科学家利用工程提供的工具和平台进行科学试验和研究，以发现新的科学知识。

再如，城市轨道交通工程建设涉及车站建设、隧道挖掘、轨道铺设、车辆制造、信息通信系统建设等活动，几乎涉及现代土木工程、电子信息工程、机电设备工程等所有高新技术领域。

(4) 工程是社会发展的动力。

工程作为社会经济和文化发展的动力，在人类历史进程中，一直被视做直接的生产力。具体体现在如下几方面：

① 工程建设促进了城市化的发展。城市化，即人口向城市集中，是现代社会的特征之一。在城市化过程中，需要建设大量的房屋工程和城市基础设施工程。

② 工程是社会经济、文化发展的依托。国民经济各部门的发展、科学的进步、国防力量的提升、人民物质和文化生活水平的提高都依赖工程所提供的平台。例如：信息产业的发展需要生产通信产品的工厂和相关通信设施；交通业发展需要建设高速公路、铁路、机场、码头；食品工业和第三产业发展需要工厂及相关设施；国防力量的提升需要大量的国防设施，还需要进行国防科学技术研究基地建设；教育发展需要建大量的新校区、大学城，需要教室、图书馆、实验室、宿舍、运动场(馆)、办公楼等。

所以，工程是工业、农业、国防、教育、交通等各行各业发展的基础。国民经济的各个部门都要有基本的设施，都离不开工程。近三十年来，我国经济高速发展，国家繁荣，一个重要的特征就是，我们建设了和正在建设着大量的工程。工程是国家现代化建设程度的标志。

随着我国国民经济的快速增长，固定资产投资额逐年提高，工程建设作为固定资产投资转化为生产能力的必经环节，其产值也大幅度增加。固定资产投资中既包括生产性投资，也包括生活消费性投资。我国整个社会固定资产投资总额中约有60%是工程建设投资。以2011年为例，全社会固定资产投资311 485亿元，其中建筑安装工程占到200 196亿元，另外还有与建筑工程相关的约1万亿元的设备、器具采购。

近几年我国社会固定资产投资与建筑安装工程的总额和比例见表1-1。

表1-1 我国社会固定资产投资与建筑安装工程情况表

年份	2003	2004	2005	2006	2007	2008	2009	2010	2011
全社会固定资产投资总额/亿元	55 567	70 477	88 774	109 998	137 324	172 828	224 599	251 684	311 485
其中建筑安装工程总额/亿元	33 447	42 804	53 383	66 776	83 581	104 959	138 758	155 581	200 196
建筑安装工程所占比例(%)	60.2	60.7	60.1	60.7	60.8	60.7	61.8	61.6	64.3

(5) 工程相关产业，特别是建筑业，是国民经济的重要行业。

工程建设是由工程相关产业(主要是建筑业)完成的。建筑业直接通过工程建设完成建筑业产值，获取利润，提供税收，对国民经济发展作出了很大的贡献。我国社会各领域投资的增加促进了我国建筑业的发展。近年来，我国建筑业增加值不断创历史新高。在国家统计局发布的中国统计年鉴中，2011 年我国国内生产总值全部为 472 881.6 亿元人民币，其中建筑业增加值为 31 942.7 亿元人民币。建筑业已成为国民经济的支柱产业之一。近几年来，建筑业增加值占国内生产总值的比例见表 1-2。在国家统计局发布的中国统计年鉴国内生产总值统计中，产业增加值指数从高到低依次为工业、建筑业、交通运输仓储邮电通信业及批发和零售贸易餐饮业等四大产业。

表 1-2 建筑业增加值占国内生产总值比例

年份	2006	2007	2008	2009	2010	2011
国内生产总值/亿元	211 923.5	249 529.9	314 045.4	340 902.8	401 512.8	472 881.6
其中建筑业增加值/亿元	11 851.1	14 014.1	18 743.2	22 398.8	26 661	31 942.7
建筑业增加值所占比例/(%)	5.6	5.6	6	6.5	6.6	6.8

(6) 工程相关产业也是解决劳动力就业的主要途径。

建筑业历来是劳动密集型产业，吸纳了大量的劳动力。2011 年建筑业全行业从业人员数量约为 3 852.5 万人(尚不包括大量的临时性劳务人员)，占到全社会从业人员数量的 4.9%。其中大多数建筑工人来自农村。所以建筑业为缓解我国就业压力，特别是为解决农村剩余劳动力转移等问题作出了很大贡献。

(7) 工程建设消耗大量的自然和社会资源，拉动了整个国民经济的发展。

工程建设是将社会资源整合后形成生产能力和固定资产的最基础的环节，在整个国民经济的资源配置中发挥着重要的枢纽作用。工程建设的发展会带动国家经济各个行业的发展。

三、我国古代工程

早期的人类，没有房屋居住，没有出行工具和道路，自然灾害频繁，过着风餐露宿、茹毛饮血的生活。但是，随着人类社会的发展，人们在长期的劳动实践中积累了科学知识，进而利用科学知识进行生产活动，达到了开发自然、改造自然的目的。

历史上的工程最典型的和主要的是土木建筑工程和水利工程，主要包括房屋工程(如皇宫、庙宇、住宅等)、城市建设、军事工程(如城墙、兵站等)、道路桥梁工程、水利工程(如运河、沟渠等)、园林工程、陵墓工程等。这些工程又都是当时社会的政治、军事、经济、宗教、文化活动的一部分，体现着当时社会生产力的发展水平。

1. 房屋工程

人类早期是没有房屋的，他们居住在山洞，以最原始的方式御寒保暖，遮风挡雨。后来，人类学会了使用简单的工具，利用大自然中的各种材料，动手建造更符合自己喜好的、更为舒适的居住场所。早期人们采用的多为天然材料，如木材、石材等，搭建各种棚屋。"构木为巢"是最原始的"房屋建筑工程"。易经中也有"上古穴居而野处，后世圣人易之以宫室，上栋下宇，以避风雨"的记载。

我国两千五百多年前就形成了以木结构作为主要构架，以青砖作墙，以碧瓦作为上盖的"梁柱式房屋建筑"形式。这是我国房屋建筑的主要形式,是从古代人的"构木为巢"传承下来的。这种建筑结构的特点是取材容易。在古代,我国森林资源丰富,似乎取之不竭;同时,木材易于制作构件,易于雕刻和艺术化处理,可以雕梁画栋、"钩心斗角"。所以我国古代木建筑使用十分广泛,在建筑方式和工艺方面也达到了很高的水平。

但木建筑的广泛使用会伤及山林和水土,如由于"阿房出",导致"蜀山兀"。

木建筑也易被兵火殃及。翻开中国历史,三千多年,朝代更替,社会动荡不安,战争连绵不断,其中无数的建筑被焚毁,可以说是一片火光!

2. 城市建设

当人类发展到了新石器时代的后期,以农业作为主要生产方式时,就形成了比较稳定的劳动集体,产生了固定的集聚地。人们集中居住是为了抗御自然,防止其他部落和野兽的入侵,提高自己的生存能力,同时逐渐社会化,满足精神生活要求。史记记载,舜由于其德行高尚,人们都愿意居住在他的周围,所以"一年所居成聚,二年成邑,三年成都"。

这样就需要进行集中固定的居民点的建设。按照防御的要求,在居民点周围挖壕沟或建墙,或建栅栏。这些都是带有防御性的军事工程,逐渐形成城市的雏形。

同时在商业和手工业出现后就有了交易和集市。在我国古代,"城"是以武装保护的土地,即有防御性的构筑物,而"市"就是交易场所。

在我国历史上,秦代的咸阳、汉长安,唐代长安、宋代梁城(开封)、元大都(北京)、唐代的长安城(图1-5)均是当时世界上最大的、最先进的城市之一。

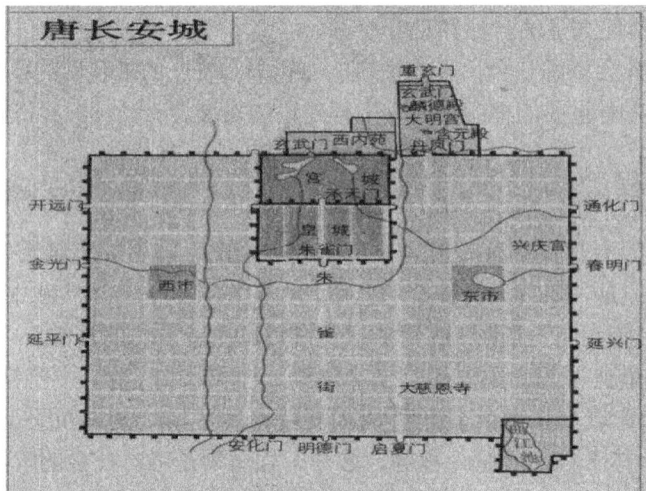

图1-5 唐代长安城图

社会的发展使城市的功能发生了变化,城市不仅能作为人们的集聚地,为人们提供居住条件、生活服务设施和公共建筑,而且也成为了社会的政治中心、经济中心、金融中心和交通中心。

3. 军事工程

早期的人们出于保护自己领地的目的,在居住点、城市,甚至国境线上修建壕沟、城墙等防御工事。这是古代最为重要的,也是最为庞大的国家工程。墨子认为,国有七大患,第一就是"城郭沟池不可守而治宫室",即国防工程没有做好,就做华丽的皇宫。明朝朱元璋在登基前，接受谋臣朱升的三条建议，第一就是"高筑墙"。

古代主要的军事工程是城墙。我国长城修筑的历史可上溯到公元前 9 世纪的西周时期，周王朝为了防御北方游牧民族俨狁的袭击，曾建筑连续排列的城堡"列城"以作防御工事。

到了公元前 7、8 世纪的春秋战国时期，列国诸侯为了争霸和各自的防守需要，在自己的边境上修筑起长城。最早建筑的是公元前 7 世纪的楚长城，其后齐、韩、魏、赵、燕、秦、中山等大小诸侯国家都相继修筑长城以自卫。由于当时的生产力发展水平不高和国力不强，这些长城都自成体系、互不连贯，且工程规模较小，式样各不相同，长度也较短，从几百公里到一二千公里不等。人们称之为"先秦长城"。

公元前 221 年，秦始皇并灭了六国诸侯，统一了天下。秦为了巩固国家的安全，防御北方强大匈奴游牧民族的侵扰，便大修长城。在原来燕、赵、秦部分北方长城的基础上，增筑扩建了很多部分，完成"西起临洮，东止辽东，蜿蜒一万余里"的长城，如图 1-6 所示。从此便有了万里长城的称号。长城绵延万里，是由城墙、敌楼、关城、墩堡、营城、卫所、镇城烽火台等多种防御工事所组成的一个完整的防御工程体系。

图 1-6 万里长城

在两千多年的长城修筑过程中人们积累了丰富的经验。在布局上，秦始皇修筑万里长城时就总结了"因地形，用险制塞"的经验，两千多年来一直被人们沿用，同时也成为军事布防上的重要依据。在建筑材料和建筑结构上，以"就地取材、因材施用"的原则，创造了多种结构方法，有夯土、块石片石、砖石混合等结构；在沙漠中还利用了红柳枝条、芦苇与砂粒层层铺筑的结构，可称得上是"巧夺天工"的创造。

4. 交通工程

在古代，人们一般都临河而居，扎木筏或"刳木为舟"作为交通工具。这也是最早的造船工程。

后来，随着陆上交通需要的增加，人们经过长期实践，修建了道路，也就开始有了道路工程。这些道路像一条条纽带，把散落在不同地方的人们连接在了一起，也使得人们的居住地从河边扩大到了内陆。秦朝建设的驰道和秦直道是历史上著名的道路工程。

公元前 212 年至公元前 210 年，秦始皇统一六国后，以国都咸阳为中心，修筑了通向原六国首都的驰道。秦直道是秦始皇为抵御匈奴势力南侵而建造的具有战略意义的国防工程，是中国最早的高速公路。为快速反击和抵御北方匈奴侵扰，秦始皇命大将蒙恬率师督军，役使百万军工，一面镇守边关，一面修筑军事要道。仅仅用了两年半，修建起一条长约 700 公里，由陕西淳化云阳郡通向包头九原郡的秦直道(图 1-7)。

司马迁在《史记蒙恬传》中写道："吾适北边，自直道归，行观蒙恬所为秦筑长城亭障，堑山堙谷通直道。"秦直道把京卫和边防连接起来。一旦边事告急，秦始皇的铁骑凭借这一通道从咸阳三天三夜就可抵达阴山脚下的塞外国境。这是当时连通中原和北方的一条主要交通干线，它对于巩固边防，促进内地和北方的经济、文化联系起到了十分重要的作用。

在秦直道上每隔约 30 公里就有一个宫殿建筑，整个秦直道上共有 26 座。它们与现代高速公路上的服务区类似。

秦直道遗迹的路面宽在 20 多米到 40 多米之间，路基夯土层一般由黑土、黄土、白灰和沙子相间夯实，与现代公路地基处理工艺几乎相同。

由于河流、山涧横亘在道路之间，道路起初是不连续的。伴随着道路的发展，桥梁建设也逐渐兴起，桥梁可以跨越河流、山涧，为道路的通达创造了条件。据史籍记载，秦始皇为了沟通渭河两岸的富室，兴建了一座咸阳渭河桥，这是世界上最早和跨度最大的木结构桥梁。

在隋代修建了世界著名的空腹式单孔圆弧石拱桥——赵州桥(图 1-8)，净跨度达 37.02 米。

图 1-7　秦直道

图 1-8　赵州桥

5. 水利工程

在古代，人类生存还受到洪涝和干旱威胁。我国是农业大国，水利工程历来就是人们抵御洪水、解决农业灌溉问题和发展运输的重要设施。中国古代流传着"大禹治水"的故事，述说的就是"全国性"的水利工程。

公元前 5 世纪至公元前 4 世纪，在我国河北的临漳，西门豹主持修筑了引漳灌邺工程。

公元前 3 世纪中叶，我国战国时期的秦国蜀郡太守李冰及其子在四川主持修建了都江堰，解决了围堰、防洪、灌溉以及水陆交通问题，该工程被誉为世界上最早的综合性大型水利工程。

公元前 237 年，秦王采纳韩国水利专家郑国的建议，开凿了郑国渠。郑国渠灌溉面积达 18 万 hm^2，是我国古代最大的一条灌溉渠道。

在我国历史上，都江堰和大运河工程是最著名的两个水利工程。

(1) 都江堰——最"长寿"，最具有可持续发展能力，最符合科学发展观的工程。都江堰建于公元前 3 世纪，位于四川成都平原西部的岷江上，是迄今为止全世界年代最久，且唯一仍发挥作用的宏大水利工程。

截至 1998 年，都江堰灌溉面积达到 66.87 万 hm^2，为四川 50 多个大、中城市提供了工业和生活用水，而且集防洪、灌溉、运输、发电、水产养殖、旅游及城乡工业、生活用水为一体，是世界上水资源利用的最佳典范。

都江堰水利工程以独特的水利建筑规划艺术创造了与自然和谐共存的典范。它充分利用当地西北高、东南低的地理条件，并根据江河出山口处特殊的地形、水脉、水势，乘势利导，利用高低落差，无坝引水，自流灌溉，使堤防、分水、泄洪、排沙、控流相互依存，共为体系，保证了防洪、灌溉、水运和社会用水综合效益的充分发挥，变害为利，使人、地、水三者高度协调统一，如图 1-9 所示。

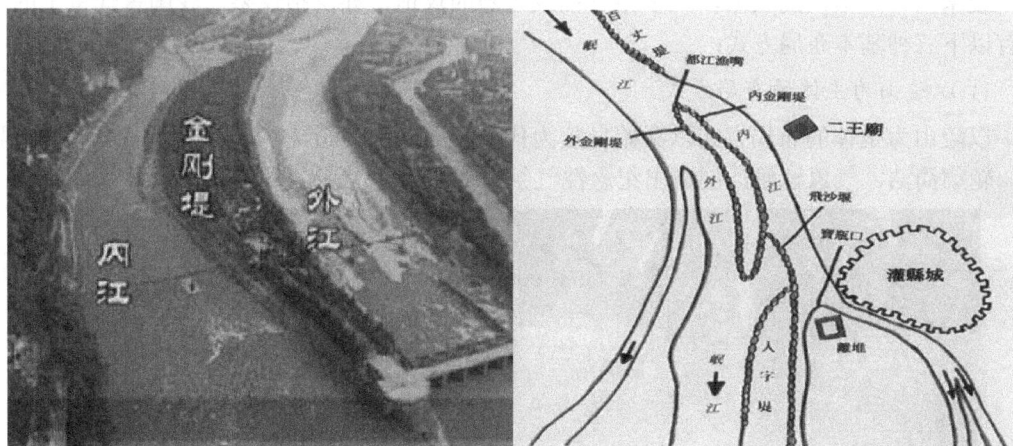

图 1-9 都江堰水利工程

都江堰的工程布局和"深淘滩、低作堰"，"乘势利导、因时制宜"，"遇湾截角、逢正抽心"等治水方略，使古堰 2000 多年来持续发展，这些治水方略至今仍是治水的基本方法。

都江堰工程蕴藏着极其巨大的科学价值。它虽然建于两千多年前，但它所蕴含的系统工程学、流体力学等科学方法，在今天仍然是处在科学技术前沿的课题。

(2) 大运河——世界上最长的运河。大运河，如图 1-10 所示，北起北京，南达杭州，流经北京、河北、天津、山东、江苏、浙江六个省市，沟通了海河、黄河、淮河、长江、钱塘江五大水系，全长 1794 公里，是巴拿马运河的 21 倍，是苏伊士运河的 10 倍。

大运河从公元前 486 年开始开凿，成于隋朝。在唐宋时期河运就十分繁荣，在元代人们又将它取直，在明清时期又进行了大规模的疏通。它在我国历史上作为南北交通的大动脉，曾起过巨大作用。今天，大运河作为南水北调的主要路径，仍然焕发出青春的活力。

图 1-10 大运河

6. 园林工程

我国的园林是具有丰富文化和艺术内涵的工程，苏州古典园林是其典型代表。苏州古典园林的历史可上溯至公元前6世纪春秋时期吴王的园囿，私家园林最早见于历史记载的东晋(4世纪)的辟疆园，后来历代造园都十分兴盛。明清时期，苏州成为中国最繁华的地区，私家园林遍布古城内外。16～18世纪苏州园林进入全盛时期，有园林200余处，使苏州有"人间天堂"的美誉。苏州古典园林以其意境深远、构筑精致、艺术高雅、文化内涵丰富著称。

7. 陵墓工程

陵墓指帝王诸侯的坟墓，现多指领袖或先烈的坟地，亦泛指坟墓。我国古代帝王的陵墓有以下三种基本布局方式：

1) 以陵山为主体的布局方式

以陵山为主体的布局方式以秦始皇陵为代表，其封土为覆斗状，周围建城垣，背衬骊山，轮廓简洁，气象巍峨，创造出纪念性气氛，如图1-11所示。

图1-11　秦始皇陵

2) 以神道贯穿全局的轴线布局方式

这种布局重点强调正面神道。如唐代高宗乾陵，以山峰为陵山主体，前面布置阙门、石象生、碑刻、华表等组成神道，神道前再建阙楼，借神道上起伏、开合的空间变化，衬托陵墓建筑的宏伟气势。

3) 建筑群组的布局方式

明清的陵墓都是选择群山环绕的封闭性环境作为陵区，将各帝陵协调地布置在一处。在神道上增设牌坊、大红门、碑亭等，将建筑与环境密切结合在一起，创造出庄严肃穆的环境。

四、我国现代工程

1. 我国现代工程建设概况

中华人民共和国成立后，我国很快就进入历史上少有的大规模建设时期，有大型的水利工程(如治理淮河、黄河、长江)、交通工程(如青藏公路)、工业工程、国防工程等。由苏联帮助的 156 项重点工程，以及北京的十大建筑、成昆铁路等都是当时具有标志性的建筑。

人民大会堂，如图 1-12 所示，是纪念建国十周年的首都十大建筑之一，位于北京市天安门广场西侧。人民大会堂完全由中国工程技术人员自行设计、施工，于 1958 年 10 月动工，仅用了 10 个多月的时间就建成了，在 1959 年国庆节时投入使用。

图 1-12　人民大会堂

从 20 世纪 80 年代初以来，我国进入了历史上规模最大的，在世界历史上也是罕见的工程建设时期。我国是建筑工程大国，各个领域都有许多大型和特大型工程。

(1) 钢铁工程。在钢铁工业方面有宝山钢铁厂，它是我国改革开放以后第一个最大的建设工程。宝山钢铁厂于 1978 年 12 月 23 日动工兴建，第一期工程于 1986 年 9 月建成投产，第二期工程于 1991 年 6 月建成投产。宝山钢铁厂是新中国成立以来建设规模最大的钢铁联合企业，2005 年 7 月，宝山钢铁厂被《财富》杂志评为 2004 年度世界 500 强企业第 309 位，成为中国竞争性行业和制造业中首批名列世界 500 强的企业。

(2) 水利工程。在水利工程方面，近几十年来有葛洲坝工程、鲁布革工程、小浪底工程、二滩水电站、三峡水利工程、南水北调工程等。

(3) 核电工程。在核电工程方面，目前已经运行的有大亚湾核电站、秦山核电站等；在建的有秦山核电站二期工程、秦山核电站三期工程、大亚湾核电站(岭澳)二期工程和连云港田湾核电站等。

(4) 铁路工程。铁路工程最大的有京九铁路、青藏铁路工程。青藏铁路于 1957 年开始勘测修筑，1960 年西宁至海晏段建成通车。20 世纪 70 年代中期，青藏铁路又继续施工修建，1979 年铺轨至格尔木市。2001 年 2 月 8 日，国务院批准建设青藏铁路二期。青藏铁路二期为格尔木至拉萨段，全长 1118 公里，途经多年冻土地段 550 多公里，海拔 4000 米以上的地段 965 公里，最高点为海拔 5072 米的唐古拉山口。建成后青藏铁路成为世界上海拔最高和最长的高原铁路。

(5) 化工工程。在 20 世纪 70 年代我国就投资建设仪征化纤、扬子石化等，最近的化工工程有扬子巴斯夫石化工程、广东茂名石油化工工程、福建石油化工工程等。

(6) 桥梁工程。近十几年来，我国在长江上兴建了许多大桥。现在仅江苏段除了原来的南京长江大桥外，还有南京长江二桥、南京长江三桥、润扬长江大桥、苏通长江大桥、江阴长江大桥等。

(7) 地铁工程。我国城市地铁从无到有，已建及在建城市轨道交通工程(地铁或轻轨)的城市有北京、上海、广州、深圳、南京、武汉、重庆、大连、哈尔滨、长春、青岛、成都、沈阳、苏州、西安、杭州、郑州、无锡等几十个大城市。

(8) 高速公路工程。中国高速公路从零起步，经过二十多年的建设，到 2009 年 6 月，已达 6.5 万公里，高速公路总里程位居世界第二。

这些工程无论在规模方面还是工程技术的先进性方面都是当代一流的。

2. 现代工程的特点

(1) 工程规模大，难度高。现代工程规模大，工程的技术难度高。我国近几十年来许多工程都不断创造工程领域的世界之最。最典型的是三峡工程，它的许多指标都突破了我国和世界水利工程的纪录。

以三峡工程为例，该工程的静态概算(1993 年 5 月价格水平)为 900.9 亿元，分三期建设，总工期为 18 年。在水利工程史上，创造了很多世界之最：三峡水库总库容 3.93×10^{10} m³，防洪库容 2.115×10^{10} m³，水库调洪可削减洪峰流量达每秒 $2.7 \times 10^4 \sim 3.3 \times 10^4$ m³，是世界上防洪效益最为显著、最大的水利工程。三峡工程包括两岸非溢流坝在内，总长 2335 m。泄流坝段 483 m，水电站机组 70 万 kW×26 台，双线 5 级船闸以及垂直升船机，是世界上建筑规模最大的水利工程。三峡工程主体建筑物土石方挖填量约 1.0283×10^8 m³，混凝土浇筑量 2.794×10^7 m³，钢材 59.3 万吨(金属结构件安装占 25.65 万吨)，土石方填筑 3.198×10^7 m³，钢筋 46.30 万吨，是世界上工程量最大的水利工程。三峡工程深水围堰最大水深 60 m，土石方月填筑量 1.7×10^6 m³，混凝土月灌筑量 4.5×10^5 m³，碾压混凝土最大月浇筑量 3.8×10^5 m³，各项月工程量都突破世界纪录，是施工强度最大的工程。三峡工程截流流量 9010 m³/s，施工导流最大洪峰流量 79 000 m³/s，是世界水利工程施工期流量最大的工程。三峡工程泄洪闸最大泄洪能力 1×10^5 m³/s，是世界上泄洪能力最大的泄洪闸。三峡工程的双线五级、总水头 113 m 的船闸，是世界上级数最多、总水头最高的内河船闸。三峡升船机的有效尺寸为 120 m×18 m×3.5 m，总重 11 800 t，最大升程 113 m，过船吨位 8000 t，是世界上规模最大、难度最高的升船机。三峡工程水库移民最终超过百万，是世界上水库移民最多、最为艰巨的移民建设工程。

(2) 在工程中应用现代高科技。任何时代的重大工程都是当时科学技术应用的典范，都体现了当时科学知识的最高水平，是当时高科技的结晶。在近 50 年来，科学技术高速发展，新的科学技术不断被应用于工程领域，推动了工程领域的发展。现代科学技术已渗透到了工程的各个方面。

① 工程材料越来越向轻质化、高强化发展。过去，人们使用 C20～C40 的混凝土，而现在通过掺硅粉、外加剂等各种技术措施，C50～C75 的混凝土已得到广泛的应用。1989 年美国西雅图建成的 56 层、高 226m 的双联合广场大厦，其中 4 根 3.05m 的钢管柱中灌注的现场浇捣混凝土高达 C120。此外，高强的合金、高分子材料、智能材料以及其他新型材料在工程中也得到越来越广泛的应用。

② 新型的大跨结构形式。以桥梁结构为例，在秦朝建造渭河大桥时的跨距一般在 10 m 左右，隋代赵州桥跨度达 37m。最近建成的银川艾倚河景观水道斜拉桥，如图 1-13 所示，桥长 206 米，宽 60 米，高 28.8 米，是目前数据可查的世界上单幅最宽的矮塔斜拉桥。

图 1-13 艾倚河景观水道斜拉桥

③ 智能化技术和信息技术在工程中的应用。智能建筑是现代通信技术、计算机技术、自动控制技术、图形显示技术、大规模集成技术、微电子技术、信息网络技术在现代工程和工程管理系统中的综合应用。建筑智能化赋予建筑新的意义：它不仅仅是遮风避雨的场所，而且是具有一定"生命"特征的物体。传统的梁柱板是建筑的骨骼，再配上计算机控制管理中心，网络通信系统和各种传感器、探头、工作站等，就赋予建筑一定的"头脑"和"神经系统"。高效率的信息传递速度和建筑自动化运行管理系统为人们提供更加人性化、舒适、高效率、节能、符合生态要求的生活和工作环境。

现代智能化的工程有智能学校、智能住宅小区、智能图书馆、智能医院、智能工厂、智能车站、智能飞机场、智能物流中心等。

④ 建筑工程越来越追求工业化、装配化。人们力求推行工业化的生产方式，在工厂中成批地生产房屋、桥梁的各种构配件、组合体等，然后运到现场装配。

⑤ 计算机技术在工程建设中的广泛使用。人们应用计算机进行计算机辅助设计、辅助制图、现场管理、网络分析、结构优化以及智能化运行管理，并将工程专家的个体知识和经验加以集中和系统化，构成专家系统。许多复杂的工程过去不能分析，也难以模拟，现在由于先进的数学理论，再加上计算机技术，使以往存在的问题也逐步得到了解决。现在结构较为复杂的工程在设计过程中均可作计算机模拟分析。

⑥ 工程向新的科技领域发展。人们目前正在积极地探索和建设特殊环境下的工程，如深海油田工程(见图 1-14)、航天工程(见图 1-15)、极地工程等，将来还要在月球上建筑工程。

图 1-14 深海油田工程

图 1-15 航天工程

(3) 高度复杂性、专业化和综合性。现代工程是一个复杂的、多功能、多专业综合的系统。

① 现代工程功能的多样化。以人们生活最密切的公共建筑和住宅建筑为例，它们已不再是徒具四壁的房屋了，而同时要求提供采暖、通风、采光、给水、排水、供电、供热、供气、收视、通信、计算机联网、报警、远程控制等功能，是一个复杂的系统工程。

现代工程建设早已超出了原来意义上的挖土盖房、铺路架桥等传统土木工程技术的范围，而需要将其与材料、电子、通信、能源、信息等高科技紧密结合起来，从而呈现出各种专业技术相互渗透、相互支持、相互促进的局面。

② 工程的功能要求高。如今，人们对建筑有更高的要求，如使用方便、舒适、高效率、节能、生态条件等。现代工业建筑物往往要求恒温、恒湿、防振、防腐蚀、防辐射、防火、防爆、防磁、防尘、耐高(低)温，并向大跨度、灵活的空间布置方向发展，如制药车间、电脑芯片的制造车间等。这就导致了一个工程的建设所需要的工程专业越来越多，而且各种工程专业都是高度专业化的。

现代工程技术上的多样性并不是各种技术的简单相加，而是一种基于特定规律或规则的、面向特定目标的各种相关技术的有序集成。如目前集监控和管理功能为一体的智能建筑，就是现代建筑技术(Architecture)与现代信息技术相结合的产物，是四种技术(有时简称4C)，即现代计算机技术(Computer)、现代控制技术(Control)、现代通信技术(Communication)和现代图像显示技术(CRT)集成后所打造的现代化工程。

③ 技术具有高度的复杂性。如前所述，现代工程往往应用多种高科技技术，要面临很多前所未有的技术难题。同时，由于功能多样化的要求，需要解决多专业的集成技术问题。

④ 工程建设过程的参加单位众多。工程的组织系统十分复杂，包括各参与主体，如政府组织、社会团体、贷款机构、科研机构、工程管理公司、材料和设备供应商、工程承包商、设计单位等。例如三峡工程在施工高峰期有上万人在工程上工作，他们之间沟通十分困难。

另外，现代工程的复杂性还体现在：

① 现代工程的对象不仅包括传统意义上的实体化的工程技术系统，而且包括软件系统(智能化系统、控制系统)、运行程序、维护和操作规程等。这些方面有更大的难度和复杂性。

② 现代工程建设过程常常是研究过程、开发过程、工程施工过程和运行过程的统一体，而不是传统意义上的施工过程。在现代工程中施工过程的重要性和难度相对降低，而工程项目融资、经营等方面的任务加重了。

③ 现代工程，特别是大型工程的技术难度已经不是传统土木建筑工程的结构、材料和施工方面的问题，而是涉及一些综合性的各行业交叉融合的技术问题，以及环境保护、低能耗(低碳、低排放)、生态方面的问题。如青藏铁路的建设涉及以下问题：在工程施工和运行过程中高原生理(严寒缺氧、强紫外线照射)带来的问题；冻土(土冰层、饱冰冻土)条件下工程的施工和运行问题；在工程施工和运行过程中的生态环境保护的问题，如高原植被保护和恢复，藏羚羊的迁徙道路保护，污染物的处理；工程的建设和运行如何抗震的问题等。

④ 现代工程的资本组成方式(资本结构)、管理模式、组织形式、承包方式、合同形式是丰富多彩的。

⑤ 风险大。现代工程技术风险，特别是施工技术的风险相对减小，而金融风险、安全风险、市场运营风险则加大了。

⑥ 在工程中各方利益冲突的加剧，将会导致公共利益、政府(国家、地区、城市)、投资者、承包商、周边居民等各方面的利益平衡问题。

(4) 投资大，消耗大量的自然资源和社会资源。现代大型、特大型工程的建设投资规模常常以十亿、百亿、千亿元计，往往要集中全国、全省或全市的财力，它会影响国计民生，也会影响国民经济、社会和经济发展目标。如三峡工程总投资约2000多亿元人民币，西气东输工程总投资1400多亿元人民币，另外，建筑工程在施工和使用过程中要耗费大量的建筑材料和能源。我国整个钢产量的25%，水泥总产量的70%，木材总产量的40%，玻璃总产量的70%，塑料总产量的25%，运输总量的8%均用于工程建设。

因而我国要推行资源节约型社会的建设，必须从工程建设入手，节约材料、资金、能源。在工程建设中即使节约1%的资源，也是一个十分庞大的绝对数字，这对社会是很大的贡献。所以工程界对此承担着很大的责任。

(5) 对自然、社会的影响大，而且许多影响是历史性的。现代工程投资大，消耗的社会和自然资源多，对社会的影响，包括对周围居民生活的影响，对社会文化的影响，对社会经济环境的影响等都很大。现代工程已经成为社会生活中不可缺少的部分，同时它们的建立和实施又在改变着社会。

任何一个工程，利弊常常是同时存在的。人类社会认识自然和改造自然的能力越强，对自然和社会造成破坏的可能就越大，工程的历史影响就越大。

① 工程是人类改造自然和征服自然的产物，是自然界中的人造系统，会对自然产生巨大的影响。许多工程一经建设成为一个人造系统，该地域上就不可复原到原生态。对自然生态而言，工程的建设过程是不可逆的。由于大量的人造工程技术系统的建立和运行，使我们这个星球愈来愈不"自然"。在建设和运营过程中，工程需要消耗大量的原材料和能源，从而刺激这些能源和自然资源的开发需求，导致我们消耗了大量的不可再生资源，对自然造成了影响。

② 工程建设具有高度的公共性，会给许多人的生活带来巨大影响。如在三峡工程建成后长江三峡大坝以西400 km以内、海拔135m以下的数千城镇沉浸在水面以下，有上百万人口迁移，离开他们祖居的生息繁衍之地，到新的地方。这不仅带来大量的拆迁工作和大量的费用，也会给这些人的生存和发展带来新的问题，而且还会影响迁入地原居住人们的生活。

③ 现代的很多大工程是为了解决历史上长期存在的问题而修建的，建成后的运行期长，同时承载着几代人的希望，它们在现代科学技术的支撑下，必将长久存在，对后世留下不可低估的社会影响和历史影响。如青藏铁路工程将会在未来很长一段时期对我国的整个社会和地区生态产生影响。所以，工程的建设不仅要对国家、地区、城市可持续发展有贡献，而且自身也要有可持续发展的能力，即能够在预定的生命期内持续地满足社会对它的需要。

④ 永久性的环境影响。大型工程对环境影响很大。任何工程的建设必然会占据一定的空间，这会导致永久性占用土地，破坏植被和水源。同时原有的生态状况不复存在，而且将来也不可能恢复。例如我国古代大规模的建筑曾导致我国森林覆盖率的下降。

在我国，常常一条古老而清澈的河流，因为建造了一个化工厂或造纸厂，而这些厂的污水又得不到有效治理，结果成为"臭河"、"死河"，而且它的生态永远得不到恢复。在近几十年来，这种现象在我国发达地区几乎到处都有。这对我国人民的身体健康，对区域的水环境，对动植物的生存都会产生历史性的影响。例如，在我国许多城市，由于混凝土高楼太多，而且过于集中，以致形成热岛效应。

⑤ 对历史文化和文物的破坏。例如三峡工程造成许多千年古城被拆除，同时使得许多已发现的和尚未发现的文物遗址永久性沉入水底。

在南水北调工程中，尽管人们采取措施进行抢救性挖掘和保护，但这种损失仍是无法弥补的，甚至是无法估量的。

在我国许多地方，在工程建设中挖到古墓，人们野蛮施工，古墓被毁坏，文物被抢。

例如，由于三峡工程的建设，大量的原居民分散迁移到各个地方，会导致三峡工程所在地古老的风俗、传统习惯、非物质文化永久性的消失。

现代工程规模很大，它所带来的负面影响也很大。现代社会，人们对工程带来的负面影响越来越重视，要求工程尽可能在全寿命期内是有益的。

(6) 工程实现国际化。现代工程一个重要的标志就是工程要素的国际化，即一个工程建设和运行所必需的产品市场、资金、原材料、技术(专利)、土地(包括厂房)、劳动力、工程任务承担者(工程承包商、设计单位、供应商)等，常常来自不同的国度。

在当今世界，国际合作项目越来越多，任何一个国家都是世界经济的一部分。通过国际工程能够实现各方面核心竞争力的优势组合，能够取得高效率的工程。目前，我国已经加入 WTO，我国建筑工程承包市场对外全面开放，已是国际工程承包市场的一部分。

现在一些大型工程，甚至一些中小型工程的参加单位、设备、材料、管理服务、资金都呈国际化趋势。这带来两方面的影响：

① 在我国许多工程的建设都有外国的公司参加。从 20 世纪 80 年代初鲁布革工程开始，我国许多工程引入国外贷款(如世界银行贷款、亚洲银行贷款，以及其他国际组织和外国政府贷款)进行设计、施工、供应的国际招标，如小浪底工程、许多地方的公路工程、大型石油化工工程等。这是我国近几十年工程领域的特色之一。

② 我国的许多工程承包商、设计单位、供应商也到国外承接工程。国际工程承包市场有很大的容量。从 20 世纪 70 年代末，我国工程承包企业开始到国外承包工程。经过 30 多年的发展，取得了惊人的成就，我国的承包商已成为国际工程承包市场中一支重要的力量。

第二节　现代工程系统

一、工程的分类

按照不同标准，工程可划分为不同类别。本书按照工程所在国民经济行业及工程的用途介绍工程的分类。

1. 按照工程所在的国民经济行业分类

行业是建立在各类专业技术、工程系统基础上的专业生产、社会服务系统。国民经济行业分类是对全社会经济活动按照获得收入的主要方式进行的标准分类，比如建筑施工活动按照工程结算价款获得收入，交通运输活动按照交通营运业务获得收入，批发零售活动按照商品销售获得收入等。我国国民经济行业分类有相应的国家标准，如表 1-3 所示。

表 1-3　国民经济行业分类国家标准

代码	行业名称	代码	行业名称
A	农、林、牧、渔业	29	橡胶和塑料制品业
01	农业	30	非金属矿物制品业
02	林业	31	黑色金属冶炼和压延加工业
03	畜牧业	32	有色金属冶炼和压延加工业
04	渔业	33	金属制品业
05	农、林、牧、渔服务业	34	通用设备制造业
B	采矿业	35	专用设备制造业
06	煤炭开采和洗选业	36	汽车制造业
07	石油和天然气开采业	37	铁路、船舶、航空航天和其他运输设备制造业
08	黑色金属矿采选业	38	电气机械和器材制造业
09	有色金属矿采选业	39	计算机、通信和其他电子设备制造业
10	非金属矿采选业	40	仪器仪表制造业
11	开采辅助活动	41	其他制造业
12	其他采矿业	42	废弃资源综合利用业
C	制造业	43	金属制品、机械和设备修理业
13	农副食品加工业	D	电力、热力、燃气及水生产和供应业
14	食品制造业	44	电力、热力生产和供应业
15	酒、饮料和精制茶制造业	45	燃气生产和供应业
16	烟草制品业	46	水的生产和供应业
17	纺织业	E	建筑业
18	纺织服装、服饰业	47	房屋建筑业
19	皮革、毛皮、羽毛及其制品和制鞋业	48	土木工程建筑业
20	木材加工和木、竹、藤、棕、草制品业	49	建筑安装业
21	家具制造业	50	建筑装饰和其他建筑业
22	造纸和纸制品业	F	批发和零售业
23	印刷和记录媒介复制业	51	批发业
24	文教、工美、体育和娱乐用品制造业	52	零售业
25	石油加工、炼焦和核燃料加工业	G	交通运输、仓储和邮政业
26	化学原料和化学制品制造业	53	铁路运输业
27	医药制造业	54	道路运输业
28	化学纤维制造业	55	水上运输业

代码	行 业 名 称	代码	行 业 名 称
56	航空运输业	76	水利管理业
57	管道运输业	77	生态保护和环境治理业
58	装卸搬运和运输代理业	78	公共设施管理业
59	仓储业	O	居民服务、修理和其他服务业
60	邮政业	79	居民服务业
H	住宿和餐饮业	80	机动车、电子产品和日用产品修理业
61	住宿业	81	其他服务业
62	餐饮业	P	教育
I	信息传输、软件和信息技术服务业	82	教育
63	电信、广播电视和卫星传输服务	Q	卫生和社会工作
64	互联网和相关服务	83	卫生
65	软件和信息技术服务业	84	社会工作
J	金融业	R	文化、体育和娱乐业
66	货币金融服务	85	新闻和出版业
67	资本市场服务	86	广播、电视、电影和影视录音制作业
68	保险业	87	文化艺术业
69	其他金融业	88	体育
K	房地产业	89	娱乐业
70	房地产业	S	公共管理、社会保障和社会组织
L	租赁和商务服务业	90	中国共产党机关
71	租赁业	91	国家机构
72	商务服务业	92	人民政协、民主党派
M	科学研究和技术服务业	93	社会保障
73	研究和试验发展	94	群众团体、社会团体和其他成员组织
74	专业技术服务业	95	基层群众自治组织
75	科技推广和应用服务业	T	国际组织
N	水利、环境和公共设施管理业	96	国际组织

由于工程的多样性，使得工程分布于国民经济的各个领域，所以工程建设与国民经济的各个领域都相关。在相应的行业中的工程就具有相应的行业特点，后面将要介绍的我国建造师的行业分类也与此相关。

同时由于工程与国民经济的各个行业相关，使得我国的工程建设受国民经济宏观管理和国家投资管理体制的影响很大。

由于国民经济行业划分很细，在此基础上进行归纳，工程可以划分为五类：

1) **房屋工程**

房屋工程包括：① 居民住宅；② 商业用建筑物；③ 宾馆、饭店、公寓楼；④ 写字楼、办公用建筑物；⑤ 学校、医院；⑥ 机场、码头、火车站、汽车站的旅客等候厅(室)；⑦ 室内体育、娱乐场馆；⑧ 厂房、仓库；⑨ 其他房屋和公共建筑物。

2) **铁路、道路、隧道和桥梁工程**

铁路、道路、隧道和桥梁工程包括：① 铁路、地铁、轻轨；② 高速公路、快速路、普通公路；③ 城市道路、街道、人行道、过街天桥、行人地下通道、城市广场、停车场；④ 飞机场、跑道；⑤ 铁路、公路、地铁的隧道；⑥ 铁路、公路桥梁及城市立交桥、高架桥等。

3) **水利和港口工程**

水利和港口工程包括：① 水库；② 防洪堤坝、海堤；③ 行蓄洪区工程；④ 水利调水工程；⑤ 江、河、湖及海水治理工程；⑥ 水土保持工程；⑦ 港口、码头、船台、船坞；⑧ 河道、引水渠、渠道；⑨ 水利水电综合工程等。

4) **工矿工程**

工矿工程是指除厂房外的矿山和工厂生产设施、设备的施工和安装，以及海洋石油平台的施工，包括：① 矿山(含坑道、隧道、井道的挖掘、搭建)；② 电力工程(如水力发电、火力发电、核能发电、风力发电等)；③ 海洋石油工程；④ 工厂生产设施、设备的施工与安装(如石油炼化、焦化设备，大型储油、储气罐(塔)，大型锅炉、冶炼设备，以及大型成套设备、起重设备、生产线等)；⑤ 自来水厂、污水处理厂；⑥ 水处理系统；⑦ 燃气、煤气、热力供应设施；⑧ 固体废弃物治理工程(如城市垃圾填埋、焚烧、分拣、堆肥等设施施工)；⑨ 其他未列明的工矿企业生产设备。

5) **其他土木工程**

其他土木工程包括：① 体育场、高尔夫球场、跑马场等；② 公园、游乐园、游乐场、水上游乐设施、公园索道以及配套设施；③ 水井钻探；④ 路牌、路标、广告牌；⑤ 其他未列明的土木工程建筑。

2. 按照工程的用途分类

工程的类型有很多，用途也各不相同。这使得各类工程的专业特点相异，由此带来了设计、建筑材料和设备、施工设备、专业施工队伍的不同。工程按照用途可以分为以下四类：

1) **住宅工程**

这类工程主要是居民的住房，包括城市各种类型的房地产建设工程和农村的大多数私人自建房工程。

住宅工程是我国近二十多年来最为普遍，发展最为迅速的工程。房地产业是我国最近二十多年来发展最为迅速的产业之一。我国各个城市都有房地产开发项目。

2) **公共建筑工程**

这类工程按照不同用途还可以细分为：

(1) **大型公共建筑**：医院、机场、公共图书馆、文化宫、学校等大型办公建筑，以及旅游建筑、科教文卫建筑、通信建筑和交通运输用房等。

(2) **商业用建筑**：大型购物场所、智能化写字楼、剧院等。

这类工程以满足公共使用功能为目的,需要较高的建筑艺术性,要符合地方文化和独特的人文环境的要求。例如,南京奥体中心体育用两条动感十足的红飘带作为设计造型。

住宅工程和公共建筑工程在国民经济行业分类中同归为房屋建筑工程,它们在工程总投资中所占的比重最大。通常,房屋建筑工程产值占建筑业总产值的65%以上。

3) 土木水利工程

土木水利工程主要指水利枢纽工程、港口工程、大坝工程、水电工程、高速公路、铁路和城市基础设施工程。在我国,这些工程主要由政府投资。我国近几十年来,基础设施建设高速发展,特别是高速公路、铁路和高速铁路、城市基础设施(地铁、轻轨等)、水利水电工程等。

4) 工业工程

工业工程主要指化工、冶金、石化、火电、核电、汽车等工程,这些工程主要是建造生产相关产品的工厂,例如化工厂、发电厂、汽车制造厂等。工业工程涉及国民经济的各个工业部门。

二、工程系统结构分析

工程系统结构分析对工程系统结构、工程子系统与工程系统结构的协调性研究,以及工程管理学生对工程系统及其功能的深刻理解有重要作用。

1. 工程的系统结构

1) 工程系统的定义

工程是占据一定空间的技术系统。工程系统的规模和结构体现在以下两方面:

(1) 工程"红线"所定义的空间范围。工程作为一个整体系统而言,具有一定的功能。而工程的"红线"界定了工程的空间范围,也是城市规划部门确定工程法定土地范围。

(2) 工程的系统结构。一个工程通常由许多分部组合而成,是有一定系统结构形式的综合体。

2) 工程系统结构分解

任何工程都可以按照系统方法进行结构分解,如图1-16所示。

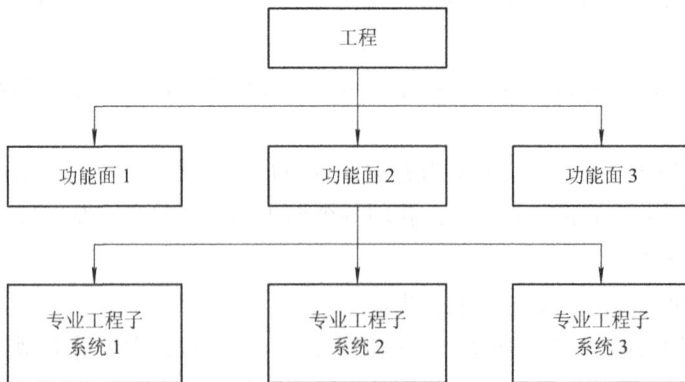

图1-16 工程系统的结构

(1) 功能面。一个工程在一定的土地(空间)上布置，是由许多空间分部组合起来的综合体。这些分部具有一定的作用，能够提供一定的功能，它们通常被称为功能面。一个工程可以分解为许多功能面。最常见的是一个工程系统由许多单体建筑组成，每个单体建筑在总系统中提供一定的使用(生产)功能，每个单体都是具有特定产品或服务的区域。例如，一座工厂由各个车间、办公楼、仓库、生活区等构成；一条高速公路由各段路面、服务区、收费区、绿化区等构成；一个高校校区由教学楼、图书馆、宿舍楼、实验楼、体育馆、办公楼等功能区(或单体建筑物)组成。

(2) 专业工程子系统。

每个功能面(每栋建筑)是由许多具有一定专业作用的子系统构成的。例如学校的教学楼能够提供教学功能，它包括建筑、结构、给水排水、电力、消防、通风、通信、多媒体、语音、智能化、电梯、控制等专业工程子系统。这些专业工程子系统不能独立存在，必须通过系统集成才能组合成教学楼。

专业工程子系统有不同的形态，有的是硬件系统，如结构工程系统、给水排水系统、通风系统等，有的是软件系统，如智能化系统、控制系统、信号系统等。所以工程系统又是各个独立的专业工程子系统紧密结合、相互配合、相互依存的体系。

将一个工程的所有专业工程子系统提取出来，就得到该工程所包含工程专业的体系，如地铁工程包括四十几个专业工程子系统。

同类工程由具有相同或相似的专业工程子系统构成。例如两栋教学楼，它们的外形、结构、高度可能存在差异，但它们所包含的专业工程子系统应是差不多的。同样，南京地铁和北京地铁也有相似的专业工程子系统结构。

这些专业工程子系统有专业特点，对高等院校里的工程类专业分类的设置有很大影响。

另外，工程中工程设计图纸和规范的分类，设计小组、施工小组的划分也都与专业工程子系统相关。

3) 工程系统的发展过程

工程所包含的专业工程子系统与人们对工程的需求、科学技术的发展以及工程技术的发展有关。在我国古代，工程比较简单，按照现代的专业分类，主要包括建筑学、结构工程、建筑材料、给水排水、园林等专业系统。而在 20 世纪初，工程系统就比较复杂了，不仅包括上述专业工程子系统，还增加了电力、电梯、电话、消防、卫坐、通暖等系统。在 20 世纪末，工程系统中又增加了信号系统、网络系统、中水处理系统、智能化系统、太阳能系统、闭路电视系统等。现在，还出现了结构化综合布线系统(SCS)、结构化综合网络系统(SNS)、智能楼宇综合信息管理自动化系统(MAS)等更为现代化的系统。随着科学技术的发展和人们对工程要求的提高，将来还会有新的专业工程子系统出现。

2. 建筑工程的主要专业工程子系统

由于完整的建筑工程系统是由许多专业工程子系统构成的，所以一个工程的建设和运行过程必须有许多工程专业参与，并且各个专业学科在工程中所承担的角色也不同。

1) 城市规划

我们所建设的大量工程都是城市的一部分，都要服从城市规划的布局。城市规划是指对城市的空间和建筑工程实体发展进行预先安排，涉及城市中产业的区域布局、建筑物的区域布局、道路及运输设施的设置、城市工程的安排等。经合理布局的城市空间既要满足美学要求和技术要求(道路管道、房屋结构、环境保护等要求)，也要符合经济、政治等社会发展要求。城市规划是城市建设和管理、城市内各种工程的规划和设计的依据。

2) 建筑学

建筑学所要解决的问题包括：建筑物与周围环境及各种外部条件的协调配合，建筑物外表和内部的表现形式和艺术效果，建筑物内部各种使用功能和使用空间的合理安排，各个细部的构造方式，建筑与结构、建筑与各种设备等相关技术的综合协调以及如何以更少的材料、更少的劳动力、更少的投资、更少的时间来实现上述各种要求。建筑学的最终目的是使建筑物做到适用、经济、坚固、美观。

3) 建筑结构

建筑结构是用来承受自重、外部荷载作用(活荷载、风荷载、地震作用等)，以及环境作用(阳光、风雨、大气污染等)的人造建筑物，是建筑工程的"骨骼"和"肢体"。

一般建筑的基本构件有：基础、框架(包括梁、柱)、墙、楼板、屋面、桁架、网架、拱、壳体、索、薄膜等。常见的房屋建筑结构按层数的多少可以分为单层、多层、小高层、高层和超高层建筑，按所用的材料可以分为木结构、砌体结构、混凝土结构、钢结构和混合结构等。而常见的桥梁的基本组成有：上部结构(桥跨结构、支座系统)、下部结构(桥墩)、桥台和墩台的基础，以及桥梁服务功能系统(桥面铺装、栏杆、伸缩缝等)。

4) 工程材料

工程材料是构成工程实体的物质。工程实体的质量和耐久性等常常是由其材料决定的。工程材料种类繁多，传统的建筑工程材料有木材、砖、瓦、砂、石、灰、钢材、水泥、混凝土、玻璃、沥青等；新型工程材料有高性能混凝土(HPC)、高掺量粉煤灰混凝土、纤维混凝土(钢纤维、碳纤维、玻璃纤维、芳香族聚酰胺纤维、聚丙烯纤维)、纤维增强复合材料(FRP)、新型节能墙体材料、智能材料等。

材料作为工程的物质基础，对建筑工程的发展起着关键作用。新的优良材料的产生会引导出新的、经济的、美观的工程结构形式，并带动建筑、结构等专业设计理论和施工技术的发展。因而，材料科学是现代工程科学的重要领域之一。现代工程的许多重大问题，如工程能耗的降低，生态(绿色)工程、智能化工程、低碳工程的实现，工程废弃物的循环利用等问题，在很大程度上都需要通过材料科学解决。

5) 给水排水工程

给水排水工程为在建筑中生活和工作的人们，以及生产提供用水，并将废水排出去或按照规定进行废水处理。给水排水工程有以下两大系统：

(1) 城市给水排水系统。给水排水工程是城市基础设施的重要组成部分。城市给水系统主要给城市中的建筑物和设施所需的生活、生产、市政和消防提供用水。城市排水系统主要由收集、处理、处置三方面的设施组成，其中处理包括生活污水、工业废水、雨水等排水系统。完善的给水排水系统能保障城市人民的生活水平和工业生产的发展。

(2) 建筑给水排水系统。建筑给水系统从城市给水系统引入，为建筑工程中人们的生活、生产，以及设施的运行、消防提供用水，通常包括引入管、水表节点、给水管道、配水装置和用水设备、给水附件、增压和贮水设备等。建筑排水系统通过排水管道将污水、废水排出建筑物,通过城市排水系统引向污水处理厂。

6) 建筑电气

建筑电气是为工程提供照明、动力,以及为一切用电设备提供能源的系统。建筑电气通常由变电装置、配电装置、电路、用电设施等构成。

7) 其他建筑设备

建筑设备是为建筑物使用者提供生活和工作服务的各种设施和设备系统的总称。建筑设备种类繁多,按专业划分,除了上述的给水排水系统和建筑电气系统外,还包括:

(1) 建筑通风空调。建筑通风空调是为建筑物提供暖气、冷气,或为室内换气的设备系统。

(2) 通信系统(电话、电视、信息网络系统、电梯保安报警系统等)。

(3) 建筑交通设施,如电梯等。

8) 园林绿化(景观)系统

如住宅小区中的假山、亭阁、水池、植被、灯光等的设计和建造都属于园林绿化系统。

3. 工程系统结构的协调性要求

各个专业工程子系统在工程系统中有不同的作用,这就决定了各专业学科在工程的学科集群中有各自的地位,以及它们之间存在复杂的内在联系。

一个工程系统虽然由不同部分组成,但每个部分都是为工程的最终总体功能服务的,是构成总体功能的一部分。工程的总体目标是为社会提供预定的产品或服务,它是工程的各个功能面和各个专业工程子系统共同作用的结果。工程的各个功能面和工程专业子系统必须有系统相关性和协调性。工程的整体结构和功能必须和谐,功能面和各专业工程子系统必须平衡。这种协调性具有广泛的意义,主要体现在:

(1) 功能上的均衡性,既不残缺,也不显冗余。一个工程各个功能面大小的分配应该均衡,各个专业工程子系统搭配也应是合理的。例如,在一个校区建成后,预定规模的学生应能够有效地使用各个功能区,既不会出现功能的缺少(如缺少某些功能),也没有功能的不足(如某些功能面设置不够,造成学生在使用过程中的拥堵),或者某些功能的冗余(即功能闲置,没有发挥作用)。

(2) 工程的设计质量应是均衡的,最好各个功能区(建筑)和专业工程子系统能够均衡地达到预定的使用寿命。

(3) 功能面之间、专业工程子系统界面之间无障碍,能够形成高效率运行的整体。

(4) 工程与周边环境的协调。工程同时也是城市大系统中的一个子系统。它的功能面和专业工程子系统要发挥作用就需要外界提供条件。如需要外界提供水、电、交通,还需要向外排出垃圾、废水等。所以工程的许多功能面和专业工程子系统与环境系统之间存在界面和接口。工程系统必须同外界环境相关子系统之间协调一致。

只有实现上述这种协调与平衡,才能保证工程安全、稳定、高效率的运行。

三、工程系统构成举例

1. 西咸新区系统结构

《关中-天水经济区发展规划》提出了"建设大西安,带动大关中,引领大西北"的任务，要求"加快推进西咸一体化建设，着力打造西安国际化大都市"。国务院颁布的《国家主体功能区规划》明确要求"推进西安、咸阳一体化进程和西咸新区建设"，这标志着西咸新区建设已提升到国家战略层面。西咸新区作为大西安建设的重点和突破口，有关部门据此编制并颁布了《西咸新区总体规划》(下文简称《规划》)。本部分将从发展目标、总体定位、功能定位、人文定位、空间格局、生态建设等方面介绍西咸新区概况。

1) 发展目标

(1) 打造新产业：以依托、整合、错位布局、集群化发展为路径，与西安、咸阳两市现有产业错位发展，组团之间实现互补，培育壮大战略性新兴产业，发展低碳节能环保产业、高端制造业、高科技和现代服务业，改造提升传统产业，构建特色鲜明的现代产业体系。

(2) 形成新业态：一切以人为中心，实现土地利用集约化、城市功能综合化、生产生活循环便捷化，在大面积绿地和现代农业基调中，建设物质和精神要素密集、集成融合和和谐有序的现代化城市。

(3) 建设新城市：以大都市核心区为中心，以大开大合的模式，在新区的大面积绿地及生态廊道之间，布局空港、沣东、秦汉、沣西、泾河五个新城，形成一区五城和廊道贯穿、组团布局的现代田园城市格局。

2) 总体定位

按照《规划》要求，西咸新区区域定位为门户新区，即依托西安咸阳国际机场，发展现代物流和现代服务业，加快国际性空港和国际物流中心建设，使其成为我国北方内陆地区对外开放的门户、西部地区国际经济交流的平台以及西安国际化大都市新的增长剂和助推器。

3) 功能定位

按照《规划》要求，西咸新区功能定位为科技新区，即根据国家赋予西安的统筹科技资源改革试验基地的要求，利用陕西科研资源的优势，将其建设成为西部乃至中国一流的技术研发基地和科技成果孵化中心，西北内陆地区以外向型高端知识创新职能为特征的产业新区。

4) 人文定位

按照《规划》要求，西咸新区文化定位为人文新区，即以周秦汉唐深厚的文化积淀为底蕴，传承和发扬历史文化，把新区建设成为世界秦汉文化中心、周秦汉唐文化综合展示区、西安国际化大都市文明形象的重要窗口、西安进行国际文化交流活动的重要区域。

5) 空间格局

西咸新区在空间布局上，以大都市核心区为中心，规划了空港新城、沣东新城、秦汉新城、沣西新城、泾河新城，构成"一区五城"组团式的现代田园城市格局。产业发展方面，以错位布局、集群化发展为路径，西安、咸阳核心区和组团间互补，构建特色鲜明的现代产业体系。基础设施方面，以快速干道为重点构建综合交通体系，同时加快生态化、信息化、网络化设施建设。城市文化方面，依托周秦汉历史遗迹和渭北帝陵遗存带，形成大都市帝陵文化、秦汉文化、古都历史三条文化带。生态建设方面，重点打造城市绿色廊道和都市绿心，建设大面积湿地公园和水景公园，形成点、线、面结合的绿化体系和水脉渗透、绿水相融的城市灵动空间。统筹城乡发展方面，主要是建设生态田园小镇和社区，合理布置教育、卫生、文化等公共服务设施，发展都市现代农业，就近转移农村人口。

西咸新区的空间格局呈现出"两心一带四轴三廊多片区"态势，其中"两心"为金融商务中心、秦汉文化中心；"一带"即沣泾大道功能拓展带；"四轴"包括正阳大道功能拓展轴、秦汉大道功能拓展轴、兰池大道功能拓展轴、沣渭大道功能拓展轴；"三廊"则是渭河景观廊、泾河景观廊、沣河景观廊。西咸新区将规划形成临空经济区、渭北综合商务区、秦汉文化观光区、先进制造业产业区、行政商务综合区、统筹科技资源特区、低碳环保产业区、奥体休闲生活区、阿房宫文化体验区、渭河百里景观长廊等 10 个功能分区的功能布局。

　　6) 生态建设

　　西咸新区在生态建设方面，将重点打造城市绿色廊道和都市绿心，建设大面积湿地公园和水景公园，形成点、线、面结合的绿化体系和水脉渗透、绿水相融的城市灵动空间。按照《规划》，渭河景观带将建成天人和谐的活力新城、舒适宜人的生态绿洲，形成河流生态控制区、湿地生态区、灞渭休闲观光区、休闲生活区、特色风景林营造区、秦文化展示区、文化产业集中区、高档居住区、奥体生态区、生态农业展示区等十大功能区。渭河将被打造成为世界知名的城中河、生态河。

　　2. 西安地铁

　　根据《西安市城市快速轨道交通建设规划(2012—2018)》，西安市拟在"十二五"期间新开工建设地铁四、五、六号线 3 条线路，加之一、二、三号线，将从根本上缓解西安主城区的交通拥堵问题。远期，西安共将拟建 15 条地铁线路，总长约 600 公里。

　　1) 地铁一号线

　　西安地铁一号线(一期)西起西安市西大门后卫寨，沿枣园路、大庆路至玉祥门外，穿越古城墙玉祥门后沿莲湖路、西五路、东五路至朝阳门里，穿越古城墙朝阳门后，沿长乐路东行，跨浐河后沿纺北路至终点纺织城车站。线路全长 25.36 千米，设 19 个车站，以及车辆段和停车场。西安地铁一号线首座车站是通化门车站，2008 年 10 月 30 日正式开工，2013 年 9 月建成通车。西安地铁一号线远期，将向西延伸至咸阳森林公园，向东延伸至临潼旅游度假区。

　　2) 地铁二号线

　　西安地铁二号线，是西安市城市轨道交通系统的首条开工线路和首条通车线路，于 2006 年 9 月 29 日开工建设，一期工程于 2011 年 9 月 16 日投入运营，全长约 20.50 公里，设 17 座地下车站。线路北起位于未央区的西安火车北客站，南至位于雁塔区的西安曲江国际会展中心，将西安市南北中轴线上的龙首原、钟楼、小寨等商圈紧密联系起来，目前日均客流量达 20 万人次。

　　3) 地铁三号线

　　西安地铁三号线南起规划的西安铁路枢纽南客站所处的侧坡村，北止于国际港务区，线路全长 50.5 公里。在一、二、三号线路中，地铁三号线是最长的一条，与西安地铁一、二号线共同构成西安市轨道交通线网规划的骨架网线。三号线全线分两期建设，一期工程为鱼化寨至国际港务区段，二期工程为侧坡村至鱼化寨段，计划 2015 年年底通车试运营。

　　4) 地铁四、五、六号线

　　按照《西安市城市快速轨道交通建设规划(2012—2018)》，四、五、六号线规划也已浮出水面。

地铁四号线南起航天产业基地，北至草滩，线路全长 34.3 km，共设车站 28 个，平均站间距 1.27 km。同时，设车辆段、停车场各 1 处，主变电站 2 座。线路自航天南路东端引出，经规划航天南路，于神州四路折向北至绕城高速，穿过绕城高速后，沿芙蓉西路至大雁塔，沿雁塔路、解放路、太华路至凤城八路折向西，沿凤城八路、明光路至草滩。

地铁五号线一期工程西起和平村，东至纺织城火车站，线路全长 25.7 km，共设车站 19 个，平均站间距 1.45 km。同时，设车辆段、停车场各 1 处。线路自和平村向东，进入西三环后，沿昆明路、南二环至劳动南路折向东沿友谊路至雁翔路向东南至青龙寺，线路自青龙寺站向南，先后沿雁翔路以及曲江新区、浐灞区规划道路布设，终止于纺织城火车站。

地铁六号线南起侧坡村，北至纺织城，线路全长 35.7 km，共设车站 25 个，平均站间距 1.49 km。同时，设车辆段、停车场各 1 处。线路自侧坡村出发，沿经二十二路向北，至科技六路折向东，再沿高新路至劳动南路，经劳动南路、环城南路、咸宁西路至纬十街进入纺织城，沿纺南路、纺织城正街、纺北路布设。

第三节　工程项目的生命周期和基本建设程序

一、工程项目的生命周期

工程项目全生命周期管理是将项目从策划决策、实施及建成交付运营各阶段集成为一个完整的项目全寿命周期管理系统，对工程项目全过程统一管理，使其在功能上满足需求，在经济上可行，并能达到业主和投资人的投资收益目标。

具体来讲，工程项目的生命周期指项目从可行性研究、设计、设备选型、采购、安装、运营、维护到最后报废的全过程。一般工程项目的生命周期可以划分为四个阶段。图 1-17 给出了一般工程项目四阶段生命周期的图示描述方法。

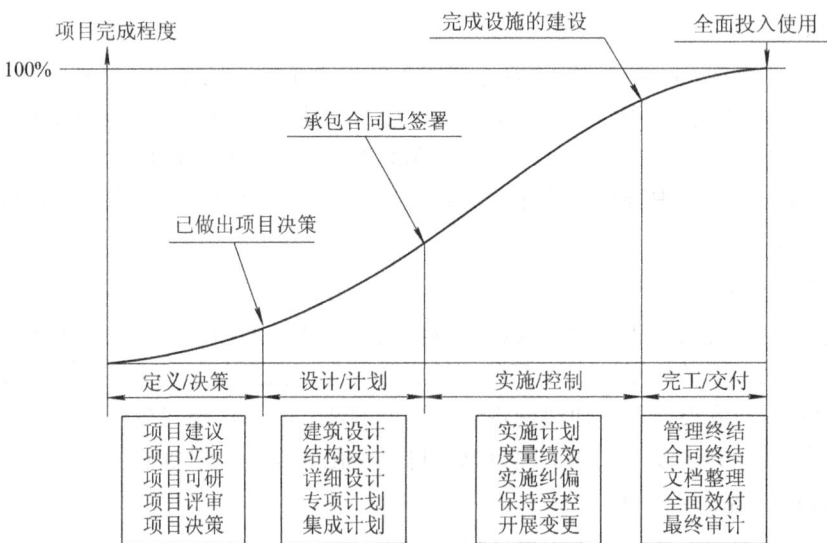

图 1-17　一般工程项目生命周期示意图

由图1-17可知，工程项目包括四个主要阶段，每个阶段都有自己独特的任务和成果。这是一个典型的工程项目生命周期的描述方法，它不但给出了工程项目阶段的划分和时限，而且给出了各阶段的任务和成果。当然，工程项目的生命周期也可以划分成更多阶段。另外，不同专业应用领域的项目生命周期会有很大的不同，因为其描述方法不尽相同。

二、工程项目的基本建设程序

建设程序是指项目在建设过程中各项工作必须遵循的先后顺序。建设程序是对基本建设工作的科学总结，是项目建设过程中所固有的客观规律的集中体现。基本建设各阶段主要内容见表1-4。

表1-4 工程项目基本建设各阶段主要内容

序号	项目材料	有 关 说 明
1	立项报告	立项报告需附项目建议书，项目建议书的内容包括：① 项目提出的必要性、依据；② 拟建规模和建设地点的初步设想；③ 资源情况、建设条件等的初步分析；④ 投资估算和资金筹措设想；⑤ 项目进度安排；⑥ 经济效益和社会效益的初步估计
2	立项批复	立项批复需经区发展计划局初审，会同城建、国土、财政等部门协商，提出意见报政府常务会议同意后批复
3	可研报告及报文	可研报告内容有：① 总论(项目提出的背景、投资的必要性和经济意义，研究工作的依据和范围)；② 需求预测和拟建规模；③ 资源、原材料、燃料及公用设施情况；④ 建厂条件和厂址方案；⑤ 设计方案；⑥ 环境影响评价；⑦ 地震安全性评价；⑧ 企业组织、劳动定员和人员培训数目估算；⑨ 实施进度的建议；⑩ 投资估算和资金筹措；⑪ 社会及经济效益评价；⑫ 经营性基本建设项目须附项目法人的组建方案 建设部门在编制项目建议书或可行性论证时，应向土地部门提出建设用地预申请。预申请的主要内容包括：建设项目的前期论证情况，拟占用土地的区域位置、数量，拟用地计划，耕地开垦资金的落实情况等
4	可研批复	可研报告应报送机关部门审批。凡涉及可研报告的主要内容，如建设规模、产品方案、建设地址等方面的修改，须经原可研报告审批部门批准。
5	选址意见书	选址意见书的主要内容包括：① 填报建设项目选址意见书申请表；② 主管部门(城建局)提出选址意向报区政府同意后审批；③ 城建局核发选址意见书；④ 申请建设用地测量、提供测量成果
6	初步设计	1. 初步设计内容：包括文字说明和完整的设计图纸。具体包括：① 设计依据；② 设计指导思想；③ 建设地址概况；④ 总体规划概要；⑤ 建设规模；⑥ 产品方案(纲领)；⑦ 原料、燃料、动力的用量和来源；⑧ 工艺流程；⑨ 主要设备选型及配置；⑩ 运输总图；⑪ 主要建(构)筑物；⑫ 公用、辅助设施(包括水、电、路等外部配套工程)；⑬ 新技术、新工艺、新设备、新材料采用情况；⑭ 主要材料用量；⑮ 外部协作条件；⑯ 占用面积和土地利用情况；⑰ 环境保护和"三废"治理；⑱ 消防；⑲ 工业卫生和职业安全；⑳ 抗震和人防措施；㉑ 生产组织和劳动定员；㉒ 各项经济技术指标；㉓ 建设顺序和期限；㉔ 生活区建设；㉕ 总概算、总投资、总资金及资金来源

序号	项目材料	有 关 说 明
6	初步设计	2. 初步设计的步骤：① 比选和确定设计方案；② 确定土地征用范围；③ 进行主要设备、材料订购；④ 确定建设项目投资；⑤ 进行施工图设计；⑥ 进行施工组织设计；⑦ 进行施工准备和生产准备等 3. 申报初步设计的附件包括：① 经批准的可研报告；② 经批准的资源报告；③ 经批准的建设地址报告；④ 经批准的环评报告；⑤ 施工图设计；⑥ 施工组织设计；⑦ 施工准备和生产准备等 4. 若总概算超过可研报告批复的投资估算的10%，重新报批可研后，再行申报初步设计
7	初步设计批复(含概算)	由原项目审批部门批复
8	初步设计及总概算的调整	1. 凡涉及初步设计主要内容，如总平面布置、主要工艺流程、主要设备、建筑面积、建设标准、总定员、总概算等方面的修改，须经原设计院主审部门批准 2. 凡涉及施工图变更，须经原设计单位同意；若设计变更引起工程量和工程造价的较大幅度增加(生产性项目投资增加超出原批单项工程控概算的5%，非生产性项目投资增加超出原批单项工程控概算的3%)，须经原设计主审部门同意 设计总概算一经批准，其静态投资部分原则上不再调整。原则上调整概算仅限于动态投资部分，且主要是由于政策性因素引起的患、汇、税、费价的变化所增加的投资部分，而建设单位在建设过程中自行扩大规模、增加内容和提高标准引起的概算增加不予调整
9	建设用地规划许可证	办理建设用地许可证需申报的材料包括：① 填报建设用地规划许可证申请表；② 提供初步设计或规划(附1∶500或1∶1000总平面图)；③ 核发建设用地规划许可证(附建设用地红线图)；④ 依照审定的初步设计规划文件，委托施工图设计
10	用地申请	用地申请附件包括：① 建设单位有关资质证明；② 可研批复或其他有关批准文件；③ 预审报告(城建局提供)；④ 初步设计或其他有关批准文件；⑤ 建设项目总平面布置图；⑥ 补充耕地方案；⑦ 勘测定界图和勘测定界报告；⑧ 环保、文物部门意见；⑨ 选址意见书；⑩ 土地利用示意图；⑪ 地质灾害危险性评估报告
11	建设用地批准书(国有土地划拨决定书)	建设用地批准书由土地部门按规定依次报经同级政府、上级土地管理部门或省政府审批后发给
12	工程报建	工程报建内容主要有：① 工程名称；② 建设地点；③ 投资规模；④ 资金来源；⑤ 当年投资额；⑥ 工程规模；⑦ 开工、竣工日期；⑧ 发包方式；⑨ 工程筹建情况 报建程序：① 建设单位到建设行政管理部门或其授权机构领取建设工程项目登记表；② 按登记表内容及要求认真填写登记表；③ 将登记表报送建设单位主管部门审核、签署意见；④ 向建设行政管理部门报送登记表，并交验立项批准文件、建设工程规划许可证、土地使用证、投资许可证及资金证明；⑤ 经建设行政管理部门或其代理机构审核签署意见后，发还建设单位项目登记表，进入施工图文件审查程序

序号	项目材料	有 关 说 明
13	建设工程规划许可证	办理建设工程规划许可证的主要步骤包括：① 审查施工图及有关设计资料；② 审查建设工程抗震设防审查意见，建设工程建设平面设计、防火审核意见及消防施工许可、建设项目环境影响报告；③ 核发建设工程规划许可证；④ 办理招标、施工许可、委托质量监督
14	土地使用证	建设用地单位在交清土地合同价款、办清有关登记手续后，经土地部门审查后发给
15	开工报告	提交开工报告时应注明施工项目已满足开工条件，开工条件包括：① 项目法人已设立；② 初步设计总概算已批复；③ 资本金和其他建设资金已落实；④ 项目施工组织大纲已编制完成；⑤ 主体工程的施工单位已招标确定，施工承包合同已签订；⑥ 项目法人与设计单位已签订设计图纸交付协议，施工图纸至少可满足三个月施工需要；⑦ 监理单位确定；⑧ 场地"四通一平"；⑨ 主要设备和材料已订货并已备好连续三个月的材料用量
16	施工许可证	办理施工许可证应提交的材料包括：① 招标投标；② 施工合同；③ 工程监理；④ 质监手续
17	施工管理	施工管理的主要内容包括：① 工程洽商、变更资料；② 工程检查记录；③ 工程技术档案；④ 质量等级核验报告
18	竣工验收报告	竣工验收前的准备工作包括：① 整理技术经济资料和文件；② 编制竣工图；③ 编制竣工决算；④ 组织自检和专项检查；⑤ 上报竣工报告
19	竣工验收	根据规模大小由计划部门牵头项目领导小组成员及环保、消防、项目主管单位参加，共同组成验收委员会或验收组，组织和领导验收工作。筹建单位、生产或使用单位、勘察设计单位、施工单位参加验收。验收委员会或验收组的任务包括：① 听取汇报、审查初步验收结论和竣工验收文件；② 检查工程施工情况，审定设计质量和施工质量；③ 审定工程竣工决算；④ 鉴定环保、安全、卫生、消防设施是否达到国家规定要求；⑤ 检查生产准备工作，确定正式交付使用的日期；⑥ 对竣工验收中提出的主要问题作出合理决定或提出解决途径；⑦ 讨论并通过"竣工验收鉴定书"
备注		有关项目立项、可行性研究、初步设计、竣工验收方面的程序和规定以发展计划局规定(即本表)为准；有关规划建设及用地方面的建设程序，以城建局、国土局的有关具体规定为准

第四节　现代工程的实施方式

一、工程建设任务的委托方式

工程建设和运行过程由前期策划、规划、勘察、设计、施工、采购(供应)、运行维护、工程管理等工作组成，这些工作还可以细分到各个专业工程的设计、供应、施工、运营维护和各个阶段的工程管理工作。很久以来，投资者和业主都不是自己完成这些工作的，而是通过工程合同将它们委托出去，由专门的单位或人员完成的。委托的方式对工程的规划、控制、协调起着重要作用。不同的委托组织管理模式有不同的合同体系和管理特点。

1. 平行承发包模式

所谓平行承发包，是指业主将建设工程的设计、施工以及材料和设备采购的任务，经过分解分别发包给若干个设计单位、施工单位、材料和设备供应单位，并分别与各方签订合同。各设计单位、施工单位、材料和设备供应单位之间的关系是平行的，其合同结构如图 1-18 所示。

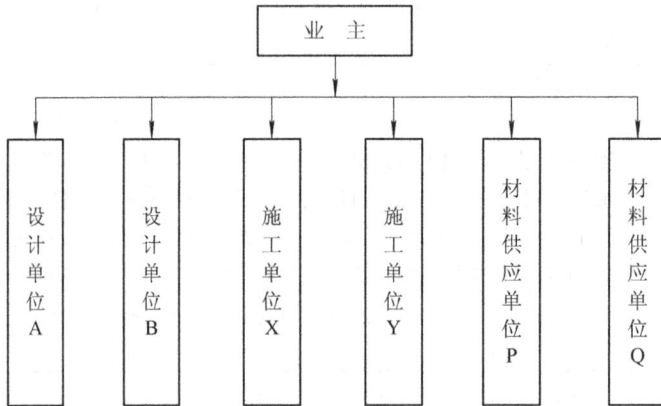

图 1-18　平行承发包模式

采用这种模式首先应合理地分解建设项目的任务，然后进行分类综合，确定每个合同的发包内容，以便选择适当的承建单位。在进行任务分解与确定合同数量、内容时应考虑以下因素：

(1) 工程情况。建设工程的性质、规模、结构等是决定合同数量和内容的重要因素。规模大、范围广、专业多的建设工程往往比规模小、范围窄、专业单一的建设工程合同数量要多。建设工程实施时间的长短、计划的安排也会影响合同数量。例如，对分期建设的两个单项工程，就可以考虑分成两个合同分别发包。

(2) 市场情况。首先，由于各类承建单位的专业性质、规模大小在不同市场的分布状况不同，建设工程的分解发包应力求使其与市场结构相适应。其次，合同任务和内容要对市场具有吸引力。中小合同应对中小型承建单位有吸引力，而又不妨碍大型承建单位参与竞争。另外，还应按市场惯例做法、市场范围和有关规定来决定合同内容和大小。

(3) 贷款协议要求。对两个以上贷款人的情况，贷款人对贷款使用范围、承包人资格等可能会有不同要求，因此，需要在确定合同结构时予以考虑。

平行承发包模式的优点有：

(1) 有利于缩短工期。由于设计和施工任务经过分解分别发包，设计阶段与施工阶段有可能形成搭接关系，从而缩短整个建设项目工期。

(2) 有利于质量控制。整个工程经过分解分别发包给各承建单位，合同约束与相互制约使每一部分都能够较好地达到质量要求。如主体工程与装修工程分别由两个施工单位承包，当主体工程不合格时，装修单位是不会同意在不合格的主体工程上进行装修的，这形成了一种有利于质量控制的约束机制。

(3) 有利于业主选择承建单位。在大多数国家的建筑市场中，专业性强、规模小的承建单位一般占有较大比重。平行承发包模式的合同内容比较单一，合同价值小，风险小，使许多提供专业化服务的中小企业有机会参与竞争。因此，业主可以在很大范围内选择承建单位，从而为择优选择承建单位创造了条件。

平行承发包模式的缺点是：

(1) 合同数量多，会造成合同管理困难。合同关系复杂，使建设项目系统内结合部位数量增加，组织协调工作量大。因此，应加强合同管理的力度，加强各承建单位之间的横向协调工作，疏通各种渠道，使工程有条不紊地进行。

(2) 投资控制难度大。这主要表现在：一是总合同价不易确定，影响投资控制实施；二是工程招标任务量大，这就需控制多项合同价格，从而增加了投资控制难度；三是在施工过程中设计变更和修改较多，导致投资增加。

2. 设计或施工总分包模式

所谓设计或施工总分包，是指业主将全部设计或施工任务发包给一个设计单位或一个施工单位作为总包单位，总包单位可以将其部分任务再分包给其他承包单位，形成一个设计总包合同或一个施工总包合同以及若干个分包合同的结构模式。图1-19是设计和施工均采用总分包模式的合同结构图。

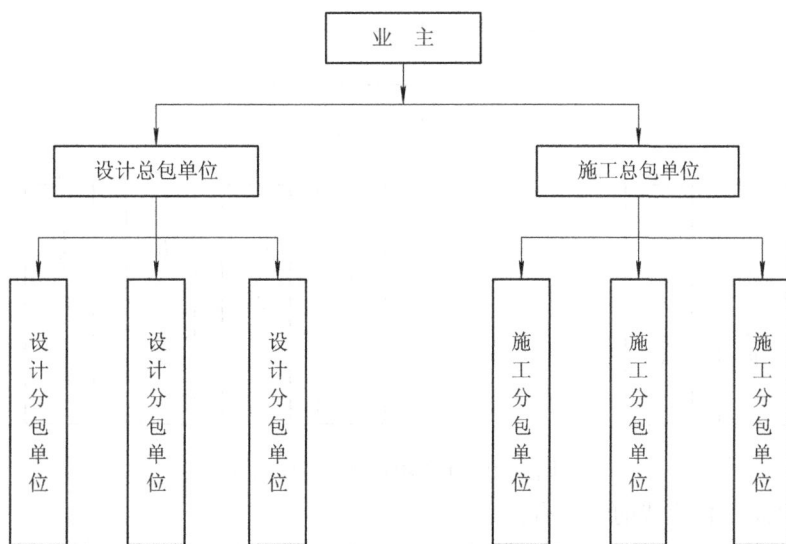

图 1-19 设计或施工总分包模式

设计或施工总分包模式的优点有：

(1) 有利于建设工程的组织管理。由于业主只与一个设计总包单位或一个施工总包单位签订合同，工程合同数量比平行承发包模式要少很多，有利于业主的合同管理，也使业主协调工作量减少，可发挥监理与总包单位多层次协调的积极性。

(2) 有利于投资控制。总包合同价格可以较早确定，并且监理单位也易于控制。

(3) 有利于质量控制。在质量方面，既有分包单位的自控，又有总包单位的监督，还有工程监理单位的检查认可，对质量控制有利。

(4) 有利于工期控制。总包单位具有控制的积极性，分包单位之间也有相互制约的作用，这有利于总体进度的协调控制，也有利于监理工程师控制进度。

设计或施工总分包模式的缺点是：

(1) 建设周期较长。由于设计图纸全部完成后才能进行施工总包的招标，不仅不能将设计阶段与施工阶段搭接，而且施工招标需要的时间也较长。

(2) 总包报价可能较高。导致总包报价较高的原因有两方面：一方面，对于规模较大的建设工程，通常只有大型承建单位才具有总包的资格和能力，竞争相对不甚激烈；另一方面，对于分包出去的工程内容，总包单位都要在分包报价的基础上加收管理费向业主报价。

3. 工程项目总承包模式

所谓工程项目总承包模式，是指业主将工程设计、施工、材料和设备采购等工作全部发包给一家承包公司，由其进行实质性设计、施工和采购工作，最后向业主交出一个已达到动用条件的工程。按这种模式发包的工程也称"交钥匙工程"。这种模式下的合同结构如图 1-20 所示。

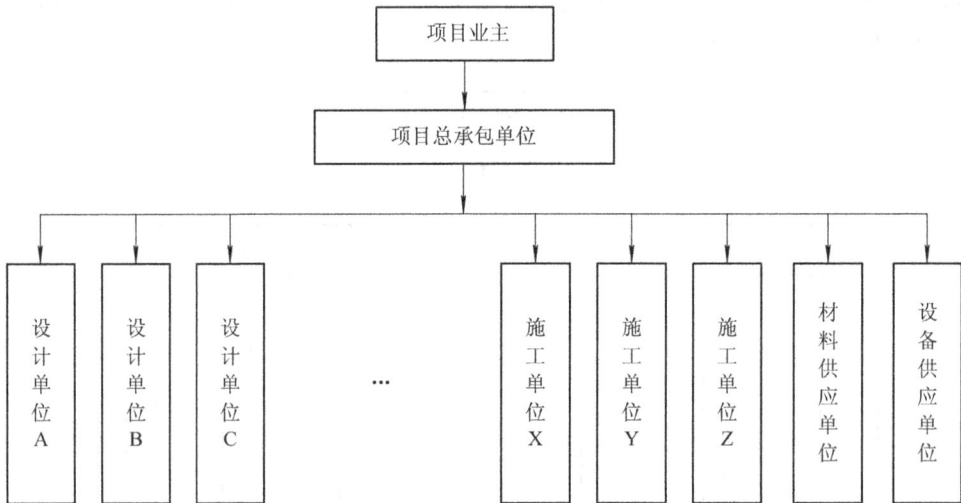

图 1-20 工程项目总承包模式

工程项目总承包模式的优点有：

(1) 合同关系简单，组织协调工作量小。业主只与项目总承包单位签订一份合同，合同关系大大简化。监理工程师主要与项目总承包单位进行协调。许多协调工作量转移到项目总承包单位内部及其与分包单位之间，这就使建设工程监理的协调量大为减少。

(2) 建设周期短。由于设计与施工由一个单位统筹安排，使两个阶段能够有机地融合，一般都能做到设计阶段与施工阶段相互搭接，因此有利于控制进度目标。

(3) 有利于投资控制。通过设计与施工的统筹考虑可以提高项目的经济性，从价值工程或全寿命周期费用的角度可以取得明显的经济效果，但这并不意味着项目总承包的价格低。

工程项目总承包模式的缺点是：

(1) 招标发包工作难度大。工程项目总承包模式的合同条款不易准确确定，容易造成较多的合同争议。因此，虽然与业主方签订的合同量最少，但是合同管理的难度一般较大。

(2) 业主择优选择承包方范围小。由于承包范围大，介入项目时间早，未确定的工程信息较多，因此承包方要承担的风险较大，而有此能力的承包单位数量相对较少，这往往会导致合同价格较高。

(3) 质量控制难度大。其原因一是质量标准和功能要求不易做到全面、具体、准确，质量控制标准制约性受到影响；二是"他人控制"机制薄弱。

4. 工程项目总承包管理模式

所谓工程项目总承包管理，是指业主将工程建设任务发包给专门从事项目组织管理的单位，再由其分包给若干设计、施工和材料设备供应单位，并在实施中进行项目管理。

工程项目总承包管理与工程项目总承包模式的不同之处在于：前者不直接进行设计与施工，没有自己的设计和施工力量，而是将承接的设计与施工任务全部分包出去，专心致力于建设项目管理。后者有自己的设计、施工实体，是设计、施工、材料和设备采购的主要力量。项目总承包管理模式下的合同结构如图 1-21 所示。

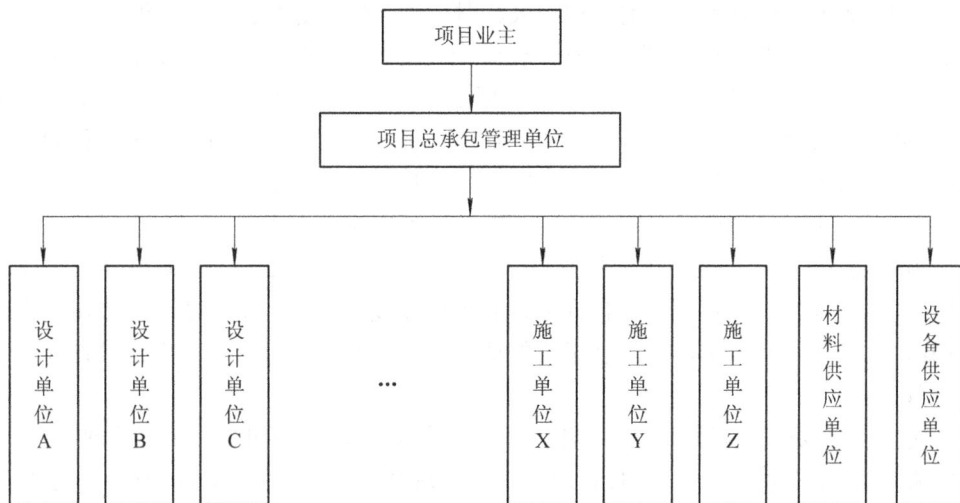

图 1-21　工程项目总承包管理模式

工程项目总承包管理模式的优点是：合同关系简单，有利于组织协调比较，也有利于进度控制。

工程项目总承包管理模式的缺点有：

(1) 由于项目总承包管理单位与设计、施工单位是总包与分包关系，后者才是项目实施的基本力量，所以监理工程师对分包的确认工作就成了十分关键的问题。

(2) 项目总承包管理单位自身经济实力一般比较弱，而承担的风险相对较大，因此建设工程采用这种承发包模式应持慎重态度。

二、工程建设管理和运行管理模式

1. 工程的建设管理方式

建设项目管理具有广泛的含义，包括业主方的项目管理(也称建设项目管理)、咨询监理方的项目管理、承包商的项目管理(包括工程总承包方项目管理、设计方项目管理及施工方项目管理)、银行方的项目管理及政府对项目的管理。一般来说，在工程立项后，通常是由业主负责工程建设全过程的管理工作。故此处以业主方的项目管理为例来论述。

1) 业主的建设管理模式

业主通常以如下几类方式实现对整个工程的管理：

(1) 业主自己管理工程。在国内早期，政府及其职能部门、学校、工厂等对于工程建设基本都实行"自己建设，自己管理"的模式。业主为了工程的建设，招募工程管理人员，成立一个建设管理单位直接管理设计单位、承包商和供应商。如在 20 世纪 90 年代前，我国企业、政府各单位和各部门、学校、工厂、部队等都设有基建处，由基建处负责本单位(或部门)的工程管理工作。工程建设结束后，建设单位通常要承担运行维护管理的任务，有时就解散或者闲置。

这是一种小生产式的工程管理方式。采用这种模式，由于工程管理专业化程度较低，且工程管理经验不能积累，就使得工程很难取得成功，而且会导致政企不分、垄断经营、腐败等问题，容易造成管理成本的增加和人、财、物、信息等社会资源的浪费。

与这种模式相似的是在 20 世纪 80 年代中期以前，我国政府投资的基础设施工程建设采用的工程项目指挥部的形式，即由每个工程参加部门(单位)派出代表组成委员会，领导工程的实施，且各委员单位负责各自的工程任务，并通过定期会议协调整个工程的实施。在我国，许多政府工程，如城市地铁、公路工程、化工工程、核电工程、桥梁工程等，都采用这种形式，常常以副市长、副部长，或副省长等作为总指挥。

在 20 世纪 80 年代中期以后，我国实行基本建设投资业主责任制，通常都要成立工程建设总公司作为业主。但直到现在在许多政府工程建设项目中，工程建设总公司和指挥部同时存在，出现"一套班子，两块牌子"的情况。这是我国大型公共工程建设管理的一种特殊情况。

(2) 业主分别委托投资咨询、招标代理、造价咨询、监理公司进行工程管理。

① 业主委托咨询公司进行工程管理。初始的建设工程管理由设计单位(主要是建筑师)承担。这是由于建筑学在工程中具有如下独特的地位：在工程中，建筑学是牵头的主导专业，建筑方案具有综合性，是其他专业方案的基础，与其他专业的联系最广泛，建筑学专业在工程建设过程中为业主服务的时间长；建筑学专业具有丰富的内涵，如一个工程，是建筑方案具有艺术、文化、历史价值；建筑师注重工程的运行，注重工程与环境的协调，注重工程的历史价值和可持续发展。这些正是工程和业主最需要的。

直到 20 世纪 80 年代，国外(最典型的是美国和德国)的许多建设工程组织结构图中依然是建筑师居于中心位置。许多工程的计划、工程估价、控制，甚至对承包商索赔报告的处理都由建筑师负责。但建筑师作为建设工程的管理者有许多不足的地方：建筑师具有艺术家的气质，因而常常缺少经济思想和管理思想；由于建筑师是艺术家，需要创新思维，因而常常缺少严谨性；建筑师常常有非程序化和非规范化的思维和行为；建筑师在工程中发挥主导作用主要在设计阶段，常常不能全过程介入，特别在施工期和运行期，这就造成了工程管理的不连续性。如果让建筑师全过程介入，则又是对人才的浪费。这些不足会损害工程的目标，也不利于工程管理工作。

② 业主委托咨询工程师进行工程管理。这种工程管理人员在国外被称为咨询工程师，

在我国被称为监理工程师。20 世纪 90 年代以来，我国在建设工程管理领域实行专业化分工，有监理公司、投资咨询公司、造价咨询公司、招标代理公司为业主提供专业化的工程管理服务，业主可以将一个建设工程管理工作分别委托给设计监理、施工监理、造价咨询和招标代理等单位承担。

由于业主委托许多咨询和管理公司为自己工作，业主还必须进行总体的控制和协调，参与一些工程管理工作。通常业主会委派业主代表与咨询和管理公司的工作人员共同工作。

③ 业主采用其他形式进行工程管理。由工程参加者的某牵头专业部门或单位负责工程管理，如由设计单位承担工程管理工作，即"设计—管理"承包，由施工总承包商牵头，即"施工—管理"总承包，在我国的许多工程中采用这种模式，由供应商牵头，即采用"供应—管理"承包模式。

(3) 业主将整个工程的管理工作委托给一个工程项目管理单位(公司)。业主与项目管理公司签订合同，项目管理公司按合同约定，代表业主对工程的建设进行全过程或若干阶段的管理服务，如为业主编制相关文件，提供招标代理、造价咨询服务，进行设计、采购、施工、试运行的组织和监督。业主则主要负责工程实施的宏观控制和高层决策，一般与设计单位、承包商、供应商不直接接触。

(4) 代建制。在我国，代建制是指对政府投资的建设工程，经过规定的程序，由专业性的管理机构或工程项目管理公司对工程建设全过程实行全面的、相对集中的专业化管理。工程代建单位是政府委托的工程建设阶段的管理主体。从严格意义上讲，采用代建制方式，投资者(一般为政府或政府部门)不再另外组建建设单位。工程类型可以是盈利性或非盈利性的。代建制的基本运行流程如下：

① 投资单位(通常为政府部门)通过公开招标确定工程的代建单位(建设单位)。工程代建单位通常有两种：一种是组建常设的事业单位性质的建设管理机构(单位)。这种管理机构不以盈利为目的，且具有很强的独立性；另一种是选择专业化的社会中介性质的项目管理公司作为代建单位，以实现项目管理专业化。

② 政府主管部门的职责包括：审批项目建议书、可行性研究报告，审查确定设计方案，审批工程预算和工程建设计划等；安排工程年度投资计划并协调财政部门按工程进度拨付建设资金；监管代建单位履行合同；组织工程的竣工验收和移交。

③ 工程使用(运行)单位的职责包括：根据本单位的实际需要及发展规划提出工程建议书；在工程方案设计阶段提出工程的具体使用条件、建筑物的功能要求，有关专业、技术对建筑物的具体要求和指标；在建设过程中(包括工程设计、施工、设备材料采购等)提出意见和建议，并监督代建人的行为；参与工程竣工验收，并接收工程，此后承担使用和维护的责任。

④ 采用代建制，使投资者(政府)、建设管理单位(代建单位)与使用单位分离。

⑤ 代建单位按照工程总投资的一定比例收取工程管理费。

2) 不同工程管理模式的社会化程度和特点

在现代社会中，工程管理越来越趋向社会化。不同的管理模式其社会化程度是不同的，其中业主自己管理是最低层次的社会化工程管理，项目管理承包(或服务)是比监理制更为完备的社会化工程管理，而代建制是最完备的高层次的社会化工程管理。

工程管理的社会化具有如下好处：

(1) 社会化的工程管理者与工程没有利益关系和利益冲突，具有独立性、公正性、专业化、知识密集型的特点，可以独立公正地作出管理决策，保证工程管理的科学性及高效性。

(2) 对业主来说，工程管理的社会化使得工程管理方便、简单、省事。业主只需和项目管理公司(咨询公司或代建单位)签订管理合同，支付管理费用，在工程中按合同检查、监督工程管理公司的工作。对承包商的工程业主只需做总体把握，答复请示，做决策，而具体事务性管理工作都由工程管理公司承担。

(3) 能够促进工程管理的专业化，使得工程管理经验容易积累，管理水平易于提高。项目经理熟悉工程的实施过程，熟悉工程技术，精通工程管理，有丰富的工程管理经验和经历，能将工程的设计、计划做得十分周密和完美，能够对工程的实施进行最有力的控制，更能够保证工程的成功。

(4) 社会化的工程管理者在工程中可以起到协调、平衡的作用。工程管理者能站在公正的立场上，公正地、公平合理地处理和解决问题，调解争执，协调各方面的关系，使工程中各方面利益得到保护和平衡，从而使承包商和供应商比较信赖工程管理者，保证工程有一个良好合作氛围。

工程管理的社会化也存在许多基本矛盾和问题，主要是工程管理者在建设工程中责权利不平衡。例如，工程管理者的工作很难用数量来定义，其工作质量很难评价和衡量；工程的成功依赖他/她的努力，但他的收益与工程的最终效益无关；在工程中他/她有很大的权力，但不承担或承担很少的工程经济责任等。因而社会化的工程管理需要业主充分授权，需要业主对工程管理者完全信任，更需要工程管理者有很高的管理水平和职业道德。

2. 现代工程的运行管理方式

工程交付运行后，其运行阶段的管理(如维护管理、资产管理、更新改造管理等)方式也是丰富多彩的。具体而言，有以下几种管理方式：

(1) 由使用单位或业主自行管理。一般工业厂房、企业的办公楼、学校校区等都是业主或使用单位自行负责日常的维护和常规维修，所以在我国许多单位都有维修管理处。

(2) 由物业管理公司管理。现在我国大量新开发的房地产小区、综合性办公楼等都采用物业管理公司管理的模式，这也是工程运行管理社会化的表现。在国际上一些大的港口、公路，甚至机场，通过招标招聘运营管理公司。

(3) 由工程承包商继续承担工程的运行维护和管理工作。对许多专业化较强的工程，工程承包商进行运行管理是最高效的。因为工程是承包商建造的，承包商最熟悉工程系统(如工程地质条件、各种隐蔽工程、管道的走向、设备性能、工程布局等)，在工程出现问题后能很快找到原因，提出解决办法。所以由承包商负责维修和更新改造也是最节约和高效的。这在国际工程中是一种比较常见的方式。

复习思考题

1. 查找人们通常使用的"工程"一词的定义，分析其意义。
2. 简述工程的作用，并举例说明工程与人们生活的关系。

3. 讨论我国近几十年工程建设的主要成就。

4. 简述现代工程的特点。

5. 查阅资料，了解我国工程发展史。

6. 查阅资料，了解国内近几年大型工程的建设情况。

7. 工程实施的委托方式有哪些？这些方式分别有哪些特点？了解一个典型工程所采用的承发包方式。

8. 业主的工程管理模式有哪些？了解一个典型工程的业主管理方式。

9. 实践活动：参观正在建设的工程，了解该工程的资金来源及其资本结构模式、实施委托方式、工程管理模式等。

第二章　工程管理概述

【本章提要】

本章描述了工程管理的概念、历史沿革、参与主体、行业特点与行业发展、专业领域以及我国工程管理体制。

第一节　工程管理的概念

在车水马龙的十字路口，如果没有严格的交通法规，没有完善的指示标志，没有交警的管理和疏通，必然导致秩序的混乱，无法实现道路的畅通及车辆和行人的安全。工程管理行业担负着与交通控制系统相似的角色，工程管理者为实现工程预期目标，将管理的方法和手段适当、有效地运用于各类工程技术活动中，对工程项目进行决策、计划、组织、指挥、协调与控制，促进工程建设的顺利推进。第一章中对工程进行了较系统的定义，下面对管理及工程管理的概念进行阐述。

一、管理

管理(Management)是人类共同劳动的产物。管理同人类社会息息相关，凡是人类社会活动皆需要管理。从原始部落、氏族部落到现代文明社会，从企业、军队、学校到政府机构、科研单位，都需要计划、组织、协调、控制，这些都离不开管理。随着人类社会活动广度和深度的延伸，管理的含义、内容、理论、方法等也都在逐渐变化和发展，管理的重要性也越突出，以至在现代社会，管理和科学技术一并成为支撑现代文明社会大厦的两大支柱，成为加速社会历史前进的两大动力。

管理的核心和实质是促进社会系统发挥科学技术的社会功能，取得社会效益和经济效益。作为社会经济与科学技术的中间环节，管理具有中介性、科学性和社会性三项基本特征。科学技术通过管理物化为生产力的各要素，推动社会经济的发展。离开了管理的中介作用，科学技术将成为空中楼阁。要把科学技术转换为生产力，必须运用科学知识系统(如系统论、信息论、控制论、经济学等)、科学方法(如数理统计、物理实验、系统分析、信息技术等)和科学技术工具(计算机等)，必须遵循社会系统的固有规律。因此，管理应当具有科学精神、科学态度、科学手段和科学方法。管理是人类的一项社会活动，人在管理过程中起着核心作用。人既是管理手段的主要成分，又是管理对象的重点内容，因此，管理活动必然受到人们社会心理因素，特别是受社会成员的价值、准则、意识、观念的影响，受到社会制度、社会结构等因素的影响。

管理成为一门科学是与社会生产力的发展紧密联系的。管理工作者在长期、大量的工作实践中总结并提出各种不同的观点和方法，不断深化管理学的理论和技术方法，拓展管理学的应用范围，推动社会生产力的不断发展，同时管理科学也在生产力发展中得到了迅速的进步。第一位使管理从经验上升为科学的人——弗雷德里克·温斯洛·泰勒(Frederick W. Taylor，1856—1915 年)，由于在科学管理方面所做出的突出贡献，而被人们誉为"科学管理之父"。泰勒于 1856 年出生于美国费城，18 岁进费城一家工厂学习制模及机工手艺。四年后，他来到费城的米德维尔钢铁厂。泰勒发现该工厂的工作效率极其低下，企业管理者不懂得用科学方法进行管理，不懂得工作程序、劳动节奏和疲劳因素对劳动生产率的影响；而工人则缺少训练，没有正确的操作方法和合适的工具。这些都大大影响了生产效率的提高。于是泰勒开始进行劳动时间和操作方法的研究，他结合多年从事机械生产的经验进行了艰苦的探索。泰勒的探索主要反映在他的三个最有名的试验：通过搬运生铁的试验，摸索出工人的日合理工作量，从而为实行定额管理奠定了基础；通过铲具试验，探索出铲物效率最高时的铁揪形状，从而为实行工具标准化奠定了基础；通过金属切削试验，为制定各种机床进行高速切削和精密加工的操作规程提供了科学依据。这些试验使泰勒的科学管理思想深深地扎根在科学实验的基础上，使管理逐渐具有科学的理论和方法。

H. 法约尔(Henri Fayol，1841—1925 年)的一般管理理论对管理学的发展产生了巨大的影响，奠定了管理过程学派的理论基础，成为该学派的开山祖师。因此，继泰勒的科学管理理论之后，一般管理理论被誉为管理学史上的第二座丰碑。

由此可见，管理并不是脱离实际的空中楼阁，几乎所有管理原理、原则和方法，都是学者和实业家在管理实践过程中总结管理工作客观规律的基础上形成的。管理不仅是一门科学，更是一门艺术。管理学并不能为管理者提供解决一切问题的标准答案，但它要求管理者以管理理论和基本方法为基础，结合实际情况，采取恰当的对策和措施，以求得问题的解决和目标的实现。

二、工程管理

工程管理(Engineer Management)指通过决策、计划、组织、指挥、协调和控制以实现工程预期目标的过程。显然，"工程"和"管理"构成了工程管理的核心。尽管工程管理最早起源于土木工程领域，然而，经过若干时代的演变，工程管理的内涵和范畴已显著扩大，逐渐渗透到国防、航空、交通、石油化工、采矿冶金、信息等各行各业。如今，工程管理领域既包括工程建设实施中的管理，如规划、论证、勘察、设计、施工、运行等管理；也包括重要和复杂的新型产品的开发管理、制造管理和生产管理；还包括技术创新、技术改造的管理，以及企业转型发展的管理，产业、工程和科技的重大布局和战略发展的研究与管理等。基于此，我们提出了"泛工程管理"的概念，我们认为，凡是与技术管理有关的领域都是工程管理工作的基本范畴。

工程管理作为适应社会发展所需，由多学科知识交叉融合而成的行业和学科，具有强劲的发展态势和广阔的发展空间。工程管理是当代社会技术与管理协同发展、有机结合的产物，体现了学科融合的时代特征。技术、经济、管理、法律四者在工程管理内部的交叉组合，可以产生新的交叉学科和专业。技术本身就是一个庞大的泛学科群，包含土木工程、航天工程、生物工程等 32 个一级学科，即使不考虑技术学科内部的组合，泛技术、经济、管理、法律在工程管理内部也可能产生数十个新的学科和研究方向，已经产生的工程经济学、管理经济学、工程合同管理、工程造价就是其中的代表。

任何工程都是在一定的管理环境下完成的，即使具备了先进的工程技术、敏锐的经济头脑和清醒的法律意识，如果缺乏精良的管理，工程实施的全过程不能得到有效的计划、协调、控制和监督，则难以达到预期目标，甚至可能遭受不必要的损失。

一个工程项目从形成概念、立项申请、可行性研究、评估决策、市场定位，到勘察设计、招标投标、开工准备、材料设备的选型与采购，经施工实施再到最后的竣工验收、使用维护，这其中的任何一个环节，都直接影响到工程项目的成败。现代工程管理强调，对工程的管理必须贯穿以上所有环节的全过程。

尽管每个工程项目的目的、任务和实施方式不尽相同，或是建造一幢楼房，或是修筑一条道路，或是开挖一条隧道等，但以下目标几乎是所有工程项目的共同追求：有效利用有限资金，按期完成施工，工程质量达标，工程项目顺利交付使用，各方利益相关者取得预想的经济效益和社会效果。所以，工期进度、质量标准、投资额度是工程项目的主要约束条件，与之相应的决策、计划、组织、控制、监督协调成为工程管理的基本职能，具体职能见第三章。

第二节 工程管理历史沿革

在漫长的人类文明和社会发展过程中，伴随着大量工程的建造实践，逐步积累、提炼并不断充实完善了工程管理的理论基础和技术方法。从工程管理行业的发展进程看，工程管理的历史大致可以分为三个主要阶段。

一、人类工程实践催生工程管理萌芽

人类最初的工程以土木工程为主，主要包括房屋(如皇宫、庙宇、住宅等)、水利和交通设施(如运河、沟渠、道路、桥梁等)、军事设施(如城墙、兵站等)。在这些工程的建造过程中，古人因地制宜，就地取材，针对规模浩大的劳动组织和纷繁复杂的施工安排采取积极有效的对策和措施，充分体现了古人朴素的工程管理思想。

(1) 长城。长城是人类文明史上最伟大的工程之一，始建于 2000 多年前的春秋战国时期。秦始皇统一中国之后将断断续续的各段长城连接为一体。在修建万里长城这一伟大工程时，工程设计和施工组织者发挥了很强的创造力，显示了高度的聪明才智。

在工程选址方面，据成书于公元前 93 年的我国第一部纪传体通史——《史记》记载，"筑长城，因地形，用制险塞"，即长城大多都是沿山脊而筑，充分利用山体河流作为防御屏障。这不仅是古代军事战略需要，而且在总体上可以最大限度地节省人力和材料，充分体现出古人在建设方案选址时因地制宜的思想。

在施工组织方面，秦始皇时期修筑长城征用全国男劳力 50 万人，加上其他杂役共 300 万人，占当时全国男劳力的一半以上。组织如此大量的劳动力进行施工，必然有一套严密

的其至残酷的组织措施作为保证。据文献和长城碑文记载，当时修筑长城是由各军事辖区的首长(往往是皇帝直接派出的巡抚、巡按)向朝廷上书，阐明当时当地防卫的具体情况，提出修筑长城的申请，经朝廷同意后再组织施工。施工任务下达后，由中央政权从全国各地征调军队和募集民夫到重点地区去修筑。而在具体修筑时，是按军队编制组织进行的。如今，在石筑城墙残基上，有的地段发现明显的接痕墙缝，证明当时修筑长城是采用分区、分片、分段包干的办法，先将某一段修建任务分配给成军某营、某卫所，再下分到各段、各防守据点的各个戍卒。施工时分有督理人员和具体施工管理人员。督理人员一般属职位较高的巡抚、巡按、总督、经略、总兵官等。而施工人员以千总为组织者，千总之下又设有把总分理。正是这样一条脉络清晰的直线式组织线路，才有可能保证施工期间管理严密、分工细致、责任明确。

在材料采集供应方面，长城横亘万里，地域范围很广，而且各段修筑的时间先后不一，建造工期往往又很紧迫，在这种情况下就地取材就显得格外重要。近年在蓟镇长城沿线发现的大量为建造长城提供原材料的砖窑、灰窑、采石场遗址和记载材料供应情况的石刻碑文，表明古代建造者在长城的建造过程中已经懂得"就地取材、因地制宜"的道理，显示了古代建造者在材料采集、运输和供给保障方面的智慧。

在质量控制方面，作为古代"国家级"防御工程，长城修筑的质量必然是当时统治者最为关注的重点。为确保长城修建工程的质量，明代在隆庆以后大兴"物勒工名"(即在长城墙体及其构件上标注建造责任人的姓名)，以此形式对整个工程实行责任制管理。考古工作者和长城专家在长城上发现和收集了一批石刻碑文，这些碑文除明确记录了每次修筑的小段长城(包括敌台)的位置、长度、高度、底顶宽度外，还刻上了督理官员的官衔、姓名、部队番号、施工组织者及石匠、泥瓦匠、木匠、铁匠、窑吐等的名字。如果城墙倒塌、破损，就按记载来追查责任。正是因为实行了严格的责任制，万里长城才能在经历了千百年的风雨磨炼后依然"塞垣坚筑势隆崇"。

在投资控制方面，尽管历代君王为抵抗外敌入侵在人力、物力、财力投入方面十分慷慨，但据《春秋》记载，建造长城所做的计划也十分周到细致。不仅准确计算了城墙的土石方量和所需各类材料的用量，连所需的人力以及从不同地区征集劳力、往返的路程、所需口粮都予以明确细致的安排，力求保障有力、供应有序。

在进度控制方面，由于当时生产条件所限，长城的建造难度很大，其工程进度较为缓慢。然而，在每次修筑时，统治者要求的工期往往又非常紧迫，建造者必须采用各种办法以求加快进度，例如在难以行走的地方人们排成长队，用传递的方法把修筑材料传递到施工场地；在冬天人们则在地上泼水，利用结冰后摩擦力减小的原理推拉巨大的石料；在深谷中人们用"飞筐走索"的方法，把建材装在筐里从两侧拉紧固牢的绳索上滑溜或牵引过去。这些办法在节省劳动力的同时，也大大节省了时间，加快了施工进度。

(2) 都江堰水利工程。都江堰水利工程是世界上最长的无坝引水工程，它巧妙地将"鱼嘴"分水工程、"飞沙堰"分洪排沙工程、"宝瓶口"引水工程结合起来，充分利用自然条件和地理环境对洪水进行疏导，达到以灌溉为主，兼有防洪、水运、供水等功效的目的。其规模之大，规划之谨慎，技术之合理，均前所未有，并一直沿用至今。

都江堰水利工程不仅强调了各功能区域结构布局的协调，同时制定了一系列协调措施对分洪、排沙、引水进行管理，突出了整个系统的协调配合。

公元 1100 年，我国著名的古代土木建筑家李诚编修了《营造法式》，汇集了北宋以前各个朝代建筑管理技术的精华。书中"料例"和"功限"，就相当于我们现在所说的"材料消耗定额"和"劳动消耗定额"。《营造法式》是人类最早采用定额进行工程造价管理的明确规定和文字记录之一，遥遥领先于英国 19 世纪才出现的工料测量师(Quantity Surveyor)。

英法战争(公元 1337—1453 年)后，英国政府决定短期内建立大量的军营。为满足建造速度快、成本低的要求，军营建造首次采用了每个工程由一个承包商负责。该承包商负责统筹工程中各个工种的工作，并通过报价来选择承包商的方式。工程竞价承包有效控制了政府支出，开创了将竞价方式运用到工程成本控制上的先例。

美国管理学家弗雷德里克·温斯洛·泰勒通过定量实验创造出定额管理、工具标准化和操作规范化的理论和方法，使设备制造管理过程的典型经验提升为具有普遍意义的技术方法。法国古典管理理论学家法约尔从管理过程中抽象出管理的计划、组织、指挥、协调、控制职能和管理的一般原则，对管理学的发展和管理学理论在工程管理中的应用产生了深刻的影响。

岁月沧桑，星移斗转。众多历史悠久、规模宏大、设计精巧、功能完备和工艺精湛的伟大工程，经历了漫长岁月的种种磨砺，仍然与现代文明极为和谐地辉映着。在当时的生产条件下，建造这些伟大工程是十分困难的。在这些工程的建设过程中必然有严密的甚至是残酷的军事化组织管理，必然有进度、人员的安排与控制，必然有费用的计划和核算，必然有明确的质量要求和检测。因此，每项工程的实施必然伴随着工程管理的实践。前人用其智慧和汗水在创造中收获着，他们在工程建造过程中所萌发的管理理念和技术方法，催生了现代工程管理基础理论和技术方法的萌芽。

二、社会生产力发展促进工程管理成长

20 世纪 20 年代以来，随着社会生产力的发展和科学技术的不断进步，各个行业的生产方式发生着日新月异的转变。从单枪匹马的"工匠式"作业，到"作坊式"和"小型工厂式"的有组织生产，再到越来越多的跨区域、跨国度的大型企业的出现，生产专业化和综合程度越来越高，工程项目也日趋大型化和复杂化。在这样的背景下，数量众多、规模巨大的工程建设急需称职的管理者的出现。生产力的发展和生产方式的转变促使工程与管理实现了最自然的、最有效的结合，工程实践在推动人类社会进步的同时促进了工程管理行业的快速成长。20 世纪初期，美国著名机械工程师和管理学家亨利·甘特(Henry L. Gantt，1861—1919 年)总结制造设施生产的经验，首次使用条形图(又称甘特图、横道图，见图 2-1)来形象、直观地表达纷繁复杂的生产过程。随后，甘特图广泛应用于土木工程领域，在一定程度上标志着工程管理开始告别人们简单、自发的经验积累，向着一门具备完善理论基础的专业学科转变。

从 20 世纪 20 年代起，美国在当时"科学管理"与经济学领域研究成就的基础上开始探索项目的科学管理。1936 年，美国在洪水控制工程中提出至今沿用的"效益与费用比"基本准则，即通过评价各种工程项目所产生的社会效益和消耗的社会成本，包括环境方面的效益和成本，权衡利弊，指导决策，确定方案。被誉为"管理理论之母"的福莱特(Mary Parker Follett，1868—1933 年)在多年的社区管理实践活动中，积累了众多对于

项目运作(如职业指导中心的建立和运作)和企业管理的经验，明确提出了管理的整体性思想。此后，系统分析方法在工程项目的规划和决策中得到了广泛应用，大大推动了系统理论的发展。

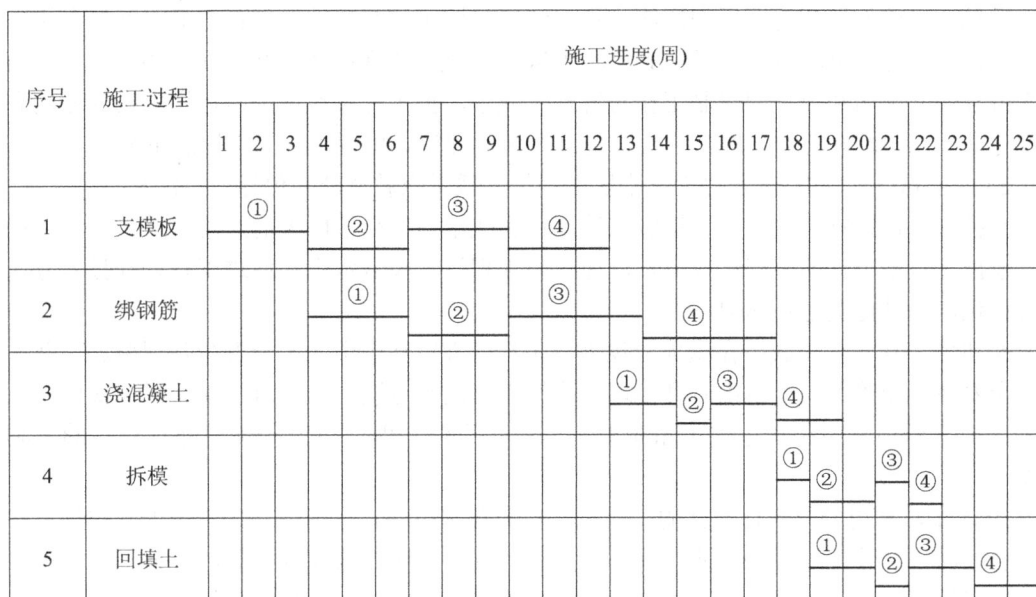

序号	施工过程	施工进度(周)																								
		1	2	3	4	5	6	7	8	9	10	11	12	13	14	15	16	17	18	19	20	21	22	23	24	25
1	支模板		①			②			③			④														
2	绑钢筋					①			②			③			④											
3	浇混凝土													①		②	③		④						
4	拆模																		①	②		③	④			
5	回填土																		①		②	③		④		

图 2-1　甘特图

20 世纪 40 年代以来，人们在研究水力资源的多级分配和库存的多级存储问题的工程管理实践中孕育了动态规划的思想雏形。

第二次世界大战后，许多国家面临工期紧迫、材料短缺和资金不足的问题，促使业主们更加注重对工程工期、造价和质量的控制，推动了工程管理新的管理手段和方法的不断涌现。同时，伴随现代科学技术的进步，产生了系统论、信息论、控制论、计算机技术、运筹学、预测技术和决策技术等理论学说和技术方法并日臻完善，为工程管理基础理论和技术方法的发展提供了动力和支撑。

1947 年，美国工程师麦尔斯在军事工程和军需物品采购的实践中不断探索，逐渐总结出一套解决采购问题的行之有效的方法，并把这种思想和方法应用推广到其他领域，形成了早期的价值工程。而后，价值工程(Value Engineering)在工程建设、生产发展与组织管理等方面得到了广泛应用。

20 世纪 50 年代初，美国数学家贝尔曼首先提出动态规划的概念。所谓动态规划，简单地说，就是将问题实例归纳为更小的、相似的子问题，并通过求解子问题产生一个全局最优解。1957 年贝尔曼发表《动态规划》一书。美国"北极星潜艇计划"开始利用计算机进行管理，开发了安排工程进度的"计划评审技术"(PERT，Program Evaluation and Review Technique)方法，用于难于控制、缺乏经验、不确定性因素多而复杂的项目中。该技术的出现被认为是现代项目管理的起点，成为工程管理最重要的技术和方法之一。1957 年，美国杜邦公司在其化学工业建厂计划中，创造了"关键线路法"(CPM，Critical Path Method)。1958 年，美国在北极星导弹研制工程管理中，首次采用了计划评审技术，并获得显著成功，加快了整个系统的研制进度。

20 世纪 60 年代，美国由 42 万人参加、耗资 400 亿美元的"阿波罗载人登月计划"取得巨大成功，同时开发了著名的"矩阵管理技术"。工程管理人员还将风险管理运用于项目管理中，采用失效模式和关键项目列表等方法对阿波罗飞船进行风险管理。

受社会经济发展相对滞后的影响，这一阶段我国工程管理的发展虽滞后于经济发达国家，但在一些方面也取得了进展和成绩。1954 年，被誉为我国"导弹之父"的钱学森院士在主持导弹、火箭和卫星的研制工作与管理实践中，把工程实践中经常运用的设计原则和管理方法加以整理和总结，取其共性，提升为科学理论，出版了《工程控制论》专著。

20 世纪 60 年代初，著名科学家华罗庚教授和钱学森教授分别倡导统筹法和系统工程，并将其推广到修铁路、架桥梁、挖隧道等工程实践中，取得了巨大的经济效益。在这一期间开发出了数以百计的工程作业流程，为提高工程管理技术水平和促进工程管理技术方法的规范化、标准化奠定了基础。

20 世纪 70 年代，我国在重大建设项目工程管理实践中引入了全寿命管理概念，并派生出全寿命费用管理、一体化后勤管理、决策点控制等方法，在上海宝钢工程、秦山核电站等大型工程项目中相继运用了系统的工程管理方法，保证了工程项目建设目标的顺利实现。

1984 年，利用世界银行贷款的项目——鲁布革水电站，在国内首先采用国际招标，并通过合理的项目管理缩短了工期，降低了造价，取得了明显的经济效益，成为了我国项目管理在建设工程方面应用的范例。此后，我国的许多大中型工程相继实行项目管理体制，逐步实施了项目资本金制、法人负责制、合同承包制、建设监理制等。至此，工程管理在我国越来越多的工程领域中得到运用，为我国工程建设的蓬勃发展发挥了积极作用。

随着系统工程、运筹学、价值工程、网络技术等科技发展以及超大型建设工程和高科技产品开发等工程管理实践的大规模开展，这一阶段的工程管理在理论和技术方法方面奠定了良好的基础，初步构建起以技术、管理、法律、经济为支撑平台的理论体系。与此同时，在工程管理实践中创造和丰富了管理学理论与方法，工程管理实践成为现代管理学众多理论及方法产生的摇篮和发展的引擎。

三、新型工业化进程加速工程管理发展

进入 20 世纪 90 年代以来，伴随着新型工业化的进程，以及工程管理在社会经济发展中地位和作用的大幅提升，工程管理得到了全社会的高度重视，取得了长足发展。现代工程管理吸收、融合了系统论、信息论、控制论、行为科学等管理理论，其基础理论体系逐步健全和完善；预测技术、决策技术、数学分析方法、数理统计方法、模糊数学、线性规划、网络技术、图论、排队论等现代管理方法的不断进步和有效应用，为解决工程管理各种复杂问题提供了更为有效的手段和工具，使工程管理的技术方法日益科学化和现代化。计算机的广泛应用以及现代图文处理技术、多媒体和互联网的使用，显著提高了工程管理工作的质量和效率。

近年来，我国在三峡工程、青藏铁路、国家游泳中心等重大工程项目实践中努力创新工程管理的技术手段和方法，拓展了工程管理的应用空间，提升了工程管理在重大工程项目建设中的作用及效果。

青藏铁路是全世界海拔最高的铁路工程，工程建设面临着穿越世界上最复杂的冻土区等大量的技术难题，开创了世界上在高温极不稳定冻土区的高含冰量地质条件下"以桥代路"修筑路基的先例，确保了工程质量和进度。此外，青藏铁路修筑过程中还特别注意了环境和野生动物的保护，为野生动物设计了专门的迁徙路线，最大限度地降低了工程建设对生态环境的破坏。青藏铁路的顺利通车和所取得的良好社会效果，标志着我国在复杂地理地形条件下工程建设和工程管理工作达到了相当高的水平。

为迎接 2008 年北京奥运会而兴建的国家游泳中心"水立方"采用了独特的钢结构技术。钢结构共约 70 001 个，节点 10 000 余个，杆件数量 20 000 余根，结构和构件具有很强的多样性，对构件制作和结构测量、安装的精确性有极高的要求，工程的施工组织具有很高的难度。同时，水立方首次采用了 ETFE 膜结构技术，整体工程具有材料轻、阻燃性好和外表美观、透光性好等良好效果。

20 世纪末以来，计算机技术的发展和普及，以及工程管理软件的开发和应用，成为推动工程管理专业发展的又一强大动力。信息处理变得更加迅速、及时和准确，管理人员能够把资金、时间、设备、材料及人工等多方面的因素综合在一起，通过计算机完成计划、预测、报表等功能，使得把现代化管理方法和技术手段运用于大型复杂工程项目管理的设想变成了现实。

随着工程建设规模的迅速扩大和建造难度的不断增加，工程管理行业所面临的形势和实践过程中诸多亟待解决的实际问题推动工程管理的学术研究不断深入。国内部分科研机构及大学相继建立了以工程管理为主要研究内容的科研院所。科研机构围绕工程管理的基础理论、技术方法的应用和工程管理专业的人才培养、资格认证展开了广泛的研究和探索。

我国最具权威的科研机构——中国工程院于 2000 年成立工程管理学部，目前已有院士39 人，约占中国工程院院士总数的 5.56%。这是国内学术界对工程管理学科地位认同的重要体现，对于冲破社会工程管理及其工作价值的狭隘认识，承认工程管理理论研究者的创新价值，认同工程管理实务工作者的学术地位具有举足轻重的作用。

中国工程院与国家自然科学基金委员会于 2003 年联合发起、创办了中国"工程前沿"学术研讨会，首届研讨会主题为"未来的制造科学与技术"。中国"工程前沿"研讨会以工程前沿与学术研讨为宗旨，每年春、秋在北京召开两次，会议的主题包括国家重大工程技术领域的关键问题及重要工程研究的前沿问题。

"工程前沿"研讨会作为我国在促进工程的跨学科研究的重大举措受到各方关注。2011年 5 月 21 日，由中国工程院和湖南省人民政府共同举办的第五届中国工程管理论坛在长沙开幕。论坛以我国工程管理发展现状及关键问题为主题，交流了工程管理的先进理念与成功经验，探讨了工程管理行业未来发展趋势。论坛的成功举办有力地推动了工程管理行业和学科的发展。

近年来，我国在工程管理重大课题研究方面不断取得进展。1993 年，中国国家自然科学基金委员会列题开展"重大科技工程管理理论与方法研究"。这是我国当年两个重点管理科学研究课题之一，是国内首次列题研究工程管理领域。1996 年 12 月课题组完成了多达 100 多万字的研究报告，对工程与工程管理基本概念、工程管理领域的一般规律、国内外工程风险管理理论与实践、高技术工程管理的概念和工程综合管理技术与应用等方面展开了深入研究，并对工程管理在交通工程、军用飞机研制工程、民用核电站建设工程、战略导弹研制工程等行业中的应用进行了探讨。

2002年，国家发展与改革委员会重大建设项目稽查特派员办公室组织勘测设计单位、高等院校以及相关企业等单位联合进行项目监测指标体系和监测信息平台的技术攻关，课题题目为《国家重大建设项目动态监测与评价信息系统原型系统研制与关键技术研究》，并列入"863"计划。国家重大建设项目监测信息系统的指标数据来自于项目建设单位，为了获得动态的监测信息，首先必须推进国家重大项目建设单位自身的信息化建设。在国家发改委稽查办支持下，2003年课题组承担了国家"863"和"十五"重大软件专项——"基于Linux的国家重大建设项目管理应用平台P9PIP"。为了使监测指标体系与监测信息平台更加一体化、实用化、产业化，课题组在国家有关方面的支持下，开发出面向国家重大建设项目动态监测与预警信息平台的监测指标体系(应用版)。2005年3月，国家发改委办公厅正式就国家重大建设项目监测信息系统试点工作发文，在国内部分省市、行业及重大项目建设单位进行重大建设项目监测信息系统的试点运行。

2004年，在北京召开的工程科技论坛上，中国工程院工程管理学部确定就"工程与工程哲学"开展咨询研究。该项目于2005年启动，2006年结题，由殷瑞任院士担任项目负责人。开展此项研究工作主要是基于现代社会工程数量急剧增加、规模不断扩大、结构日趋复杂、难度显著提高，不同工程之间，工程与自然、工程与经济社会之间以及工程自身内部都有许多极其复杂的关系，需要进行跨学科、多学科的研究，特别需要从宏观层面、以哲学思维把握工程活动的本质和规律，从而为项目决策和工程建设提供科学的世界观、方法论，以提高工程建设的综合效益。

伴随着国家社会经济的持续发展，特别是新型工业化进程的加速推进，工程管理在基础理论和技术方法上都得到了全面的发展。一方面，系统工程、科学管理、运筹学、价值工程、网络技术、关键线路法等一系列理论与方法均诞生或应用于工程实践，并逐步发展成为管理学的核心理论与方法。另一方面，现代科学技术的飞速发展和社会、经济各个领域对工程管理行业的巨大需求，为工程管理的进一步完善和发展提供了广阔的空间，注入了新的活力，促使工程管理理论和技术体系的不断健全和完善，推动工程管理逐步成为社会经济发展中具有重要地位和作用的行业。

第三节　工程管理的参与主体

为确保工程建设的顺利实施，需要在明确部门职责、职权的基础上，建立行之有效的规章制度，使工程项目的各阶段、各环节、各层次职能到位、责任到人，从而形成一个高效的组织保证体系。

工程项目的复杂性不仅在于其本身具有复杂的过程，更在于其所处环境的复杂性和不确定性。通常工程管理的范围要比工程项目本身更为宽广、更为复杂，突出表现在工程管理除需要处理诸多工程技术问题之外，还将直接涉及业主、政府部门、勘察设计单位、金融部门、施工承建单位、材料供应单位、监理单位和使用者等各个部门、单位及利益群体，见图2-2所示。

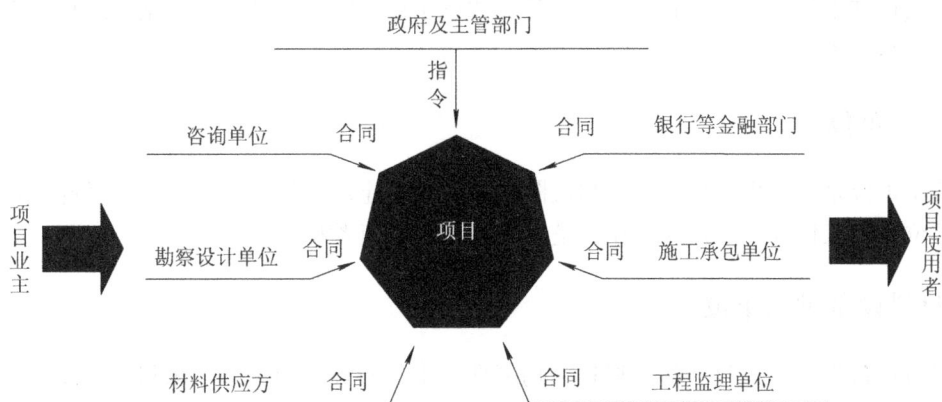

图 2-2 参与工程的主要单位和部门

一、项目业主

工程项目业主是工程项目的发起者和出资者。业主从投资的角度出发，根据建设意图和建设环境，需要自行或委托他人对项目的实施全过程进行有效的管理。业主应当为工程的实施提供必要的资金、场地等条件。

二、政府及主管部门

政府及其相关的主管部门对工程项目主要是进行指令性的监督和管理，它们是工程相关法规的制定者。政府部门对项目立项、建设用地、规划、设计方案等进行审查批准，办理项目立项批文、建设用地规划许可证、建设工程规划许可证、建筑工程施工许可证等。另外，政府下设的一系列监督机构受政府委托，负责对工程项目中有关的质量、安全等方面进行监督检查。

三、研究咨询单位

随着科学技术的迅猛发展，在工程项目的实施过程中，需要不断运用新结构、新工艺、新技术、新材料、新设备以及新的管理手段和管理理念等，这些都离不开研究咨询单位的技术支持。研究咨询单位是工程项目的知识后盾和人才基地。

四、金融机构

工程项目建设过程的资金需求量大、时效性强，需要通过金融机构的介入，以获取充足的固定资产、投资资金和流动资金。对于建筑企业和项目业主来说，有效利用金融机构融资，保证项目资金链的稳固和连续，对于扩大生产规模、抢占有利市场时机、降低经营风险、提高企业效益是十分重要的。

五、勘察设计单位

勘察设计联系着项目决策和项目建设施工两个阶段。勘察设计先于施工开始，其设计文件是项目施工的依据。同时，勘察设计又渗透于施工阶段，及时处理施工过程中出现的设计变更和技术变更。

六、施工单位

施工单位是将工程项目由构想和蓝图变为具体的建筑产品的组织。作为工程的承建方，施工单位负责工程施工及管理工作，是工程的主要实施者和管理者。

七、材料设备供应单位

材料设备供应单位包括建筑材料、构配件、工具与设备的生产厂家和供应商，他们为工程项目提供必要的生产要素。材料设备供应在产品质量、价格变动、服务质量等方面的能力和水平，对工程最终目标的实现会有一定的影响。

八、工程监理单位

监理单位受业主委托，依据国家法律法规、行业规范、建筑标准、合法的设计文件以及合同条款，对工程实施的全过程予以监督。

九、项目使用者

项目使用者是项目的接受者和直接受益者。使用者对项目的最终评价，即客户满意度，是衡量项目完成情况的一个重要指标。

一个工程项目需要上述部门、单位和利益群体共同参与才能顺利完成。激励、引导和协调这些部门、单位和利益群体积极参与项目建设并严格遵循共同认可的规则，必须有高效的组织形式和强有力的约束条件。严谨的组织形式、严格的经济合同和工作责任制能够明确各方参与者的责、权、利及彼此的经济关系，将存在一定利益冲突的各方和谐地联系在一起。

第四节　工程管理行业发展及涉及领域

一、工程管理行业特点

工程管理产生于、依托于和服务于工程项目，因其实践性强、目标精准和管理效果可验证的特性而有别于一般意义上的管理。就单一工程而言，其管理包括资金、进度、风险、质量、安全、人员、信息、环境等相对独立且相互制约的各个环节，解决工程管理的实际问题必须采用针对性的技术方法和手段。从此角度出发，工程管理可称为管理学中的"物理学"和"外科学"，是经过工程实践千锤百炼的"硬管理"。工程管理的工作性质决定了工程管理具有公正性、系统性、复杂性、严谨性和规范化、信息化、职业化、可持续发展的基本特点。

1) 公正性

公正性是工程管理行业的突出特点，也是工程管理者最基本、最重要的职业道德准则之一。工程管理者应当具备良好的职业操守，不应有谋取私利的商业倾向，不应从参与工程的任何一方接受任何形式的非正当收益，在工程管理实践中客观、公正地提供真实、准确、详细的咨询意见和建议，竭诚为工程项目提供可靠的产品和服务，确保工程预期目标顺利实现。

2) 系统性

工程管理可以为工程项目提供全过程服务，具有很强的系统性。这就要求从业者具有系统的理念和思维，并能把握总体目标任务，注重全过程的协调和局部之间的联系，根据项目的具体情况和要求，提出有效的实现项目最终目标的思路、策略、方案和措施等。

在项目决策阶段的管理工作中，由于项目建设所涉及的因素众多，并且所有的因素又构成一个完整的系统，所以只有在对该系统中的每一个因素充分了解的基础上，用系统的眼光加以综合分析，才能正确判断一个项目的立项是否必要，是否合理，是否有效益，是否值得投资，从而使项目的决策真正做到客观、准确、科学。

在项目的实施过程中，管理工作也是一个完整的系统工程。管理的目的是为业主做好项目的进度、质量、费用的计划和控制等工作。要做好这些工作，管理者必须制定详细的项目建设统筹计划，及时安排设计、采购、施工等各个环节的具体工作，注意各个环节的合理交叉叠加，确定并有效控制质量要点，合理使用人工、材料、机械等各项费用，使工程的管理过程成为一个完整系统的有机整体。

3) 复杂性

工程管理是一项具有复杂性的工作。工程通常由多个部分构成，其建造过程有若干利益群体参与。因此工程管理工作极为复杂，需要运用多学科的知识才能解决问题。由于工程本身将涉及社会、经济、环境、安全等各方面因素，这些因素有较强的不确定性，若干因素间常常又带有不确定的联系。工程实践的全过程需要将不同经历、不同利益诉求和来自不同组织的人有机地组织在一个特定的组织内，在多种约束条件下实现预期目标，这就决定了工程管理工作的复杂性远远高于一人的生产管理。

4) 严谨性

目标精确和效果可验证是工程管理的显著特征。无论是青藏铁路、三峡工程等宏伟工程，还是一幢住宅楼、一个足球场等小型工程，工程管理的目标都可以予以精确度量。我们可以利用网络计划技术、S 形曲线等各种方法和手段对进度目标进行验证，判断每道工序进展情况及其对工期的影响，并通过调整关键工作的持续时间，实现对整个项目工期目标的精确控制。

我们也可以通过绘制质量控制图、因果分析图、直方图等一系列方法来进行精确的质量目标的度量与控制，以确保工程质量符合国家制定的严格的质量管理和技术规范。

我们还可以通过制定工程量清单等方法精确度量工程的投资目标，并将实际支出与计划投资进行比较，从而使投资控制的效果显而易见。再加上计算机的辅助，此过程将更加简便易行。

可精确度量的管理目标使得任何一个工程项目的管理效果都是可验证的，例如项目是否按时完成，成本控制是否在预算范围内，是否出现质量缺陷，是否发生安全事故，生产效率的高低和项目收益的好坏等。正是由于工程管理具有鲜明的务实性和精确性，其结果也具有可验证性，所以要求工程管理专业人员犹如外科医生一般，既要有严谨的工作态度、扎实的专业基础，又必须具备丰富的实践经验，在实际工作中能够准确及时、有效地运用各种技术手段。

5) 规范化

工程管理是一项技术性非常强，且十分复杂的工作，为符合社会化大生产和完成精准目标的需要，其技术手段和方法必须标准化、规范化。标准化和规范化体现在工程管理的各个方面，如专业术语、名词、符号的定义和标示，管理环节全流程的程序和标准，工程费用、工程计量和测定、结算方法，信息流程、数据格式、文档系统、信息的表达形式和各种工程文件的标准化，合同文本、招投标文件的标准化等。工程管理全过程实现制度化、规范化和程序化管理，是现代工程管理发展的必然趋势。

6) 信息化

信息化是当今国际社会发展的趋势之一，是人类继农业革命、城镇化和工业化后进入新的发展时期的重要标志。如今，工程管理信息化已由探索、试点逐步发展到较为广泛地采用，计算机和软件已经成为工程管理极为重要的方法和手段。工程管理水平、效率的进一步提高也将很大程度取决于信息技术的发展和工程管理软件的开发速度。工程管理信息资源的开发和利用，可以帮助工程管理者吸取类似工程正反两方面的经验和教训。这些有价值的信息将有助于工程项目决策阶段多方案的选择，实施阶段的目标控制和建成后的运行管理。目前，经济发达国家的一些工程管理公司已经在项目管理中较为普遍运用了计算机网络技术，开始探索工程管理的网络化和虚拟化。国内越来越多的工程管理工作者也开始大量使用工程管理软件进行工程造价等专项工作，工程管理实用软件的开发研究工作也不断有所进展。信息技术的飞速发展，必将进一步提升工程管理的效率和水平。

7) 职业化

工程建设涉及面广、技术性强、责任重大，需要工程管理从业者具备合理的知识结构、系统的基础理论知识、良好的专业技术水平和全面的组织协调能力。为确保从业人员达到应有的素质，工程管理行业建立起了体系完善的相关执业资格考试制度。执业资格认证是政府对某些责任较大、社会通用性强、关系公共利益的专业技术工作实行的准入控制。我国的执业资格是专业技术人员依法独立开业或从事某种专业技术工作学识、技术和能力的必备标准，必须通过考试方可取得，考试由国家定期举行。目前，我国与工程管理紧密相关的资格考试有 23 类约占全国执业资格考试种类总数的 35%。这些资格考试涉及建筑、矿业、机电等一系列行业，覆盖面广，影响巨大。通过考试形成了一支较为庞大的注册执业人员队伍，包括注册造价工程师、注册监理工程师、注册建造师、注册咨询工程师、注册房地产估价师、注册物业管理师、注册设备监理工程师、注册岩土工程师、注册土地估价师等。执业资格认证体系的完备促使工程管理人才培养与市场需求紧密结合，有力推动了工程管理学科建设和教学改革主动适应社会、市场的需求，在我国高等教育改革中走在了前列；同时，规范了行业从业人员的知识、能力评价和市场准入方式，确保了从业人员具有相应的资历和素养，为从业人员有效履行工程管理职能和提高工程建设效益奠定了良好的基础。

8) 可持续发展

大规模的工程建设无疑会有效推进社会经济的发展，给人们的生活带来很多便利，极大地提高人们的生活水平。但与此同时，也可能对社会、经济、文化和环境保护以及人们的生活带来一些负面影响，如耗费大量财力、破坏环境与生态平衡以及施工噪声、污染、腐蚀等，影响着人们的生活质量，制约着全社会的可持续发展。因此，在人们日益重视生态、资源、环境问题的今天，可持续发展越来越成为人们关注的热点，社会也开始呼吁可持续的绿色工程和绿色工程管理。

绿色工程是指充分应用现代科学技术，在工程规划和建设中加强环境保护和资源节约，优化生产环节和生产技术，建造质量优良、经济效益长久、社会效益良好的工程。建设绿色工程对工程管理提出了新的、更高的要求。工程管理工作除了必须强化环境评价，严格工程项目审批，合理布局与设计建筑设施，采用先进合理的施工方法外，更应该致力于研究符合可持续发展要求的工程管理组织方法和实施方法。2008 年北京奥运会场馆建设中，北京奥委会通过项目招标明确规定了投标者的环境保护责任，在项目标书中明确了环境影响评价制度，防治污染的工程设施与主体工程同时设计、同时施工、同时建成投入使用的制度和工程承建者应该承担的经济责任。同时制定了《奥运工程绿色施工指南》，要求在施工过程中严格执行环境管理措施，防止扬尘、废水、施工垃圾、施工噪声对周围环境造成污染。奥运工程项目建设，为绿色工程管理积累了宝贵的经验。

二、工程管理相关行业组织

1. 国外部分工程管理行业组织

1) 国际咨询工程师联合会(FIDIC)

FIDIC 是"国际咨询工程师联合会"的法文名称"Federation Internationale Des Ingenieurs-Conseils"的前 5 个字母。其英文名称是"International Federation of Consulting Engineers"，简称"菲迪克"。FIDIC 创建于 1913 年，总部设在瑞士的洛桑，最初由欧洲 5 国独立的咨询工程师协会组成。二战后 FIDIC 的成员数目迅速增加，现已成为拥有遍布全球 67 个成员的国际协会，是世界上最具权威的咨询工程师民间行业组织。中国工程咨询协会于 1996 年正式加入该组织。

作为一个国际性的非官方组织，FIDIC 的宗旨是要将各个国家独立的咨询工程师行业组织联合成一个国际性的行业组织；促进还没有建立起这个行业组织的国家也能够建立起这样的组织；鼓励、制订咨询工程师应遵守的职业行为准则，以提高为业主和社会服务的质量；研究和增进会员的利益，促进会员之间的关系，增强本行业的活力；提供和交流会员感兴趣和有益的信息，增强行业凝聚力。

2) 英国皇家特许建造学会(CIOB)

英国皇家特许建造学会(CIOB)是一个主要由从事建筑管理的专业人员组成的社会团体，是一个涉及到建设全过程管理的专业学会。该学会成立于 1834 年，至今已有 170 余年的历史。会员的人数从 1965 年的 4 千人增加到了 2004 年的 4 万余人，遍及世界上 90 多个国家。CIOB 的成员具有不同的层次, 其中资深会员(FCIOB)和正式会员(MCIOB)被称为"皇家特许建造师" (Chartered Builder)。

"皇家特许建造师"的资格在国际上得到广泛认可, 成为欧盟、美国、澳大利亚、非洲和东南亚等国家和地区获得就业机会的通行证。在亚洲, CIOB 在中国大陆、中国香港、马来西亚等地均设有办事处, 能更好地在当地发展壮大 CIOB 会员队伍, 扩大国际影响, 保持会员间的联系, 加强会员间的国际交流。CIOB 在中国的办事处设立于 2001 年。

3) 英国皇家特许测量工程师学会(RICS)

RICS(Royal Institution of Chartered Surveyors)——英国皇家特许测量师学会, 是被全球广泛、一致认可的专业性学会, 其专业领域涵盖了土地、物业、建造、项目管理及环境等 17 个不同的行业。迄今为止, 英国皇家特许测量师学会已经有 142 年的历史, 目前有 14 万多会员分布在全球 144 个国家; 拥有 400 多个 RICS 认可的相关大学学位专业课程, 每年发表超过 500 多份研究及公共政策评论报告, 向会员提供覆盖 17 个专业领域和相关行业的最新发展趋势。英国皇家特许测量师学会得到了全球 50 多个地方性协会及联合团体的大力支持。其主要角色是以严格的专业和操守水平来保障消费者的利益, 为政府和企业提供专业、公正的忠告、分析和指导。

RICS 的主要职责是制定行业标准、规范行业行为、为政府机构出谋划策、为会员提供专业服务、授权大学搞培训和促进行业发展等。RICS 是测量界及物业界的重要信息来源。该学会为职业测量师印发指导意见, 部分是强制性的。为适应全球范围内对特许测量师的需求, RICS 正在积极推进其全球化发展战略。RICS 已经成立了欧洲特许测量师学会、美国特许测量师协会, 另外在加拿大、澳大利亚等大部分前英联邦国家设立有 RICS 地区分会。

4) 英国土木工程师协会(ICE)

英国土木工程师学会(ICE)成立于 1818 年, 是世界上历史最悠久的专业工程机构。它推动世界土木工程艺术与科学的发展, 是国际土木工程界唯一具有学术交流和专业资质认证两重功能的学术机构, 而且 ICE 国际执业资格证书是土木工程领域唯一的国际认可证书。

ICE 的会员来自全球 150 多个国家, 专业从事建筑领域中常见的桥梁、道路、运河、机场、铁路、电站以及医院和学校等的设计、项目管理与建造工作。目前, ICE 会员达到了 8 万多名, 包括一群具有极高专业造诣的资深工程专业人士, 是世界上最大的代表个体土木工程师的独立团体。

ICE 授予的土木工程方面的资质在国际上得到广泛承认, 并确保会员的素质满足一名职业土木工程师的标准。获得 ICE 会员资格的土木工程师是世界领先的专业人士。ICE 在中国的会员人数正在增加, ICE 上海代表处已制定了一套专业考核程序, 并与建设部合作对中国一些大学的土木工程专业的课程进行认证。

5) 美国建筑师协会(AIA)

美国建筑师协会(American Institute of Architects, AIA)是美国一家专业的建筑师协会, 协会总部位于美国首都华盛顿。AIA 还与其他成员的设计和施工队伍合作协调建筑行业发展。

AIA 最初由 13 名建筑师于 1857 年成立于纽约，协会成立的最初宗旨是"促进会员更科学、更务实"，"提升行业地位"。AIA 首任主席为理查德·厄普约翰(Richard Upjohn，1802—1878 年)。1857 年 2 月 23 日，他们决定邀请包括亚历山大·杰克逊·戴维斯(Alexander Jackson Davis，1803—1892 年)、卡尔弗特·沃克斯(Calvert·Vaux)在内的另外 16 位著名建筑师一起参加。在 AIA 成立之前，没有人敢宣称自己是建筑师，因为当时美国还没有专业的建筑学校和建筑许可法。

1857 年 3 月 10 日，他们以纽约建筑师学会的名义起草了组织章程。同年 4 月 15 日，协会成员签署了新章程。后来 Thomas U. Walter 建议将协会更名为美国建筑师协会。协会章程后被修改为"促进协会成员更科学、更艺术、更务实，促进成员之间的交流和友谊以及联合致力于从事建筑学的人士"。

AIA 有超过 83 500 名会员，会员分为 5 个等级资格：建筑师会员、准会员、国际准会员、退休会员和相关专业会员。

6) 美国土木工程师学会(ASCE)

美国土木工程师学会(The American Society of Civil Engineers，ASCE)成立于 1852 年，至今已有 150 多年，是历史悠久的国家专业工程师学会之一。现在，ASCE 在全球土木工程领域占有重要的地位和影响，有超过 13 万的成员来自全球 159 个国家和地区。

7) 美国项目管理协会(PMI)

美国项目管理协会成立于 1969 年，是全球范围内研究项目管理专家的联合体，目前有会员 45 000 人，在国际项目管理研究领域非常具有影响力。《项目管理知识体系指南(PMBOK 指南)》是美国项目管理协会的权威经典著作，已经成为美国项目管理的国家标准之一，也是当今国际项目管理领域通行的标准。

2. 国内部分工程管理行业组织

1) 中国国际工程咨询协会(CAIEC)

中国国际工程咨询协会(China Association of International Engineering Consultant，CAIEC)成立于 1993 年 2 月 9 日。协会是由经国家有关部门注册从事国际工程咨询业务的企业(设计院、所、咨询工程公司等)及咨询工程师自愿结成的非营利性的全国性行业组织。CAIEC 具有独立的法人地位，接受中华人民共和国商务部的领导和管理。

在国家对外经济合作方针政策的指导下，CAIEC 协助政府有关部门对会员进行业务协调和管理，积极帮助会员在国际上开展工程咨询服务；向会员提供国际工程咨询信息和商业机会及人才培训服务；维护会员的合法权益和国家利益；与国际上相关行业组织建立友好联系，促进我国国际经济技术合作事业的发展。

CAIEC 目前已有正式会员 267 家，其中大型甲级设计院 249 家，综合性国际经济技术合作公司 18 家，他们均是具有法人地位的经济实体，能独立或联合承包国内外工程项目。

2) 中国工程咨询协会(CNAEC)

中国工程咨询协会(China National Association of Engineering Consultant，CNAEC)成立于 1992 年底，会员遍布全国各地。28 个省、自治区、直辖市成立了地区工程咨询协会或筹备组，形成了全国工程咨询行业组织网络。

协会为工程咨询单位、注册咨询工程师及在工程技术经济领域富有咨询和管理经验的专家、学者自愿组成的非营利性行业组织，是经民政部注册登记具有法人资格的全国性社会团体，是对外代表中国工程咨询业的行业协会。1996 年 CNAEC 被接纳成为国际咨询工程师联合会(FIDIC)正式会员，同时也是亚太地区工程技术咨询发展计划组织(TCDPAP)正式成员。

3) 中国建设工程造价管理协会(CECA)

中国建设工程造价管理协会(China Engineering Cost Association，CECA)，简称中价协，于 1999 年 7 月正式成立，是具有法人资格的全国性社会团体。

根据各专业建设工程造价管理工作的特点和需要，CECA 已成立了 5 个专业委员会和 15 个工作委员会，并且在全国各省、自治区、直辖市成立了共 25 个地方造价协会。

中国建设工程造价管理协会是由工程造价管理单位、工程造价咨询单位和造价工程师及工程造价领域的资深专家、学者自愿组成，具有社团法人资格的全国性社会团体，也是中国工程造价咨询业的行业协会。CECA 属非营利性社会组织，旨在维护会员的合法权益，建立和完善服务、管理、协调的行业自律机制，不断提高工程造价专业人员的素质和执业水平。为合理确定并有效控制工程造价，提高工程投资效益服务。

4) 中国建筑业协会工程项目管理委员会(CPMC)

中国建筑业协会工程项目管理委员会(Construction Project Management of China，CPMC)成立于 1992 年，以研究探讨、总结交流和推广实施工程项目管理理论、政策、法规和经验为宗旨。

CPMC 是由建筑业企事业单位、行业管理部门、大中专院校和热心于项目管理的业内人士自愿参加的社会团体。在中国建筑业协会和政府建设主管部门领导和具体指导下，按照国家建筑业总体改革思路的要求，推进中国建筑业企业工程项目管理体制改革和工程总承包，培育和扶持工程项目管理公司，促进我国的工程管理工作更好地与国际接轨。

5) 中国招标投标协会(CTBA)

中国招投标协会(China Tendering & Bidding Association，CTBA)于 2005 年 9 月 10 日正式成立，是具有法人资格的全国性的社会团体。

CTBA 是由我国从事招标投标活动的企事业单位、社会中介组织进行招标投标理论研究的机构、团体、专家学者以及招标投标从业人员自愿组成的非营利性的招标投标行业组织，是对外代表中华人民共和国招标投标行业的协会。

CTBA 旨在协调招标投标工作，规范招标投标行为，培育统一开放、竞争有序的市场体系，促进我国招标投标事业的健康发展。

6) 中国建设监理协会(CAEC)

中国建设监理协会(China Association of Engineering Consultants，CAEC)于 1998 年 4 月正式成立，是由从事工程建设监理业务的监理单位自愿结成的全国性非营利性的行业社会团体。CAEC 接受业务主管单位中华人民共和国建设部和社团登记管理机关中华人民共和国民政部的业务指导和监督管理。CAEC 旨在维护会员的合法权益，及时向政府有关部门反映会员的要求和意见，引导会员遵循"守法、诚信、公正、科学"的职业准则，为发展我国社会主义现代化建设事业，提高我国工程建设和工程建设监理的水平而努力工作。

7) 中国施工企业管理协会(CEPMAC)

中国施工企业管理协会(Construction Enterprise Management Association of China，CEPMAC)于 1984 年 2 月经国家发改委批准成立，是经民政部注册登记的社团法人。CEPMAC 现有会员单位 600 余家。

CEPMAC 是由全国各地区、各部门施工企业自愿组成，并经国家正式批准的全国行业性社会团体。协会受国家计委的指导，会址设在北京。CEPMAC 直接为企业服务，为重点建设项目服务；在政府主管部门和建设单位、施工企业之间起桥梁和纽带作用，维护施工企业的合法权益。

三、工程管理行业发展

为全面推进社会主义和谐社会建设，在今后一个时期内，我国在基本建设方面将进一步增大投入，固定资产投资规模将保持持续增长。

建筑业作为国民经济的重要物质生产部门，它与整个国家的经济发展和人民生活的改善有着密切的关系。进入 21 世纪，中国正处于从低收入国家向中等收入国家发展的过渡阶段，建筑业生产规模逐步扩大，行业产值快速增长。1978 年至今，国内建筑业产值增长了 20 多倍，建筑业增加值占国内生产总值的比重从 3.8%增加到了 7.0%，成为拉动国民经济快速增长的重要力量。从国民结构和城市化进程看，社会对住宅和公用设施的需求旺盛，建筑业的市场空间巨大，建筑业是急需发展的产业之一。在当前我国面临突出的就业问题和"三农"问题的新形势下，建筑业具有增加就业岗位和吸纳农村剩余劳动力的能力，建筑业扩张对促进国民经济发展、提供就业机会、维护社会稳定发挥着十分重要的作用。

交通部确定的 2020 年以前公路、水路交通发展的具体目标和本世纪中叶的战略目标显示，2010 年，全国公路总里程达到 200 万公里，其中高速公路 3.5 万多公里；到 2020 年，全国公路总里程达到 250 多万公里，高速公路达到 7 万公里以上；公路基本形成由国道主干线和国家重点公路组成的骨架公路网，建成东、中部地区高速公路网和西部地区八条省际公路通道，45 个公路主枢纽和 96 个国家公路枢纽。交通基础设施建设呈现快速发展态势。

我国城镇化进程持续推进，2010 年我国城市化水平将达到 45%左右，全国城市人口将达到 6.3 亿；到 2025 年，城市化率要达到 55%左右，全国城市人口将达到 8.2~8.7 亿。房地产业按照城市化进程和居民用房需求预测，21 世纪的前 20 年，每年需新建住房 4.86~5.49 亿平方米；后 30 年，每年需新建住房 5.76~6.53 亿平方米。

"十一五"期间我国各行业在基础设施建设方面都将面临十分艰巨的工作任务。大规模的工程建设，对城市规划、建设和管理方面的专业技术人才提出了急迫的、大量的需求。目前我国工程管理在人员数量、人才结构、管理方式和技术手段等方面尚存在一些有待解决的问题。努力提升工程管理的效率和质量，必须适应现代社会要求，依照工程内在的客观规律，运用现代科学管理手段和方法，从管理思想、管理技术、管理方式和管理措施等方面推动工程管理的进一步发展。

现代工程管理的发展趋势主要体现在以下方面：

(1) 理论技术方法不断创新。持续创新与工程实践紧密结合是现代工程管理最本质的功能和永恒的主题。通过从产品开发到市场化的全过程创新来推动经济发展，将成为现代工程管理所关注的重要问题。在我国全面建设小康社会的过程中，将会建设许多大型工程项目，我国也将由制造大国向制造强国发展。但是目前我国仍必须在资源短缺、生态环境脆弱的条件下进行建设，这是社会赋予工程管理的历史使命。

随着科学技术的迅速发展，在建筑市场面临经济一体化、市场国际化竞争的环境下，工程管理将更广泛、更深入地吸收、融合系统工程、信息论、人工智能、运筹学和现代软科学等理论和预测技术、决策技术、数学分析方法、数理统计方法、模糊数学、线性规划、网络技术、图论、排队论等技术方法的最新成就，在理论方法和技术手段等方面，进一步向着系统化、精确化的方向发展，全过程、全方位、多层次的工程管理模式将逐步形成。工程管理不但演变为全寿命周期的管理(从工程的需求论证、前期决策、实施运营，直到工程淘汰为止)，还广泛结合工程实践，在管理理论与技术方法等方面不断产生新的突破。例如，在理论上已形成了复杂巨系统(高度不确定性、多目标、多维变量)的决策和各种资源配置与控制运行等理论；在方法上已形成了许多有效的随机网络与风险评审技术，开发了专用软件，并与计算机结合起来形成了工程信息管理系统、工程管理决策支持系统等。为适应管理高效的需要，工程管理应采用先进的技术装置或技术手段，如电子计算机的应用以及管理通信装置、时间指示记录装置、生产监控装置、文件资料复制设备、多媒体等。随着生产规模扩大，技术复杂程度越来越高，企业的信息量急剧增加，因此将信息技术更多地应用于管理，不仅可以节约人力，而且可以做到准确及时。工程管理是当代社会技术与管理协同发展、有机结合的产物，工程管理的理论、技术创新将不断提升工程管理行业的地位和学科水平，推动工程管理行业为 21 世纪全球经济发展发挥更为重要的作用。

(2) 管理组织效率更高。要提高管理组织的效率，必须根据现代管理组织理论，采用开放系统模式，并用科学的法规和制度规范组织行为，确定组织功能和目标，协调管理组织系统内部各层次之间及其同外部环境之间的关系，提高管理组织的工作效率。在管理组织构建和实施管理的全过程中，市场观念、服务观念、竞争观念、革新观念等得以更强的体现。

(3) 管理方式更为民主。现代工程建设是成千上万人的活动，因而发挥集体智慧至关重要。这里所说的管理方式更为民主是指在工程项目经理统一指挥下充分发挥众多管理人员的积极性和创造性，共同搞好管理。21 世纪的工程管理是以人为中心的人力资本的知识管理。知识网络化是管理的组织基础，注重人的作用和人际沟通是提高管理水平和效率的关键。

(4) 服务的市场范围更为广阔。市场国际化是现代工程管理的另一发展趋势。一方面，改革开放以来，特别是我国加入 WTO 后，国外的工程大承包商利用其资本、技术、管理、人才、服务等优势，挤占我国国内的工程建设市场。另一方面，入世后根据最惠国待遇和国民待遇，我国工程公司将获得更多的机会，可以与其他成员国工程公司拥有同等的权力，并享有同等的关税减免。在"贸易自由化"原则指导下，对外工程承包的审批程序减少，将有更多的中国公司从事国际工程承包，并逐步过渡到自由经营，更加从容、稳健地融入国际市场。因而从行业发展和"走出去"的角度来看，推动我国工程管理的国际化显得尤为迫切。

(5) 从业人员专业素养要求更高。随着特大型、巨型工程的不断出现，工程建设呈现出施工活动规模大、机械化程度高、质量要求严、经济核算要求准确、计划要求周密的特点，施工管理、质量管理、预算管理、机械设备管理、财务管理等管理工作的专业化程度越来越高，并更多地采用了现代科学技术方法和工具。这就需要专业化的工程管理公司，提供全套的专业化咨询和管理服务，也要求工程项目经理及其专业管理人员不仅要熟悉业务，同时要学会应用现代管理方法和手段，成为工程管理的通才和专业管理的内行。工程管理是科学、技术和艺术相结合的综合性学科，注重自然科学、工程科学、人文社会科学以及管理科学的交叉与融合。因此，从事工程管理工作除了应具备必需的专业知识和实践技能外，还应具备良好的外语应用能力、独立决策能力、凝聚团队的管理能力、学习和应用新技术能力以及开发满足市场需求的新产品的能力。

四、工程管理涉及的行业领域

1. 面向建筑业的工程管理

对建筑业的界定有广义和狭义之分。广义的建筑业观点认为建筑业是指建筑产品生产的全过程及参与该过程的各个产业和各类活动，包括建设规划、勘察、设计，建筑构配件生产、施工及安装，建成环境的运营及维护管理，以及相关的技术、管理、商务、法律咨询、中介服务和教育科研培训等。这种视角下的建筑业横跨传统意义产业分类下的第二和第三产业，其产业产品不仅包括实体的建筑产品，也包括了大量服务和知识产权。这种定义实际上反映了建筑业真实的经济活动空间。

狭义的建筑业属于第二产业，包括房屋和土木工程业、建筑安装业、建筑装饰业、其他建筑业等四个分行业。狭义的建筑业从行业特性及统计的可操作性出发，目的在于进行统计分析，而不是为了限制企业活动及作为政府行业管理的依据。历史的经验证明，在考虑企业发展、行业定位和行业管理时采用狭义建筑业的概念，会给建筑业的发展带来很大的束缚。实际上，工业发达国家在国民经济核算和统计时均采用了狭义建筑业的概念，而在行业管理中采用了广义建筑业的概念。本书采用狭义建筑业的概念探讨工程管理专业学生的就业去向。

建筑业是国民经济的重要产业部门，它通过大规模的固定资产投资(包括基本建设和技术改造)活动为国民经济各部门、各行业的持续发展和人民生活的持续改善提供物质基础，是各行各业固定资产投资转化为现实生产能力和使用价值的必经环节，直接影响着国民经济的增长和社会劳动就业状况，直接关乎着社会公众的生命财产安全和生产、生活质量。在西方发达国家相当长的历史时期中，建筑业曾与钢铁、汽车工业等并列为重要支柱产业。新中国成立以后，在 MPS(物质产品平衡表体系)的国民经济核算体系中，长期将建筑业与工业、农业、运输邮电业、商业饮食业合称为五大物质生产部门。在后来实施的 SNA(国民账户体系)国民经济核算体系中，将建筑业与工业并列，共同构成第二产业。1992 年党的十四大报告提出"要振兴建筑业"，国务院在《九十年代产业政策纲要》中明确指出："努力加强机械电子、石油化工、汽车制造和建筑业的发展，使它们成为国民经济的支柱产业。"刚刚制定的《国民经济和社会发展第十一个五年规划纲要》中也提到要"促进建材建筑业健康发展"。改革开放二十多年来，作为率先向市场经济转向的行业之一，我国建筑业得到了持续快速的发展，产业规模不断扩大，对国民经济的支柱作用日益增强，建筑业的技术装备水平有很大改善，建筑科技不断创新，建造能力显著提高。目前，超高层和大跨度房屋建筑设计及施工技术、大跨度预应力和大跨径桥梁设计及施工技术、地下工程盾构施工技术、大体积混凝土浇筑技术，大型复杂成套设备安装技术等都达到或接近国际先进水平。建设工程质量安全水平稳步提高，较好地完成了国家重点工程、城市基础设施和城乡住宅建设的任务。产业组织结构调整和建筑业企业改革、改制取得明显进展，市场竞争力特别是国际竞争力明显提高。工程建设管理不断完善，法规制度、标准体系建设成就卓然。总之，二十多年来，建筑业为城乡面貌和人民居住条件的改善做出了重要贡献，为转移农村富余劳动力、增加农民收入、统筹城乡协调发展发挥了重要作用，也为工程管理毕业生的就业提供了广阔的前景。

现代社会发展和技术进步，社会分工越来越明确，社会生产越来越精细，专业隔离越来越明显，隔行如隔山的情形越来越普遍；而另一方面，现代社会生产却越来越需要复合型的人才，即常说的 T 型人才。单纯的具有管理技能，或者是单纯的具有工程技术的人才，已经不能适应社会的发展。工程管理专业的学生，正是 T 型人才的典范，他们懂技术，又懂得管理，恰好适合社会发展所需。

不少同学认为工程管理就是一种单纯的管理学科，这是不正确的。工程管理需要学习的不仅仅是一种管理的思想，同时还要求有一定的工程背景和数学知识。在这门专业的学习中，我们应明白一个基本的等式，即"工程管理 = 工程技术 + 经济管理"，当然绝不是简单的相加，而应当掌握几个基本的技能：

(1) 掌握以土木工程技术为主的理论知识和实践技能。

(2) 掌握相关的管理理论和方法。

(3) 掌握相关的经济理论。

(4) 掌握相关的法律、法规。

(5) 具有从事工程管理的理论知识和实践能力。

(6) 具有阅读工程管理专业中外语文献的能力。

(7) 具有运用计算机辅助解决工程管理问题的能力。

(8) 具有较强的科学研究能力。

总的来说，工程管理还是偏重于管理科学，适合那些人际交往能力强，又善于用理性去思考问题的考生报考。

从国内社会需求与改革开放看，随着工程建设建筑标准要求的提高，将对工程管理专业及行业的发展提出新的、更高层次的挑战。如何使工程建设在质量、管理的水平以及创意上有所突破，都需要工程管理方面的协调和配合。在施工组织和技术、工程开发和经营、财务的滚动和回收、整体规划的管理等诸多方面，都需进行工程管理的升级和同步发展，以适应发展变化的需要。

2. 面向房地产业的工程管理

建设部作为中国建筑业与房地产业的行政主管部门，于 1994 年成立了"全国高等学校建筑与房地产管理学科专业指导委员会"。该委员会在 1998 年过渡到"全国高等学校工程管理专业指导委员会"的过程中，继承了对房地产专业教育指导的职责，并将"房地产经营管理"作为工程管理专业的一个方向延续至今。

房地产业是从事房地产开发、投资、经营、管理与服务的行业，具体包括：房地产开发与经营业(各类房地产开发、土地开发、房地产投资经营等活动)、房地产管理业(住宅物业管理、土地批租经营管理和其他房屋的管理活动)、房地产经纪与代理业(房地产代理与经纪人服务、居间买卖、租赁服务、房地产交易保证服务、房地产估价等)。日益发展壮大的房地产金融保险业虽然不包括在房地产业中，但其在人才需求上也与房地产人才需求有着密切的关系。

与工程管理专业就业领域相关的主要行业之一是房地产业。这一行业的发展趋势随着国民经济整体形势不断好转逐渐走向高潮，住宅投资和市场需求全面看好。从长期看，竣工面积升幅将下降，而需求面积将上升，供求形势乐观。房地产行业虽然向着好的形势不断发展，但机遇与竞争并存，激烈的市场竞争对房地产业的开发建设、经营管理都提出了更高的要求。

房地产业作为一个新兴行业，其从业人员基本上都是来自城市规划、建筑学、土木工程、建设管理、投资与金融等相关专业，真正受过系统的房地产专业教育的人才只占很小的比例。

而市场越来越注重专业化的竞争：房盘设计的专业化、周围社区服务的专业化以及相关物业管理的专业化。顺应行业专业化发展的趋势，相关的职业也将呈现出专业化发展的态势，使原来的职业逐渐细分，达到功能运作的合理与完善，以适应激烈的市场竞争。该专业毕业生的就业趋势，也将逐步适应市场行业的快节奏发展步伐，在全行业回暖的经济背景下，在与国际化逐渐接轨的历史条件下，继续向好的方向发展。

3. 面向工程咨询业的工程管理

纵观工程咨询的发展历史，工程咨询经历了从个体咨询、集体咨询到专业咨询和综合咨询的若干阶段。随着经济社会活动日益复杂化和高级化，咨询活动的规模日益扩大，复杂程度急速增长，技术手段日新月异，从而使个别的、分散的咨询活动发展成为专业性的、集中的企业群体活动。

应该说，在新中国成立以前，我国就已经有了工程咨询的萌芽，一些实业部门分别建立了设计和施工管理机构。新中国成立以后，随着大规模经济建设的需要，作为工程咨询公司前身的各类专业设计院得到了迅速发展。但是，我国独立的工程咨询行业是自改革开放以来，随着经济的不断发展逐步兴起的，比西方国家晚了约 100 年。

随着我国社会主义市场经济的发展和投资体制改革的深化，工程咨询业作为与之相配套的市场服务体系的组成部分，必须适应改革和发展的需要，为咨询业市场的形成创造条件，要由主要为本国政府决策服务转向为包括国内外市场在内的各种客户服务，业务范围也将扩大到工程咨询的各个方面。

根据国家发改委 2005 年颁布的《工程咨询单位资格认定办法》，我国工程咨询单位资格服务范围包括以下八项内容：

(1) 规划咨询：含行业、专项和区域发展规划编制、咨询。

(2) 编制项目建议书：含项目投资机会研究、预可行性研究。

(3) 编制项目可行性研究报告、项目申请报告和资金申请报告。

(4) 评估咨询：含项目建议书、可行性研究报告、项目申请报告与初步设计评估，以及项目后评价、概预决算审查等。

(5) 工程设计。

(6) 招标代理。

(7) 工程监理、设备监理。

(8) 工程项目管理：含工程项目的全过程或若干阶段的管理服务。

第五节　我国工程管理体制和制度

一、我国政府工程管理体制

1. 住房与城乡建设部

住房与城乡建设部是我国负责建设行政管理的国务院组成部门，前身为建设部。省、市(地、州)、县(区)依次为省设住房与城乡建设厅，市、地、州设住房与城乡建设委员会或建设局，县(区)建设委或城乡建设环保局。

住房与城乡建设部是我国工程管理最重要的部门，承担建设工程综合管理的职能，具体如下：

(1) 编制住房保障发展规划和年度计划并监督实施，拟订住房保障相关政策并指导实施。保障城镇低收入家庭住房，拟订廉租住房规划及政策，做好廉租住房资金安排，监督地方组织实施。

(2) 推进住房制度改革。拟订适合国情的住房政策，指导住房建设和住房制度改革，拟订全国住房建设规划并指导实施，研究提出住房和城乡建设重大问题的政策建议。

(3) 规范住房和城乡建设管理秩序。起草住房和城乡建设的法律法规草案，依法组织编制和实施城乡规划，拟订城乡规划的政策和规章制度，会同有关部门组织编制全国城镇体系规划，负责国务院交办的城市总体规划、省域城镇体系规划的审查报批和监督实施，参与土地利用总体规划纲要的审查，拟订住房和城乡建设的科技发展规划和经济政策。

(4) 建立科学规范的工程建设标准体系。组织制定工程建设的国家标准，制定和发布工程建设全国统一定额和行业标准，拟订建设项目可行性研究评价方法、经济参数、建设标准和工程造价的管理制度，拟订公共服务设施(不含通信设施)建设标准并监督执行，指导监督各类工程建设标准定额的实施和工程造价计价，组织发布工程造价信息。

(5) 规范房地产市场秩序，监督管理房地产市场。会同或配合有关部门组织拟订房地产市场监管政策并监督执行，指导城镇土地使用权有偿转让和开发利用工作，提出房地产业的行业发展规划和产业政策，制定房地产开发、房屋权属管理、房屋租赁、房屋面积管理、房地产估价与经济管理、物业管理、房屋征收拆迁的规章制度并监督执行。

(6) 监督管理建筑市场，规范市场各方主体行为。组织实施房屋和市政工程项目招投标活动的监督执法，拟订勘察设计、施工、建设监理的法规和规章并监督和指导实施，拟订工程建设、建筑业、勘察设计的行业发展战略、中长期规划、改革方案、产业政策、规章制度并监督执行，拟订规范建筑市场各方主体行为的规章制度并监督执行，组织协调建筑企业参与国际工程承包、建筑劳务合作。

(7) 研究拟订城市建设的政策、规划并指导实施，指导城市市政公用设施建设、安全和应急管理，拟订全国风景名胜区的发展规划、政策并指导实施，会同文物主管部门负责历史文化名城(镇、村)的保护和监督管理工作等。

(8) 规范村镇建设，指导全国村镇建设。

(9) 负责建筑工程质量安全监管。拟订建筑工程质量、建筑安全生产和竣工验收备案的政策、规章制度并监督执行，组织或参与工程重大质量、安全事故的调查处理，拟订建筑业、工程勘察设计咨询业的技术政策并指导实施。

(10) 推进建筑节能、城镇减排。会同有关部门拟订建筑节能的政策、规划并监督实施，组织实施重大建筑节能项目，推进城镇减排。

(11) 负责住房公积金监督管理，确保公积金的有效使用和安全。

2．国家发展和改革委员会

国家发展和改革委员会(简称"发改委")为国务院的组成部门，是综合研究制订经济和社会发展政策进行总量平衡和宏观调控的部门，是我国工程投资管理最重要的部门。涉及工程建设管理方面的主要职责包括：

(1) 拟订并组织实施国民经济和社会发展战略、中长期规划和年度计划，统筹协调经济社会发展，研究分析国内外经济形势，提出国民经济发展和优化重大经济结构的目标、政策，提出综合运用各种经济手段和政策的建议，受国务院委托向全国人大提交国民经济和社会发展计划的报告。

(2) 负责监测宏观经济和社会发展态势，承担预测预警和信息引导的责任，研究宏观经济运行、总量平衡、国家经济安全和总体产业安全等重要问题，并提出宏观调控政策建议，负责协调解决经济运行中的重大问题，调节经济运行等。

(3) 负责规划重大建设项目和生产力布局，拟订全社会固定资产投资总规模和投资结构的调控目标、政策及措施安排中央政府投资和涉及重大建设项目的专项规划。安排中央财政性建设资金，按国务院规定权限审批、核准、审核重大建设项目、重大外资项目、境外资源开发类重大投资项目和大额用汇投资项目。指导和监督国外贷款建设资金的使用，引导民间投资的方向，研究提出利用外资和境外投资的战略、规划、总量平衡和结构优化的目标和政策；组织开展重大建设项目稽查；指导工程咨询业发展。

(4) 推进经济结构战略性调整。组织拟订综合性产业政策，负责协调国民经济的产业发展等重大问题。

(5) 承担组织编制国家主体功能区规划并协调实施和进行监测评估的责任，组织拟订区域协调发展及西部地区开发、振兴东北地区等老工业基地、促进中部地区崛起的战略、规划和重大政策，研究提出城镇化发展战略和重大政策，负责地区经济协作的统筹协调。

(6) 推进可持续发展战略，负责节能减排的综合协调工作，组织拟订发展循环经济、全社会能源资源节约和综合利用规划及政策措施并协调实施，参与编制生态建设、环境保护规划，协调生态建设、能源资源节约和综合利用的重大问题，综合协调环保产业和清洁生产促进有关工作。

3．国土资源部

国土资源是我国国民经济的基础。国务院下设国土资源部，负责土地资源、矿产资源、海洋资源等自然资源的规划、管理、保护与合理利用，是国民经济发展的基础保障部门。国土资源部下属部门为各省市国土资源厅(局)。

国土资源部涉及工程建设方面的主要职责包括：

(1) 拟订有关法律、法规，发布土地资源、矿产资源、海洋资源等自然资源管理的规章；研究拟定管理、保护与合理利用土地资源、矿产资源、海洋资源政策；制订土地资源、矿产资源、海洋资源管理的技术标准、规程、规范和办法。

(2) 组织编制和实施国土规划、土地利用总体规划和其他专项规划；参与报国务院审批的城市总体规划的审核，指导、审核地方土地利用总体规划；组织矿产资源的调查评价，编制矿产资源保护与合理利用规划、地质勘察规划、地质灾害防治和地质遗迹保护规划。

(3) 监督检查各级国土资源主管部门行政执法和土地、矿产、海洋资源规划执行情况；依法保护土地、矿产、海洋资源所有者和使用者的合法权益，查处重大违法案件。

(4) 制订地籍管理办法，组织土地资源调查、地籍调查、土地统计和动态监测。

(5) 拟定并按规定组织实施土地使用权出让、租赁、作价出资、转让、交易和政府收购管理办法，制订国有土地划拨使用目录指南和乡(镇)村用地管理办法，指导农村集体非农土地使用权的流转管理。

(6) 指导基准地价、标定地价评测，审定评估机构从事土地评估的资格，确认土地使用权价格。承担报国务院审批的各类用地的审查报批工作。

(7) 组织监测、防治地质灾害和保护地质遗迹；依法管理水文地质、工程地质、环境地质勘察和评价工作。

4. 环境保护部

环境保护部是国务院的一个部委，其涉及工程建设方面的主要职责包括：

(1) 负责建立健全环境保护基本制度。拟订并组织实施国家环境保护政策、规划，起草法律法规草案，制定部门规章。组织编制环境功能区规划，组织制定各类环境保护标准、基准和技术规范，组织拟订并监督实施重点区域、流域污染防治规划和饮用水水源地环境保护规划。

(2) 负责重大环境问题的统筹协调和监督管理。

(3) 承担落实国家减排目标的责任。组织制定主要污染物排放总量控制和排污许可证制度并监督实施，提出实施总量控制的污染物名称和控制指标，督查、督办、核查各地污染物减排任务完成情况，实施环境保护目标责任制。

(4) 负责提出环境保护领域固定资产投资规模和方向、国家财政性资金安排的意见，按国务院规定权限，审批、核准国家规划内和年度计划规模内固定资产投资项目，并配合有关部门做好组织实施和监督工作。参与指导和推动循环经济和环保产业发展。

(5) 承担从源头上预防、控制环境污染和环境破坏的责任。受国务院委托对重大经济和技术政策、发展规划以及重大经济开发计划进行环境影响评价，按国家规定审批重大开发建设区域、项目环境影响评价文件。

(6) 负责环境污染防治的监督管理。

(7) 指导、协调、监督生态保护工作。拟订生态保护规划，组织评估生态环境质量状况，监督对生态环境有影响的自然资源开发利用活动、重要生态环境建设和生态破坏恢复工作。

(8) 负责核安全和辐射安全的监督管理。对核材料的管制和民用核安全设备的设计、制造、安装和无损检验活动实施监督管理。

(9) 负责环境监测和信息发布。制定环境监测制度和规范，组织实施环境质量监测和污染源监督性监测。

5. 其他相关部委

(1) 国家工商行政管理总局。国家工商行政管理总局是国务院主管市场监督管理和有关行政执法工作的直属机构，其涉及工程建设方面的主要职责包括：

① 负责市场监督管理和行政执法的有关工作，起草有关法律法规草案，制订工商行政管理规章和政策。

② 负责各类企业和从事经营活动的单位、个人以及外国(地区)企业常驻代表机构等市场主体的登记注册并监督管理，承担依法查处取缔无照经营的责任。

③ 依法规范和维护各类市场经营秩序，负责监督管理市场交易行为和网络商品交易及有关服务的行为。

④ 监督管理流通领域商品质量，组织开展有关服务领域消费维权工作，按分工查处假冒伪劣等违法行为，指导消费者咨询、申诉、举报受理、处理和网络体系建设等工作，保护经营者、消费者合法权益。

⑤ 负责对垄断协议、滥用市场支配地位、滥用行政权力排除限制竞争方面的反垄断执法工作(价格垄断行为除外)。依法查处不正当竞争、商业贿赂、走私贩私等经济违法行为。

⑥ 负责依法监督管理经纪人、经纪机构及经纪活动。

⑦ 依法实施合同行政监督管理，负责依法查处合同欺诈等违法行为。

⑧ 负责商标注册和管理工作，依法保护商标专用权和查处商标侵权行为，处理商标争议事宜，加强驰名商标的认定和保护工作。负责特殊标志、官方标志的登记、备案和保护。

(2) 交通运输部、铁道部、水利部等其他部委。它们负责本领域的国家工程的投资和建设管理，并对本领域的工程进行行业管理。它们与城乡建设部相辅相成，形成对工程的二维管理体系——综合性管理和部门管理。这些部委下属机构均为各省市相应厅、局。例如水利部，涉及工程建设方面的主要职责包括：

① 负责水资源的合理开发利用，拟定水利战略规划和政策，起草有关法律法规草案，制定部门规章，组织编制国家确定的重要江河湖泊的流域综合规划、防洪规划等。按规定制定水利工程建设有关制度并组织实施，负责提出水利固定资产投资规模和方向、国家财政性资金安排的意见，按国务院规定权限，审批、核准国家规划内和年度计划规模内固定资产投资项目；提出中央水利建设投资安排建议并组织实施。

② 负责重要流域、区域以及重大调水工程的水资源调度，组织实施取水许可、水资源有偿使用制度和水资源论证、防洪论证制度。

③ 负责水资源保护工作。组织编制水资源保护规划，组织拟订重要江河湖泊的水功能区规划并监督实施，核定水域纳污能力，提出限制排污总量建议，指导饮用水水源保护工作，指导地下水开发利用和城市规划区地下水资源管理保护工作。

④ 负责节约用水工作。拟订节约用水政策，编制节约用水规划，制定有关标准，指导

和推动节水型社会建设工作。

⑤ 指导水文工作。负责水文水资源监测、国家水文站网建设和管理。

⑥ 指导水利设施、水域及其岸线的管理与保护，指导大江、大河、大湖及河口、海岸滩涂的治理和开发，指导水利工程建设与运行管理，组织实施具有控制性的或跨省、自治区、直辖市及跨流域的重要水利工程建设与运行管理，承担水利工程移民管理工作。

⑦ 负责防治水土流失。负责有关重大建设项目水土保持方案的审批、监督实施及水土保持设施的验收工作，指导国家重点水土保持建设项目的实施。

⑧ 指导农村水利工作。组织协调农田水利基本建设，指导农村饮水安全、节水灌溉等工程建设与管理工作，指导农村水利社会化服务体系建设，指导农村水能资源开发工作。

⑨ 依法负责水利行业安全生产工作，组织、指导水库、水电站大坝的安全监管，指导水利建设市场的监督管理，组织实施水利工程建设的监督。

二、投资项目法人责任制

在 20 世纪 80 年代前，我国政府投资工程项目的建设模式是，工程立项后成立建设单位，由它负责工程的建设期的管理。工程建成后建设单位将工程移交给使用单位，工程建设单位(实质上就是现在的业主)就解散。这种模式产生了许多弊病。

从 20 世纪 80 年代中期开始，我国就试行政府投资项目法人责任制，对经营性建设项目规定，由项目法人对项目的策划、资金筹措、工程建设、生产经营、债务偿还和资产的保值增值实行全过程负责。这对于深化投资体制改革，建立投资风险责任约束机制，有效地控制投资规模，规范项目法人行为，明确其责、权、利，提高投资效益有很大作用。

(1) 依照《公司法》，国家发展计划委员会于 1996 年 4 月制定颁发了《关于实行建设项目法人责任制的暂行规定》。这个规定要求，国有单位经营性基本建设大中型项目必须组建项目法人，实行项目法人责任制。项目法人就是能够独立承担民事责任的主体。

(2)《国务院关于投资体制改革的决定》(国发[2004] 20 号)提出：要转变政府管理职能，确立企业的投资主体地位；完善政府投资体制，规范政府投资行为；加强和改善投资的宏观调控；加强和改进投资的监督管理，最终建立起市场引导投资、企业自主决策，银行独立审贷、融资方式多样、中介服务规范、宏观调控有效的新型投资体制。

(3) 国家对固定资产投资项目试行资本金制度，1996 年国务院颁布《关于固定资产投资项目试行资本金制度的通知》(国发[1996] 35 号)，对各种经营性投资项目，包括国有单位的基本建设、技术改造、房地产开发项目和集体投资项目，试行资本金制度。投资项目必须首先落实资本金才能进行建设，并根据不同行业和项目的经济效益等因素，规定了投资项目资本金占总投资的比例。

投资项目资本金比例已经成为我国国民经济宏观调控、经济结构调整和优化的重要手段。2004 年和 2009 年我国根据不同的国内外经济形势调整不同领域投资项目的资本金比例，达到了防范金融风险、扩大需求、促进结构调整及保持国民经济平稳较快增长的目的。

三、建设工程监理制度

建设工程监理是指具有相应资质的工程监理企业，接受建设单位的委托，承担其工程监督管理工作，并代表建设单位对承包商的建设行为进行监控的专业化服务活动。

我国从 1988 年开始监理试点，1996 年全面推行监理制度。《建筑法》、《建设工程质量管理条例》、《建设工程监理范围和规模标准规定》对实行强制性监理的工程范围作了具体规定：

(1) 国家重点建设工程。

(2) 大中型公用事业工程，如总投资额在一定额度以上的供水、供电、供气、供热等市政工程，科技、教育、文化、体育、旅游、商业等工程，卫生、社会福利和其他公用工程。

(3) 成片开发建设的住宅小区工程。

(4) 利用外国政府或者国际组织贷款、援助资金的工程，包括使用世界银行、亚洲开发银行等国际组织贷款资金的工程，使用国外政府及其机构贷款资金的工程，使用国际组织或者国外政府援助资金的工程。

(5) 国家规定必须实行监理的其他工程，如总投资额在 3000 万元以上关系社会公共利益、公众安全的交通运输、水利建设、城市基础设施、生态环境保护、信息产业、能源等基础设施工程，以及学校、影剧院、体育场馆工程。

目前工程监理已经成为我国基本建设的一项重要的法定制度，成为我国建设工程管理的重要环节。

四、招标投标制度

招标投标是市场经济条件下进行大宗货物的买卖、工程建设的发包与承包以及服务的采购与提供时，所采用的一种交易方式。它作为一种竞争性交易方式能够对市场资源的有效配置起到积极作用。我国工程承包市场的主要交易方式就是招标投标。

工程招标是指，招标人通过招标文件将委托的工作内容和要求告知有兴趣参与竞争的工程承包企业，让他们按规定条件提出实施计划和价格，然后通过评审选出信誉可靠、技术能力强、管理水平高、报价合理的承担单位，最终以合同形式委托工程任务。所以招标投标制实际上是要确立一种公平、公正、公开的合同订立程序。

我国建设工程相关领域改革开放后推行招标投标制度。全国人大于 1999 年 8 月 30 日颁布了《中华人民共和国招标投标法》，将招标投标活动纳入了法制管理的轨道。

五、合同管理制度

在市场经济条件下，工程任务的委托、实施和完成主要依靠合同来规范当事人行为，同时合同的内容将成为开展建筑活动的主要依据。依法加强建设工程合同管理，可以保障建筑市场的资金、材料、技术、信息、劳动力的管理。因此，发展和完善建筑市场，必须要有严格的建设工程合同管理制度。

合同管理制度的基本内容就是要求建设工程的勘察、设计、施工、材料设备采购和建设工程监理都依法订立合同；各类合同都要有明确的质量要求、履约担保和违约处罚条款，违约方要承担相应的法律责任等；在工程中应当严格按照法律和合同进行建设和管理。

为了推行建设领域的合同管理制度，建设部、发改委、工商行政管理局和其他有关部门在立法、颁布工程合同示范文本，以及它们的实际应用等方面做了大量的工作。

1999 年 10 月 1 日建设部与国家工商行政管理局联合颁布了《建设工程施工合同(示范文本)》、《建设工程勘察合同(示范文本)》、《建设工程设计合同(示范文本)》、《建设工程委托监理合同(示范文本)》，这些示范文本对完善建设工程合同管理制度起到了极大的推动作用。

2007 年 11 月 1 日国家发改委、财政部、建设部、铁道部、交通部、信息产业部、水利部、民用航空总局、广播电影电视总局联合制定了《标准施工招标资格预审文件》和《标准施工招标文件》试行规定及相关附件，对规范施工招标资格预审文件、招标文件的编制，促进招标投标活动的公开、公平和公正，以及合同的实施都起到了较大的作用。

复习思考题

1. 谈谈你对工程管理内涵的理解。
2. 试分析现代工程管理各参与主体的利益博弈。
3. 试分析我国工程管理的行业特点。
4. 工程管理学生有哪些主要就业领域，你打算向哪个领域发展？
5. 分析我国工程管理体制改革的优缺点。

第三章　工程管理的支撑平台

【本章提要】

本章主要介绍了工程管理的支撑平台，分别阐述了工程技术、管理、经济和法律四个支撑平台的必要性及主要内容，并辅以工程典型实例分析。

第一节　工程管理支撑平台概述

建设工程管理的研究对象是基于工程技术的管理规律和工程技术活动的管理问题。在建设工程管理实际工作中，从业者将面临投资决策、规划设计、招标投标、成本分析、工程结构、工程材料、施工组织、使用维护、风险管理、对外交流等涉及工程技术、管理、经济、法律、环境、信息、安全、语言等多个领域的各种问题。

工程管理专业教育是为社会培养具有土木工程技术、经济、管理、法律等基础知识和专业知识，能够从事项目全过程、全方位和全要素管理的复合型高级管理人才。因此，工程管理是一个边缘性的学科，该专业的课程体系是跨学科的综合性课程体系。在工程管理从业者的知识结构中，工程技术、管理、经济及法律的基础理论和技术方法方面的知识尤为重要。工程技术平台、经济平台、管理平台和法律平台构成了工程管理学科最基本的支撑体系。

工程管理专业的课程设置把工程技术内容、管理知识、相关经济及法律知识有机地结合在一起，其独特的教学内容是其他课程不能替代的。其中平台课程包括了工程技术平台课程、经济平台课程、管理平台课程、法律平台课程。作为工程管理者要取得"1+1+1+1>4"的效果，必须将以上四个方面的知识有机地结合起来。所以工程管理专业不仅要求学生有广阔的视野，更要求从事该专业教学的教师有广阔的视野，要求教师首先融会贯通以上四个方面的知识，而不是仅仅局限于自己狭窄的知识领域。

以建设工程施工阶段的管理工作为例，要做好施工管理工作，不仅要掌握施工方法和工艺流程等技术，以便对施工计划进行合理的安排与控制，而且还应掌握对项目进行计划、组织、协调、控制等的管理技能。除此之外，还需要掌握经济和法律方面的知识，以便能更好地进行投资控制和合同管理等。只有全面掌握了这四个方面的知识，才能在日常的施工管理工作中做到游刃有余。

工程项目的生命周期从策划决策到最终建成运营可大致分为投资决策、项目设计、施工和后期运营四个阶段，在每个阶段都会不同程度地用到工程技术、管理、经济和法律四个方面的知识。工程项目各阶段所需要的工程技术、经济、管理和法律知识分析如图3-1所示。

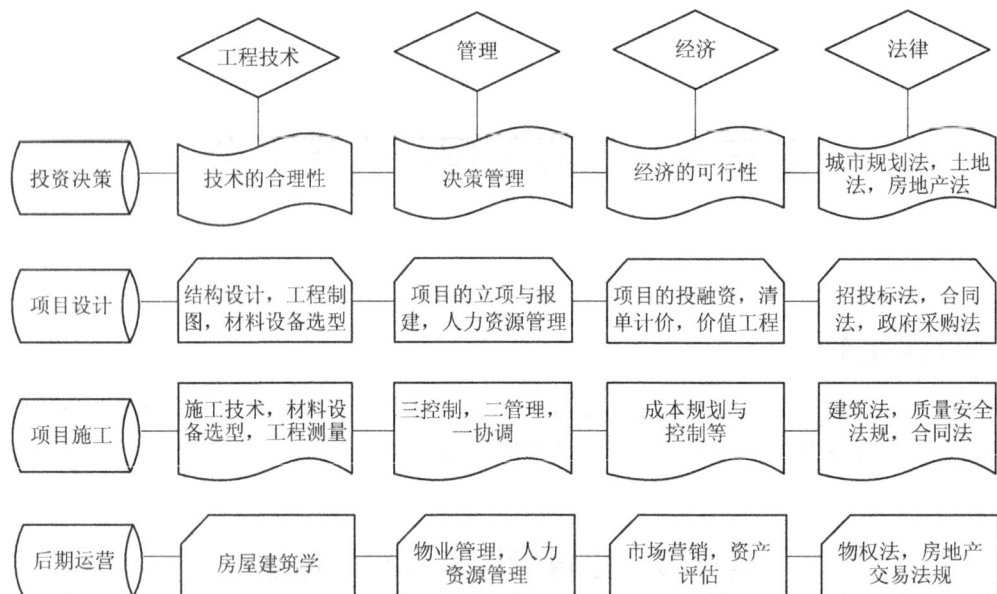

图 3-1　工程项目各阶段所需要的工程技术、经济、管理和法律知识分析

　　综上所述，不难看出，工程管理的平台体系分为工程技术、管理、经济和法律四个子体系，每个子体系都是非常重要的，且它们相互之间也有着十分密切的联系。工程管理基本支撑体系结构如图 3-2 所示。

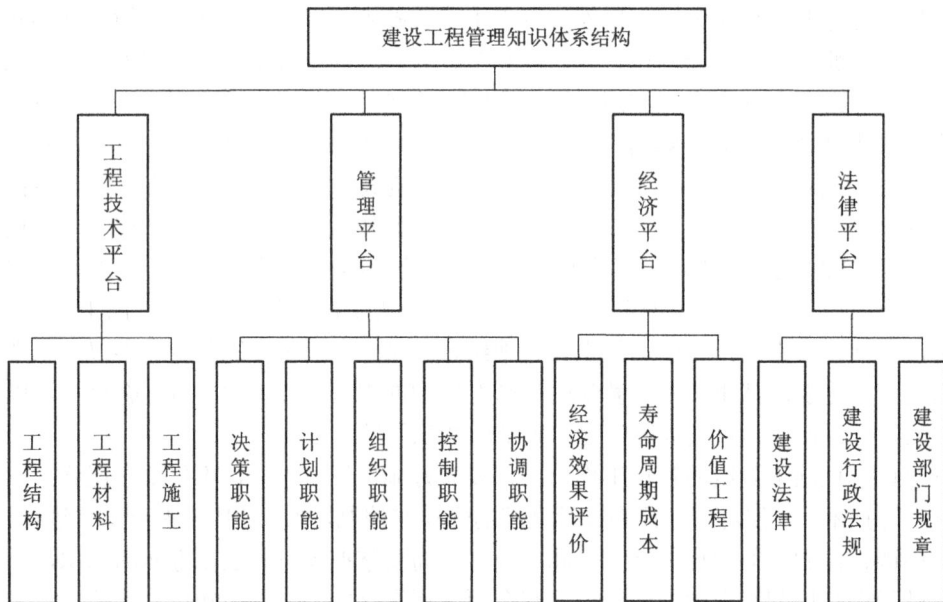

图 3-2　工程管理基本支撑体系结构

　　要做好工程管理工作需要这四个方面的相互支撑。伴随着经济社会的不断进步和工程建设项目的复杂化、巨型化，工程管理这四个平台体系之间的相互融合关系将进一步得到丰富和延伸。

第二节　工程技术平台

一、工程技术平台的必要性

技术是根据生产实践经验和自然科学原理而发展成的各种生产工艺、作业方法、操作、技能及设备装置等的总和。当今社会，科学技术对社会经济发展有着巨大的、深刻的、全面的影响。近半个世纪以来，随着科学技术突飞猛进地发展和科技成果的广泛应用，不仅社会生产力以前所未有的速度发展，而且科学技术已渗透到包括建筑工程领域在内的社会生活的各个领域。

工程技术平台主要是回答工程"怎么去做"的问题，也是工程管理的基础与核心。除此之外，把施工图纸变成宏伟蓝图和在工程建设过程中采取的技术方法与手段以及满足工程要求的技术性能等都离不开工程技术的指导与支持，如图 3-3 所示。因此，要完成工程就必须对各项工程技术有很好的掌握。

工程技术在工程管理中占有十分重要的地位，是区别工程管理与其他管理类学科的突出标志。工程技术平台的知识框架体系如图 3-4 所示。

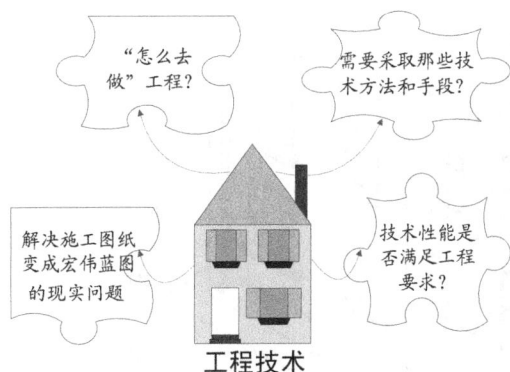

图 3-3　工程技术在工程建设中的作用

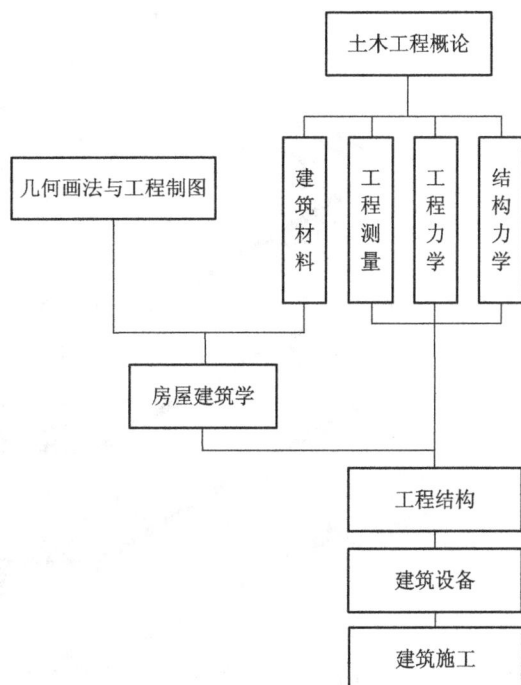

图 3-4　工程技术平台的知识框架体系

二、工程结构

工程结构按其构成的形式可分为实体结构与组合结构两大类。坝、桥墩、基础等通常为实体，称为实体结构。房屋、桥梁、码头等通常由若干个元件连接组成，称为组合结构。

连接组成的节点如只能承受拉力、压力的，称为铰接；如同时能承受弯矩等其他力的，称为刚接。若组成的结构与其所受之外力，在计算中可视为皆在同一平面之内时，则称该结构为平面结构。若组成的结构可以承受不在同一平面内的外力，且计算时也按空间受力考虑，则称该结构为空间结构。

　　工程结构必须满足外部荷载的需要，它通过不同的应力状态或变形行为承受外部作用，将其所承受的荷载传至其支承结构，再传至基础，通过基础传至地基。

　　工程结构分析的基本原理可以概括为分解、简化、组合三个过程。通过分解，工程结构体系都可以转化为板、梁、柱、拱等简单的基本结构体系，其中，应把三维的结构构件尽量转化为二维、一维或者更为简单的受力形式以便加以组合，形成完整的可知的体系。

　　工程结构的类型随着建筑材料与工程力学的进展和人类生产与生活的需要而不断发展，由简单到复杂。但其基本元件按其受力特点仍分成梁、板、柱、拱、壳与索(拉杆)六大类。这些基本元件可以单独作为结构使用，在多数情况下常组合成多种多样的结构类型使用，如某民用建筑的结构体系如图 3-5 所示。

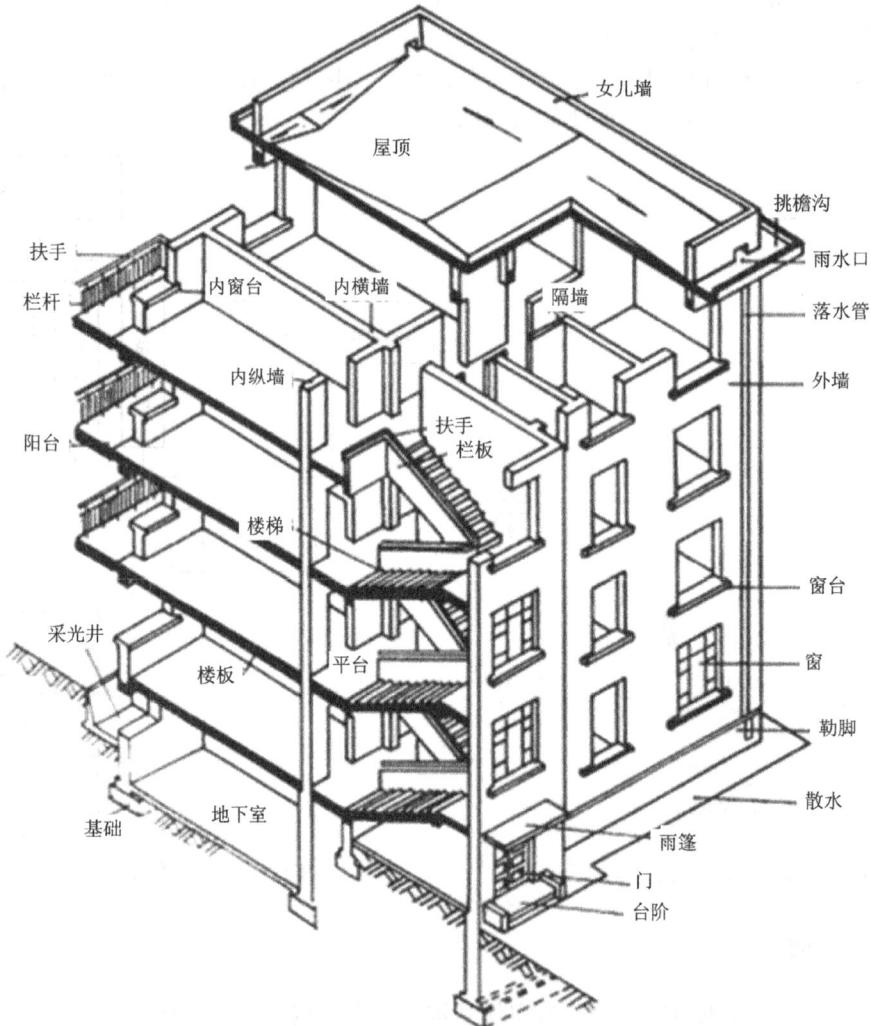

图 3-5　某民用建筑的结构体系

工程结构中常用的基本类型有梁、板、柱、墙、框架、剪力墙、筒体、拱、桁架、网架结构、悬索结构、壳体结构等。

1. 板、梁、柱、墙基本构件

板指平面尺寸较大而厚度较小的受弯构件，其主要作用效应是承受弯矩，通常水平放置。板在建筑工程中一般应用于楼板、屋面板、基础板、墙板、阳台板等，它承受在楼板板面上并与板面垂直的重力荷载。

梁是工程结构中的受弯构件，它承受板传来的压力及梁的自重，通常水平放置。梁的截面高度通常大于截面宽度，但有时因工程的需要，梁宽会大于梁高，这种梁称为扁梁。梁的高度沿轴线变化时，称为截面梁。

柱在工程结构中主要承受梁传来的压力以及柱的自重，按组成材料不同，柱可分为石柱、砖柱、砌块柱、钢筋混凝土柱、钢管混凝土柱和各种组合柱。柱是典型的受压构件，按其受压位置可分为轴心受压柱和偏心受压柱。

墙是民用建筑中的主要组成部分，它关系到建筑物的质量，同时直接影响建筑物的自重、材料消耗、工期和造价。墙承受板、梁传来的压力及墙本身的自重。墙的长、宽两方向尺寸远大于其厚度，荷载作用方向与墙面平行，其作用效应为轴压力，有时还可能有弯矩。如图 3-6 所示。

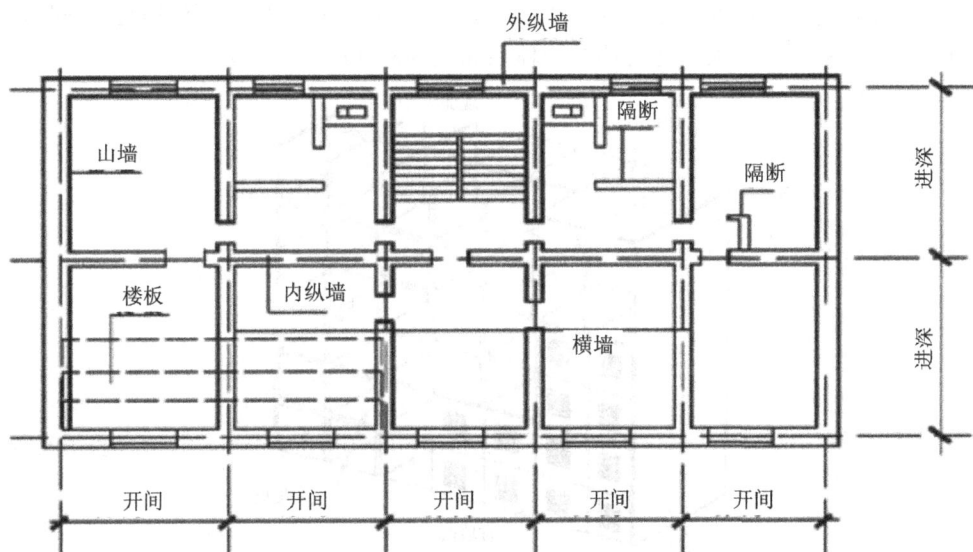

图 3-6 墙体平面示意图

2. 框架结构

框架结构是由梁和柱组成的纵、横两个方向的框架形成骨架的空间结构体系，国外多用钢为框架材料，国内则多用钢筋混凝土作为框架材料。框架结构常用于综合办公楼、旅馆、医院、学校、商店等建筑，如图 3-7 所示。在水平荷载作用下，它表现出刚度小、水平侧移大的特点，且水平侧移呈剪切型。框架结构不仅使梁的跨度可以扩大，而且房屋的层数也可以增加。框架结构体系是 6 层以上多层与高层房屋(一般不超过 15 层)的一种理想的结构体系。框架结构的优点是强度高，自重轻，整体性和抗震性好，建筑平面布置灵活，可以获得较大的使用空间。

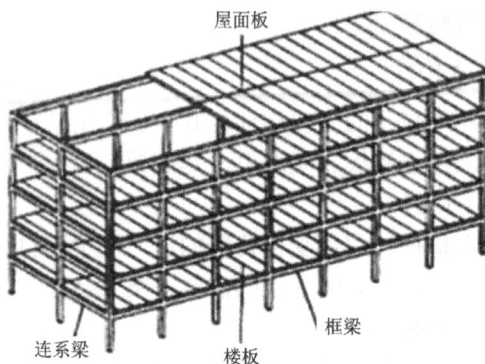

图 3-7　框架结构示意图

3. 剪力墙结构

剪力墙是利用建筑物的墙体做成剪力墙来竖向承重和抵抗水平力。剪力墙一般为钢筋混凝土墙，厚度不小于 140 mm。剪力墙的间距一般为 3～8 m，适用于小开间的住宅和旅馆等，一般在 30 m 高度范围内都适用。剪力墙上可开洞口，洞口越大，越接近于框架。剪力墙的高度一般与整个房屋高度相同。剪力墙结构的优点是侧向刚度大，水平荷载作用下侧移小；缺点是剪力墙的间距小，建筑平面布置不灵活，不适用于大空间的公共建筑，另外剪力墙结构的自重也较大。剪力墙结构体系如图 3-8 所示。

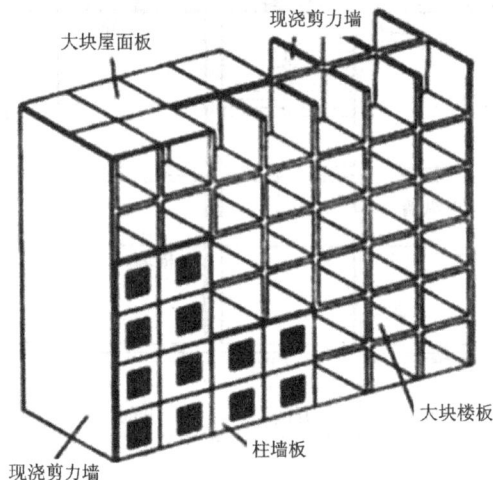

图 3-8　剪力墙结构体系

4. 框架—剪力墙组合结构

框架—剪力墙结构是由框架和剪力墙共同承受竖向和水平荷载的结构体系。在整个结构体系中，剪力墙负担绝大部分的水平荷载，框架以负担竖向荷载为主，分工合理，物尽其用。框架—剪力墙结构如图 3-9 所示。

剪力墙克服了框架抗侧刚度低的缺点，框架弥补了剪力墙结构布置不灵活的不足。因此，它具有框架结构平面布置灵活、有较大空间的优点，又具有剪力墙侧向刚度较大的优点。因而，被普遍应用于宾馆和办公楼等公用建筑中，且一般宜用于 10～20 层的建筑。

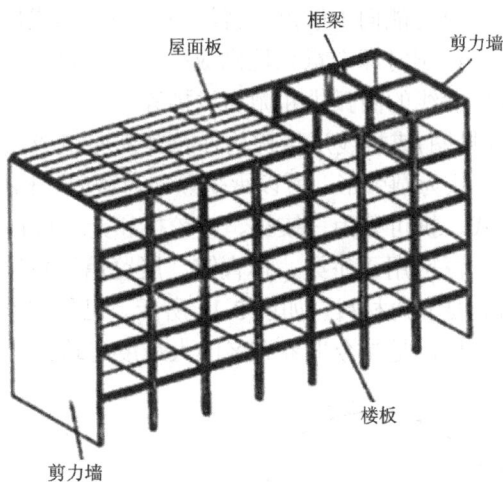

图 3-9 框架-剪力墙结构体系

5. 筒体结构

在高层建筑中，特别是超高层建筑中，水平荷载愈来愈大，起着控制作用。筒体结构便是抵抗水平荷载最有效的结构体系。筒体结构是将剪力墙集中到房屋的内部或外部形成封闭的筒体所构成的结构体系，以此筒体来承受房屋大部分或全部竖向荷载和水平荷载，如图 3-10 所示。筒体结构可分为框筒、内筒、筒中筒和多筒结构等，如图 3-11 所示。框筒为密排柱和窗下裙梁组成，亦可视为开窗洞的筒体。内筒一般由电梯间、楼梯间组成。内筒与外筒由楼盖连接成整体，共同抵抗水平荷载及竖向荷载。这种结构体系适用于 30～50 层的建筑。多筒结构是将多个筒组合在一起，使结构具有更大的抵抗水平荷载的能力。美国芝加哥西尔斯大楼就是 9 个筒结合在一起的多筒结构，该建筑总高 442 m，为钢结构。

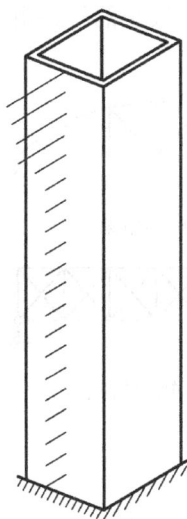

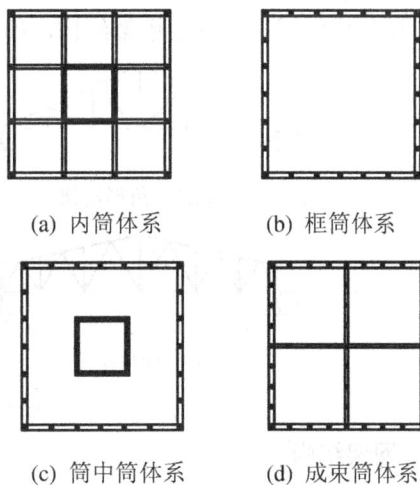

(a) 内筒体系　　　　(b) 框筒体系

(c) 筒中筒体系　　　(d) 成束筒体系

图 3-10 筒体在水平作用下的计算简图　　　图 3-11 筒式体系的形式

6. 拱结构

人类是在生活实践中发现拱结构的。在古代，人们从不断的实践中发现，要在已砌好的墙内开洞时，起初墙体材料可能向下散落，待洞成为某种形式后，便不再向下散落，这即是拱的雏形。后来在砌墙留洞时即有意识地砌成拱形。所以最早的拱往往做成尖拱或多圆心拱，后来逐渐发展为单曲线的圆弧拱和抛物线拱等。

拱由曲线形成构件(称拱圈)或折线形结构构件及其支座组成，在荷载作用下主要承受轴向压力。拱形结构因其形状为圆弧形，所以承受竖向荷载时，构件内只产生轴力和剪力。按照结构的组成和支撑方式，拱可分为三铰拱、两铰拱和无三铰拱，如图 3-12 所示。

拱式结构受力合理，广泛应用于桥梁、体育馆、展览馆等建筑中。最典型的拱形结构是石拱桥，它比同跨度的梁要节约材料，如图 3-13 所示。巴黎国家工业与技术展览中心采用了跨度为 206 米的拱式结构，是当今世界有名的大跨度建筑。

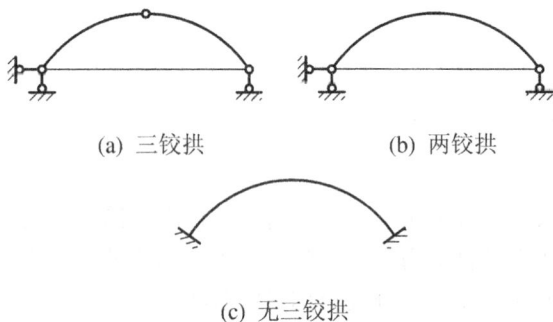

(a) 三铰拱　　　(b) 两铰拱

(c) 无三铰拱

图 3-12　拱的类型

图 3-13　石拱桥

7. 桁架结构

桁架是截面尺寸远小于其长度的构件，主要承受轴向压力或拉力(杆)。在房屋建筑中经常由它们组成平面桁架或空间网架。根据节点连接方式的不同，桁架结构可以划分为铰接桁架结构和刚接桁架结构。桁架结构的优点是可利用截面较小的杆件组成截面较大的构件。单层厂房的屋架常选用桁架结构，如图 3-14 所示。

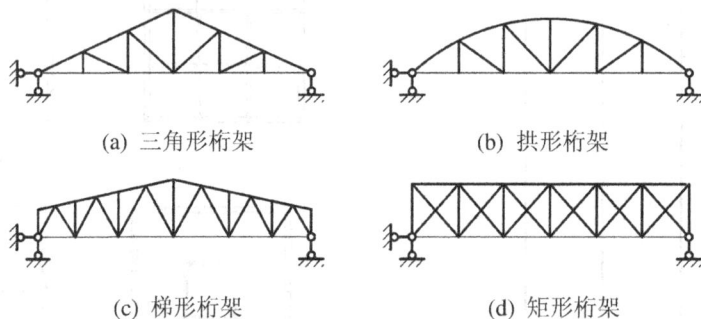

(a) 三角形桁架　　　(b) 拱形桁架

(c) 梯形桁架　　　(d) 矩形桁架

图 3-14　各种形式桁架

8. 网架结构

网架结构是由许多杆件根据建筑形体要求，按照一定的规律进行布置，通过节点连接组成的一种网状的三维杆系结构，它具有三向受力的性能，故也称三向网架。空间网架结构的外形可以为平板状，也可以是曲线状。前者称为平板网架，常简称为网架；后者称为曲面网架或壳形网架结构，常简称为网壳。

网架结构各杆件之间相互支撑，具有较好的空间整体性，是一种高次超静定的空间结构。在节点作用下，各杆件主要承受轴力，因而能够充分发挥材料强度，节约材料。网架结构的刚度大，抗震性能好，杆件类型较少，适于工业化生产。如上海体育馆为网架结构，主馆呈圆形，高33米，直径110 m，用钢量仅49 kg/m^2(如图3-15所示)。

图3-15 上海体育馆

9. 悬索结构

悬索结构，是比较理想的大跨度结构形式之一，在桥梁中被广泛应用。目前，悬索屋盖结构的跨度已达到160 m，主要用于体育馆、展览馆中。悬索结构的主要承重构件是受拉的钢索，钢索是用高强度钢绞线或钢丝绳制成的。

悬索结构可分为单曲面与双曲面两类。单曲面拉索体系构造简单，但屋面稳定性差；双曲面拉索体系由承重索和稳定索组成。如北京工人体育馆，为圆形悬索结构，可容纳15 000名观众。其比赛大厅直径94 m，周围为四层框架结构，宽7.5 m，主要为附属用房及休息廊，如图3-16所示。

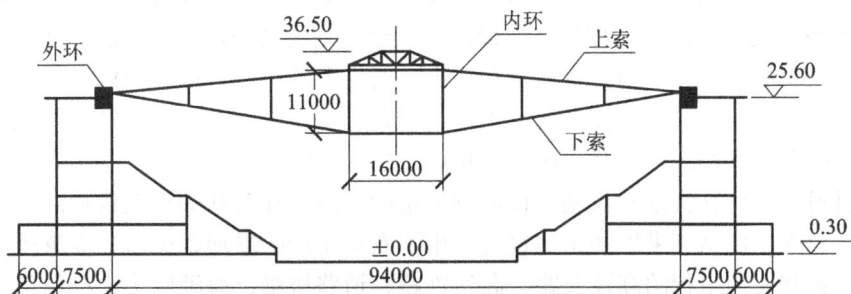

图3-16 北京工人体育馆

10. 壳体结构

壳体结构也称为薄壁空间结构，它的厚度比其他尺寸(如跨度)小得多，所以称为薄壁。壳体结构由曲线形板与作为边缘构件的梁、拱或桁架组成，是一种空间形状的结构构件。在荷载作用下主要承受曲面内的轴向压力，且弯矩很小。壳体结构的受力比较合理，材料强度能得到充分利用，就像动物蛋壳以最薄的壳面能构成强度的蛋体一样，能以较小的构件厚度形成承载能力很高的结构。薄壳常用于大跨度的屋盖结构，如歌剧院、展览馆、俱乐部、飞机库等。图 3-17 为悉尼歌剧院，其外观为三组巨大的壳片，耸立在南北长 186 米、东西最宽处为 97 米的现浇钢筋混凝土结构的基座上。

图 3-17　悉尼歌剧院

三、工程材料

工程材料是应用于土木工程建设中的无机材料、有机材料和复合材料的总称，如钢筋、混凝土、水泥、砂石、原木、板材、砖砌块、五金配件、防水材料和玻璃以及脚手架、模板等。工程材料是工程建设的物质基础。在建筑工程造价中，工程材料的费用占建筑工程总投资的 60%左右，因此，工程材料的价格直接影响到建设的投资。经济合理地选择建筑材料，有效减少施工过程中的材料浪费和损失，对于节约自然资源、降低工程造价、提高经济效益具有十分重要的作用和意义。工程材料在工程建设中有着举足轻重的地位，对其具体要求体现在经济性、可靠性、耐久性和低碳性等方面。

工程材料是一切社会基础设施建设的物质基础。这些社会基础设施包括：用于工业生产的厂房、仓库、电站、采矿和采油设施；用于农业生产的堤坝、渠道、灌溉排涝设施；用于交通运输和人们出行的高速公路、高速铁路、道路桥梁、海港码头、机场车站设施；用于人们生活需要的住宅、商场、办公楼、宾馆、文化娱乐设施、卫生体育设施；用于提高人民生活质量的输水、输气、送电管线设施，网络通信设施，排污净化设施；用于国防需要的军事设施、安全保卫设施等。社会基础设施的建设，与工农业生产和人们的日常生活息息相关。社会基础设施的安全运行，关乎人民的生活水平和生活质量。因此，工程材料质量的提高，新型工程材料的开发利用，都直接影响到社会基础设施建设的质量、规模和效益，进而影响到国民经济的发展和人类社会文明的进步。

建筑物、构筑物的功能和使用寿命在很大程度上取决于工程材料的性能。如装饰材料的装饰效果、钢材的锈蚀、混凝土的劣化、防水材料的老化等，无一不是材料的问题，也正是因为材料的特性才构成了构筑物的整体性能。

建设工程的质量，在很大程度上取决于材料的质量控制。如钢筋混凝土结构的质量主要取决于混凝土的强度、密实性和是否产生裂缝。在材料的选择、生产、储运、使用和检验评定过程中，任何环节的失误，都可能导致工程的质量事故。事实上，国内外土木工程建设中的质量事故，绝大部分都与材料的质量缺损相关。

工程材料与建筑结构和施工之间存在着相互促进、相互依存的密切关系。一种新型工程材料的出现，必将促进建筑形式的创新，同时结构设计和施工技术也将相应地改进和提高。水泥、钢材的大量应用和性能的改善，取代了砖、木、石材，使钢筋混凝土结构占据了建筑工程结构材料的主导地位。同样，新的建筑形式和结构设计也呼唤着新的工程材料，并促进工程材料的发展。例如，采用建筑砌块和板材替代实心黏土砖，就要求改进结构构造设计和施工工艺、施工设备；高强混凝土的推广应用，要求有新的钢筋混凝土结构设计和施工技术规程与之适应；同样，高层建筑、大跨度结构、预应力结构的大量应用，要求提供更高强度的混凝土和钢材，以减小构件截面尺寸，减轻建筑物自重；随着建筑功能要求的提高，还需要提供同时具有保温、隔热、隔声、装饰、耐腐蚀等性能的多功能工程材料等。

工程材料是建筑工业的耗能大户，许多工程材料的生产能耗很大，并且会排放大量的二氧化碳及硫化物等污染物质。因此，注重再生资源的利用、节能新型建材和绿色建筑材料的选用，以及如何节省资源、能源，保护环境已成为建筑工业建设资源节约型社会和可持续发展的重大课题。

四、工程施工

1．工程施工概述

工程施工是将设计者的思想、意图及构思转化为现实的过程。从古代穴居巢到今天的摩天大楼，从农村的乡间小道到都市的高架道路，从地下的隧道到飞架江海的大桥，凡要将人们的设想(设计)变为现实，都需要通过"施工"的手段来实现。

工程施工是生产建筑产品的活动。建筑产品包括各种建筑物和构筑物，它与其他工业产品相比，具有独特的技术要求和特点。施工是一个复杂的过程，按施工图施工，按规范要求施工，遵从施工工序对保证工程质量是至关重要的。工程施工一般可分为施工技术和施工组织两大部分。它需要研究最有效的建造各类建筑产品的理论、方法和施工规律，以科学的施工组织设计为先导，以先进可靠的施工技术为后盾，实现工程项目的质量、安全、成本和进度的科学要求。施工技术是指以各工种(土方工程、桩基础工程、混凝土工程、结构安装工程、装饰工程等)施工的技术为研究对象，以施工方案为核心，结合具体施工对象的特点，选择最合理的施工方案，决定最有效的施工技术措施。施工组织是以科学编制一个工程的施工组织设计为研究对象，通过编制指导施工的施工组织设计，合理地使用人力物力、空间和时间，并着眼于各工种工程施工中关键工序的安排，使之有组织、有秩序地加工。

2．我国工程施工技术现状

我国是一个在建筑施工技术方面历史悠久且拥有巨大成就的国家，从以木构架结构为主，使用柱、额、梁、拱等构件，采用鎏金、玻璃装饰手法修建宫殿、庙堂，到土、石、砖、瓦、石灰、钢铁、矿物颜料和油漆相关技术及材料的大规模运用，再到用夯土墙内加竹筋的办法建造三、四层楼房，都表明我国建筑施工技术不断进步并始终保持着较高的技术水平。

近年来，随着国民经济的快速发展，我国建筑业也得到了快速发展。城市的高层建筑、大型公用工程拔地而起，其数量之多，规模之大，造型之复杂，设计施工之新颖，绝非过去所能比拟。这些工程的相继建成，也标志着我国的施工技术水平和施工能力又上了一个新台阶。回顾我国工程施工技术现状，主要有以下几点：

(1) 地基基础施工技术已接近国际先进水平。

(2) 混凝土技术发展步伐加快。

(3) 粗钢筋连接和高效预应力技术应用日趋扩大。

(4) 化学建材和玻陶石材的应用，使装饰、装修大放异彩。

(5) 防水工程新技术、新材料不断涌现，防水工程质量有所提高。

(6) 新型墙体保温技术的推广应用，促进了能源节约和循环经济发展。

(7) 掌握了一些"高、大、精、尖、新"的结构、设备安装和调试技术。

结合我国建筑行业的发展现状，2012 年建设部出台了《关于进一步做好建筑业 10 项新技术推广应用的通知》。这次修订将"建筑业 10 项新技术"扩充为 10 个大项，44 个小项，共 94 项技术：涉及的新技术主要以房屋建筑工程为主，突出通用技术，兼顾铁路、交通、水利等其他土木工程；突出施工技术，同时考虑与材料、设计的必要衔接；突出节能环保监测等新兴领域技术，也总结传统技术领域的最新发展成果。主要涉及的新技术有：

(1) 高强度、高性能混凝土技术。

(2) 深基坑支护技术。

(3) 粗直径钢筋的连接技术。

(4) 高效钢筋、预应力混凝土技术。

(5) 新型墙体、建筑节能应用技术。

(6) 新型脚手架、模板应用技术。

(7) 钢结构技术。

(8) 新型建筑给排水、塑料管应用技术。

(9) 建筑施工企业计算机管理与应用技术。

(10) 大型建筑构件及机械设备的整体安装技术。

3. 我国典型工程及先进施工技术介绍

1) 国家体育场

国家体育场（"鸟巢"）是 2008 年北京奥运会主体育场，该工程为特级体育建筑，大型体育场馆，如图 3-18 所示。

"鸟巢"主体结构设计使用年限为 100 年，耐火等级为一级，抗震设防烈度为 8 度，地下工程防水等级为 1 级。工程主体建筑呈空间马鞍椭圆形。南北长 333 米的巨型空间马鞍形钢桁架编织式"鸟巢"结构，主要由巨大的门式钢架组成，共有 24 根桁架柱，钢结构总用钢量为 4.2 万吨。

图 3-18　国家体育场（"鸟巢"）

混凝土看台分为上、中、下三层，看台混凝土结构为地下 1 层、地上 7 层的钢筋混凝土框架—剪力墙结构体系。钢结构与混凝土看台上部完全脱开，互不相连，形式上相互围合，基础则坐在一个相连的基础底板上。国家体育场屋顶钢结构上覆盖了双层膜结构，即固定于钢结构上弦之间的透明的上层 ETFE 膜和固定于钢结构下弦之下及内环侧壁的半透明的下层 PTFE 声学吊顶。

"鸟巢"是一个大跨度的曲线结构，有大量的曲线箱型结构，设计和安装均具有很大挑战性，因而在施工过程中处处离不开科技的支持。"鸟巢"采用了当今先进的建筑科技，全部工程共有 23 项技术难题，其中，钢结构是世界上独一无二的。相关施工技术难题被列为科技部重点攻关项目。

2) 金茂大厦

金茂大厦，又称金茂大楼，位于上海浦东新区黄浦江畔的陆家嘴金融贸易区，楼高 420.5 米，目前是上海第 3 高的摩天大楼(截至 2013 年 4 月)、中国大陆第 4 高楼、世界第 9 高楼，如图 3-19 所示。大厦于 1994 年开工，1998 年建成，有地上 88 层，若再加上尖塔的楼层，共有 93 层，地下 3 层，有楼面面积 278 707 平方米，有多达 130 部电梯与 555 间客房，现已成为上海的一座地标，是集现代化办公楼、五星级酒店、会展中心、娱乐、商场等设施于一体，融汇中国塔型风格与西方建筑技术的多功能型摩天大楼，由著名的美国芝加哥 SOM 设计事务所的设计师 Adrian Smith 设计。

图 3-19 金茂大厦

塔楼主体结构由四个部分组成：① 八角形的钢筋混凝土核心筒；② 位于核心筒四周的八根组合巨型柱；③ 钢结构框架柱梁；④ 楼板结构。工程设计由美国 SOM 设计事务所设计，并获得了国际结构设计大奖。新颖的结构体系极大地增加了建筑施工的难度。

金茂大厦采用了超高层建筑史上首次运用的最新结构技术，如高强混凝土技术、粗直径钢筋连接技术、粉煤灰综合利用技术、建筑防水工程新技术和建筑节能技术等。

3) 苏通大桥

苏通大桥，如图 3-20 所示，全称为苏通长江公路大桥，位于江苏省东部的南通市和苏州(常熟)市之间，路线全长 32.4 公里，主要由跨江大桥和南、北岸接线三部分组成。其中跨江大桥长 8146 米，北接线长约 15.1 公里，南接线长约 9.2 公里。跨江大桥由主跨 1088

米的双塔斜拉桥及辅桥和引桥组成。主桥主孔通航净空高 62 米，宽 891 米，满足 5 万吨级集装箱货轮和 4.8 万吨级船队通航需要。工程于 2003 年 6 月 27 日开工，2008 年 6 月 30 日建成通车。

图 3-20　苏通大桥

苏通大桥工程规模浩大：其主跨跨径达到 1088 米，是世界上第二大跨径的斜拉桥(目前最大斜拉桥主跨是俄罗斯的跨东博斯鲁斯海峡的俄罗斯岛大桥，其主跨为 1104 米)；其主塔高度达到 300.4 米，为世界第二高的桥塔(第一高桥塔为俄罗斯的跨东博斯鲁斯海峡的俄罗斯岛大桥，其桥塔高超过 320 米)；主桥两个主墩基础分别采用 131 根直径 2.5 米至 2.85 米、长约 120 米的灌注桩，是世界最大规模的群桩基础；主桥最长的斜拉索长达 577 米，也是世界最长的斜拉索。主要工程量有：桥涵混凝土 149.3 万立方米，钢箱梁 4.9 万吨，钢材 23 万吨，斜拉索 6278 吨，填挖方 317.6 万立方米，征用土地 1.1 万亩。苏通大桥的建设在技术方面极具挑战性，难度非常大，是我国建桥史上建设标准最高、技术最复杂、科技含量最高的现代化特大型桥梁工程之一。该工程获得了四项世界纪录：最大群桩基础、最高桥塔、最长斜拉索和最大主跨。

以上这些工程不仅规模大，技术复杂，而且施工难度也极大。由于施工中采用了许多新技术，有些技术达到或接近当代国际先进水平，才使这些工程能按预定工期保质保量地建成。同时，也反映了当代我国施工技术的总体水平。

五、建筑技术发展的新趋势

1. 超高层建筑迅速发展

高层建筑是近代经济发展和科学技术进步的产物，是现代工业化、商业化和城市化的必然结果。城市人口高度密集，土地寸土寸金，商业竞争激烈，资源、经济、人口诸多方面的压力迫使建筑物向空间发展，以获取尽可能多的使用面积和投资效益。社会、经济和科学技术的高速发展为超高层建筑的修建提供了经济和技术的支持。近几十年来，各式各样的高楼在世界各地拔地而起，其规模之大、数量之多、技术之先进、造型之别致，令人叹为观止。

位于阿联酋的阿联酋迪拜塔(哈利法塔)，为目前世界第一高楼，总共 160 层，总高度

828 米，比之前的世界第一高楼——台北 101 大厦足足高出 320 米，是人类历史上首个高度超过 800 米的建筑物。哈利法塔已经入选中国世界纪录协会世界最高建筑物。该工程于 2004 年 9 月 21 日开始动工，2010 年 1 月 4 日竣工启用，同时正式更名哈利法塔，如图 3-21 所示。

图 3-21　哈利法塔

　　哈利法塔项目，由美国芝加哥公司的美国建筑师阿德里安·史密斯(Adrian Smith)设计，韩国三星公司负责实施。建筑设计采用了一种具有挑战性的单式结构，由连为一体的管状多塔组成，具有太空时代风格的外形，基座周围采用了富有伊斯兰建筑风格的几何图形——六瓣的沙漠之花。

　　哈利法塔不但高度惊人，连建筑物料和设备也"分量十足"。哈利法塔总共使用 33 万立方米混凝土、3.9 万吨钢材及 14.2 万平方米玻璃。大厦内设有 56 部电梯，速度最高达每秒 17.4 米，另外还有双层的观光电梯，每次最多可载 42 人。

　　此外，哈利法塔也为建筑科技掀开新的一页。哈利法塔是史无前例地把混凝土垂直泵上逾 460 米的地方，打破台北 101 大厦建造时的 448 米纪录。

2. 工程结构异型化

　　以国家大剧院、鸟巢、中央电视台新楼等为代表的大型异型结构建筑物的出现极大地改变了工程师传统的观念。异型建筑因其外观独特、跨度宽、空间大等特点而越来越受到欢迎，特别是音乐厅、博物馆、展览馆、体育馆等公共建筑，异型建筑的构造形式已成为较常见的选择。位于天安门广场人民大会堂西侧的国家大剧院如图 3-22 所示，是我国最高艺术表演中心。这个"漂浮"在水里、最大跨度达 212 m 的银白椭球壳体建筑宛如在赤道处被切开的地球，又似浮在水面上磷光闪闪的"鸡蛋"。

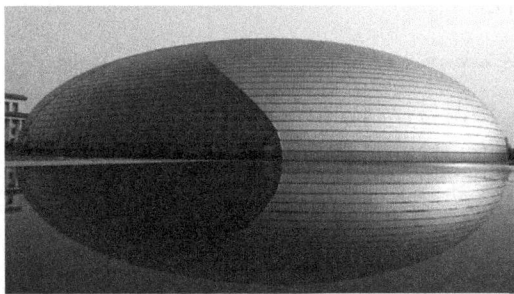

图 3-22　国家大剧院

　　国家体育场（"鸟巢"）是由 2001 年普利茨克奖获得者雅克·赫尔佐格、德梅隆与中国建筑师李兴刚等合作完成的巨型体育场设计，其形态如同孕育生命的"巢"，它更像一个摇篮，寄托着人类对未来的希望。设计者们对这个国家体育场没有做任何多余的处理，只是坦率地把结构暴露在外，因而自然形成了建筑的外观。

3. 绿色节能建筑逐步推广

　　世界上不同国家和地区由于其土地、气候、经济、文化和习俗等方面的情况各异，对

"绿色建筑"的概念、定义及称谓有较大差异。图 3-23 所示的住宅即为一种绿色建筑。

图 3-23　绿色建筑住宅

国内对于绿色建筑的评价标准也不尽相同。建设部和科技部于 2005 年 10 月联合发布实施的《绿色建筑技术导则》中给山的绿色建筑的定义是，"在建筑的全寿命周期内，最大限度地节约资源(节能、节地、节水、节材)、保护环境和减少污染，为人们提供健康、适用和高效的使用空间，与自然和谐共生的建筑"。随着《绿色建造导则》和《绿色建筑技术评价标准》等相关文件的出台和在全国范围内组织开展"绿色建筑"创新的评奖活动，绿色节能建筑的理念、结构、材料和施工技术必将得到更多的重视。

建筑应该以节能、环保的方式满足居住者的健康、适用的要求，这正是人类必须寻求的可持续发展之路。发展绿色建筑已经被明确写入国家的"十二五"规划之中，这也是绿色建筑第一次进入国家规划。强调建筑业要推广绿色建筑、绿色施工，着力用先进建造材料、信息技术优化结构和服务模式，预示着绿色建筑发展新阶段的到来。

第三节　管理平台

一、管理平台的必要性

管理平台主要是回答"怎样去实现目标"，也就是通过管理手段来实现工程的目标，具体的手段是计划、组织、协调与控制。由于工程项目的复杂性，所以必须有强有力的管理才能保证工程建设顺利实施，最终实现工程建设的目标。工程从构思开始到建设完成，有许多工程专业活动和管理活动，工程建设就是由成千上万个工程专业活动和管理活动构成的过程。这些活动有各种各样的性质，要取得一个工程的成功，必须按照工程的目标，将各个活动通过计划合理的安排，从而形成一个高效、有序、协调的过程，并且还应在计划的实施过程中不断地检查与控制，及时对出现的偏差进行修正。这一切都是管理的工作内容，因此管理工作在工程建设过程中是非常重要的。

任何工程都是在一定的管理环境下完成的，即使具备了先进的工程技术、敏锐的经济头脑和清醒的法律意识，如果缺乏精良的管理，工程实施的全过程不能得到有效的计划、协调、控制和监督，则难以达到预期目标，甚至可能遭受不必要的损失。

一个工程项目从形成概念、立项申请、可行性研究、评估决策、市场定位到勘察设计、招标投标、开工准备、材料设备的选型与采购，经施工实施再到最后的竣工验收、使用维护，这其中的任何一个环节，都直接影响到工程项目的成败。现代工程管理强调对工程的管理必须贯穿以上所有环节的全过程。

二、管理的职能

尽管每个工程项目的目标、任务和实施方式不尽相同，或是建造一幢楼房，或是修筑一条道路，或是开挖一座水库等。但以下目标几乎是所有工程项目共同追求的：有效利用有限资金，按期完成施工，工程质量达标，使工程项目顺利交付使用，各方利益相关者取得预期的经济效益和社会效果。所以，工期进度、质量标准、投资额度是工程项目的主要约束条件，与之相应的决策、计划、组织、协调和控制便成为工程管理的基本职能。

1．决策职能

决策，一般是指为了实现某一目标，根据客观的可能性和科学的预测，通过正确的分析、计算以及决策者的综合判断，对行动方案的选择所作出的决定。决策是整个工程项目管理过程中一个关键的组成部分，决策的正确与否直接关系到项目成败。

在工程项目管理众多决策问题中，很重要的一个环节，也是工程项目生命周期的第一个环节，即工程项目投资决策。工程项目投资决策是指投资主体(国家、地方政府、企业或个人)对拟建工程项目必要性和可行性进行技术经济评价，对不同建设方案进行比较选择，以及对拟建工程项目的技术经济指标作出判断和决定的过程。工程项目投资决策是投资决策中的微观决策，它不像宏观决策那样是国家和地区对投资的总规模、方向、结构、布局等进行评价和决定。

一般来说，项目投资决策都建立在项目可行性研究的分析评价基础上，其重要的决策依据是项目财务评价和国民经济评价的结论。然而这两者评价的前提是建设方案本身及其所赖以生存和发展的社会经济环境和市场，而建设方案的产生，并不是由投资主体的主观愿望和某种意图的简单构想就能完成的，它必须通过专家的总体策划和若干重要细节的策划(如项目定位、系统构成、目标测定及管理运作等的具体策划)，并进行实施可能性和可操作性的分析，才能使立案建立在可运作的基础上。也只有在这个基础上，进行项目详细可行性研究所提供的经济评价结论才具有可实现性。因此，只有经过科学的、缜密的项目策划，才能为可行性研究和项目决策奠定客观且具有运作可能性的基础。

2．计划职能

计划就是根据组织内外条件的变化，确定目标，制定和选择方案，并对方案的实施制订战略，建立一个分层的计划体系等一系列统筹、规划活动的总称。计划与决策是两个既相互区别、又相互联系的概念。决策是对组织活动方向、内容以及方式的选择，计划则是对组织内部不同部门和不同成员在一定时期内的行动任务的具体安排。计划规定了不同部门和成员在该时期内从事的活动的具体内容和要求。计划与决策又是相互联系的，表现在决策是计划的前提，计划是决策的逻辑延续。而且在实际工作中，决策与计划是相互渗透的，有时甚至是不可分割地交织在一起的。正是在这个意义上，在有些管理学教材中将决策与计划合并作为管理的五大基本职能之一。

针对工程项目而言，各项工作都要以计划为依据，工程项目计划是工程项目实施的指导性文件。所谓工程项目计划，即筹划安排工程项目的预期目标，对工程项目的全过程、全部目标和全部活动进行周密安排，用一个动态的可分解的计划系统来协调控制整个工程实施过程。工程项目计划包括收集、整理和分析所掌握的各种信息资料，为投资者判断工程项目是否有必要进行、应该如何进行、实施项目可能达到的目标等一系列问题提供依据。以编制总指导性控制计划为基础，制订工程项目前期工作计划、设计工作安排计划、招投标计划、施工作业计划、机电设备及主要材料采购供应计划、建设资金使用计划、竣工验收安排计划等分阶段工作计划。

计划是工程顺利进行的有力保证和行动依据。制订计划可以明确、分解和细化工程的总目标，通过计划可以落实贯彻工程的各项要求，还可以依据计划检验工程实施的效果，所以说计划是工程管理中极为重要的一环。

3. 组织职能

组织职能，指的是根据组织的目标，将实现这个目标所需要进行的各项工作加以适当的划分和归类，设立必要的部门，委派适当的人选，赋予适当的职责，授予适当的权力，分工负责并进行协调的一系列活动。

工程项目管理的一切工作都要依托组织来进行。科学合理的组织制度和组织机构是项目成功建设的组织保证，具体体现在：工程项目的建设过程并非孤立存在的单体运行过程，而是存在于一个非常复杂的环境之中的项目运作过程。在建设的过程中，会产生许多的项目管理班子与企业部门，项目经理与设计方或施工方等交界面，这就决定了要有组织的工作。在工程项目施工阶段，项目管理人员必须编制施工组织设计，在实施过程中必须进行科学有效的组织和协调，才能避免因潜在的一些不确定因素造成的工期拖延、进度延误以及管理不利造成的资源浪费和工程的质量问题。此外，工程项目建设过程中，涉及施工人员的技能、知识等的合理搭配，涉及大量的物质流、设备、信息流，因此要合理有序地组织工作，必然要求有科学的组织。

组织的好坏是目标能否实现的决定性因素，如果把一个建设工程项目的项目管理视为一个系统，其目标决定了项目管理的组织，而项目管理组织的好坏是项目管理目标能否实现的决定性因素，由此可见项目管理组织的必要性。

在工程项目组织管理中，涉及工程项目组织的实施主体、实施模式(工程项目承发包模式)、工程项目的组织结构等众多问题。工程项目组织的实施主体在本书第二章第三节有详细论述，其余内容也将在后面的工程项目管理课程中会学到，此处不再赘述。

4. 控制职能

控制就是按既定计划、标准和方法对工作进行对照检查、发现偏差、分析原因、进行纠正，以确保组织目标实现的过程。可以从三个方面理解控制的含义：一是控制具有很强的目的性；二是通过监督和纠偏来实现控制；三是控制本身就是一个过程。控制是管理工作最重要的职能之一，是保证一个组织的计划与实际运作动态相适应的管理职能。控制是保证一个组织的目标实现而采取的各种必要的活动所不可缺少的措施。如果没有有效的控制系统，一个社会、一个组织就会杂乱无章，就会离开正确的轨道。通过控制，即可检验各项工作是否按预定计划进行，并检验计划的正确性和合理性，又可调整行动或计划，使两者协调一致。

工程项目控制是指项目管理者为实现项目目标，通过有效地监督手段及项目受控后的动态效应，不断改变项目控制状态以保证项目目标实现的综合管理过程。在工程管理中，控制职能主要体现为工程目标的提出和检查，合同的签订和执行，招投标管理，工程技术管理，成本管理，各种指标、定额、标准、规程、规范的贯彻执行以及实施中的反馈和改进。

　　合同的有关条款是在工程建设过程中对参与各方进行控制和约束的重要手段，同时也是保障合同各方权益的依据。工程技术管理是工程项目能否全面实现各项目标的关键。工程技术管理不仅需要完成委托设计、审查施工图纸等工程准备阶段和审定技术方案、规范工艺标准等工程实施阶段的许多重要工作，还要进行技术开发，以及新技术、新材料、新工艺的推广使用及技术培训。质量管理包括对设计单位、监理单位、施工单位和机电设备等材料供应商的资质审查，施工过程中对施工方法、材料、工艺标准、操作规程的质量检查，进行分项工程、分部工程和总体工程质量等级评定等工作，及时发现质量问题并采取整改措施。

　　在实践中，人们往往把控制理解为项目实施阶段的工作，这种狭义的理解似乎是很自然的，因为在项目实施阶段，由于技术设计、计划，合同等已全面定义，控制的目标十分明确，所以人们十分强调这个阶段的控制工作，这无可厚非。实际上，工程项目控制并非在项目实施阶段才开始，而是在项目酝酿、目标设计阶段即已开始。显而易见，愈早作出控制措施，损失愈小，成效愈大。这一点并不难理解，但遗憾的是那时对项目的技术要求、实施方法等各方面的目标尚未明确，控制依据不足，因此人们常常疏于在项目前期的控制，这对于项目目标的实现是极为不利的。所以我们应该强调，控制工作不应仅限于实施阶段，而是从项目前期就应开始，直至项目目标实现。

5．协调职能

　　工程项目的运行会涉及很多方面的关系，为了处理好这些关系，就需要协调。协调是管理的重要职能，其目的就是通过协商和沟通取得一致，齐心协力保证项目目标的实现。工程项目的协调是指项目管理者为实现项目的特定目标，通过联合沟通方式，调动相关组织的力量和活动，以提高其组织效率的综合管理过程。因此，工程项目协调对项目目标的实现具有重要意义。

　　把工程项目作为系统，则协调的范围可分为对系统内部的协调和对系统外部的协调。项目外部协调管理又分为近外层协调与远外层协调。项目与近外层单位一般建有合同关系，和远外层关联单位一般没有合同关系。与本公司、设计、监理、建设、供应等单位均为近外层关系，与其余单位(政府部门、金融组织与税收部门融组织与税、现场环境单位等)均为远外层关系。工程项目协调的内容大致可以分为：人际关系的协调，组织关系的协调，供求关系的协调，配合关系的协调及与执法部门等约束关系的协调。

　　在工程建设的全过程中，尽管工程的总体目标、任务及要求是明确一致的，工程计划对实施过程有较强的指导和约束作用，但在工程实施的不同阶段、不同环节和担负不同职责的不同部门、不同机构之间仍然需要有效的沟通和协调。而这其中，人与人之间的协调又最为重要。有效的协调能够实现不同阶段、不同环节、不同部门、不同机构之间的目标一致、步调一致，兼顾客观存在一定矛盾冲突的工期、质量和造价之间的关系以及时间、空间和资源利用之间的关系，确保工程计划的严格执行和工程目标的顺利实现。

在工程施工过程中，由于水电、通信、燃气、消防等设备安装常由相应的专业施工队完成，房屋主体结构主要由土建施工队完成，不同施工项目和施工队伍之间尽管有施工计划和方案明确其职责，但计划、方案很难把所有问题列举穷尽，且尚有一些实际条件的改变将限制原有计划、方案的有效实施。因此，工程管理者需要依据拟定的计划、方案，结合客观条件的变化，及时做好沟通、衔接和协调工作，确保各施工环节的顺利完成。

工程项目协调与工程项目控制有着密切的联系。它与工程项目控制是功能与手段的关系，即项目控制要发挥它工程管理的功能，经常需要运用协调这一手段来实现。因此，人们通常把控制与协调结合起来而称调控。

三、工程实例分析

下面将对湖南凤凰"8.13"堤溪沱江大桥垮塌事故作全面分析。

堤溪沱江大桥工程是湖南省凤凰县至贵州省铜仁大兴机场凤大公路工程建设项目中一个重要的控制性工程。大桥全长 328.45 m，桥面宽度 13 m，设 3%纵坡，桥型为 4 孔 65 m 跨径等截面悬链线空腹式无铰拱桥。大桥桥墩高 33 m，且为连拱石拱桥。堤溪沱江大桥于 2004 年 3 月 12 日开工，计划工期 16 个月。

2007 年 8 月 13 日下午 14 点 40 分左右，突然发生大桥坍塌。本次事故造成 64 人遇难，22 人受伤，直接经济损失 3974.7 万元。事故发生时，大桥腹拱圈、侧墙的砌筑及拱上填料已基本完工，拆架工作接近尾声，计划于 2007 年 8 月底完成大桥建设所有工程，9 月 20 日竣工通车，为湘西自治州 50 周年庆典献礼。出事当时，有百余人正在桥上作业。这座即将于月底竣工的大桥，正在紧张地拆除脚手架，进行最后的扫尾工作。图 3-24 为溪沱江大桥坍塌事故现场。

图 3-24　湖南凤凰堤溪沱江大桥坍塌事故现场

事故调查组和专家组通过调查取证、技术鉴定和综合分析，确定了事故发生的直接原因和主要原因。

1. 事故的直接原因

由于大桥主拱圈砌筑材料未满足规范和设计要求，拱桥上部构造施工工序不合理，主拱圈砌筑质量差，降低了拱圈砌体的整体性和强度，随着拱上荷载的不断增加，造成 1 号孔主拱圈靠近 0 号桥台一侧约 3 至 4m 宽范围内，即 2 号腹拱下的拱脚区段砌体强度达到破坏极限而坍塌，受连拱效应影响，整个大桥迅速坍塌。

2. 事故的主要原因

一是施工单位项目经理部擅自变更原主拱圈施工方案，现场管理混乱，违规乱用石料，主拱圈施工不符合规范要求，在主拱圈未达到设计强度的情况下就开始落架施工作业。

二是建设单位项目管理混乱，对发现的施工质量问题未认真督促施工单位整改，未经设计单位同意擅自与施工单位变更原主拱圈设计施工方案，盲目倒排工期赶进度，越权指挥，甚至要求监理不要上桥检查。

三是工程监理单位未能制止施工单位擅自变更原主拱圈施工方案，对发现的主拱圈施工质量问题督促整改不力，在主拱圈砌筑完成但强度资料尚未测出的情况下即签字验收合格。

四是地质勘察和设计单位，违规将勘察项目分包给个人，地质勘察设计深度不够，现场服务和设计交底不到位。

五是交通质量监督部门对大桥工程的质量监管严重失职。

六是地方政府及有关部门对工程建设立项审批、招投标、质量和安全生产等方面的工作监管不力，州政府要求盲目赶工期，向"州庆"50周年献礼。

堤溪沱江大桥坍塌事故的涉案人员均已受到了相应的处罚，但事故带给大家的惨痛教训是深刻的，事故让我们更清楚地意识到工程管理人员肩负的责任和使命，以及工程项目实施过程中工程管理的重要性，留给我们无限的沉思和警示。

第四节　经 济 平 台

一、经济平台的必要性

经济平台主要是回答"怎样做更合理"，也就是选择什么样的技术方案能使工程项目的经济效益最好。经济效益包括财务效益与国民经济效益。工程项目的目标不仅要追求工程按时建成和运营，实现使用功能，而且还要取得相应的经济效益。从工程的构思开始，经过工程建成投入运营，直到工程结束，人们面临许多经济问题。工程技术的选择、工程的融资方案、工期安排都会对工程的建设成本(投资、费用)、工程的质量、进度等产生影响，进而会影响工程的经济效益。工程经济又分为工程项目的经济性与适用性。经济在工程建设中的作用如图 3-25 所示。

工程经济是工程与经济的交叉学科，负责研究工程技术实践活动的经济效果。它在建设工程领域的研究客体是由建设工程生产过程、建设管理过程等组成的一个多维系统通过所考察系统的预期目标和所拥有的资源条件，分析

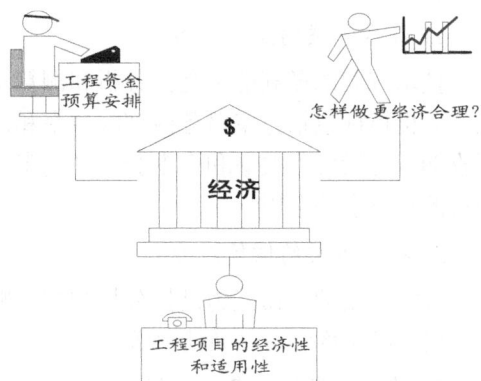

图 3-25　经济在工程建设中的作用

该系统的现金流量情况，选择合适的技术方案，以获得最佳的经济效果。运用工程经济学的理论和方法可以解决建设工程从决策、设计到施工及运行阶段的许多技术经济问题。比如在施工阶段，要确定施工组织方案、施工进度安排、设备和材料的选择等，如果我们忽略了对技术方案进行工程经济分析，就有可能造成重大的经济损失。通过运用工程经济分析的基本理论和经济效果的评价方法，将建设工程管理建立在更加科学的基础之上。

工程经济分析的任务就是要根据所考察工程的预期目标和所拥有的资源条件，分析该工程的现金流量情况，选择合适的技术方案，以获得最佳的经济效果。这里的技术方案是广义的，既可以是工程建设中各种技术措施和方案(如工程设计、施工工艺、生产方案、设备更新、技术改造、新技术开发、工程材料利用、节能降耗、环境技术、工程安全和防护技术等措施和方案)，也可以是建设相关企业的发展战略方案(如企业发展规划、生产经营、投资、技术发展等关乎企业生存发展的战略方案)。可以说技术方案是工程经济最直接的研究对象，而获得最佳的技术方案经济效果则是工程经济研究的目的。

良好的经济效益和社会效益是实施所有工程项目的根本目的。而工程项目要在功能、质量满足要求的前提下，从投资最小的角度出发，选择最佳的设计方案、合理的施工方法、适宜的建设工期，从而实现良好的经济性能指标。作为工程项目重要指标之一的经济性，在工程项目实施中具有举足轻重的作用，亦是我们评价工程项目优劣的一个重要标准。

根据项目经济性评价的目的、角度以及评价方法的不同，工程管理的经济平台可能涉及的内容包括后续各个方面。

二、工程项目的经济效果评价

所谓经济效果评价就是根据国民经济与社会发展以及行业、地区发展规划的要求，在拟定的技术方案、财务效益与费用估算的基础上，采用科学的分析方法，对技术方案的财务可行性和经济合理性进行分析论证，为选择技术方案提供科学的决策依据。

1. 经济效果评价的基本内容

经济效果评价的内容应根据技术方案的性质、目标、投资者、财务主体以及方案对经济与社会的影响程度等具体情况确定，一般包括盈利能力、偿债能力、财务生存能力等评价内容。

1) 技术方案的盈利能力

技术方案的盈利能力是指分析和测算拟定技术方案计算期的盈利能力和盈利水平。其主要分析指标包括方案财务内部收益率和财务净现值、资本金财务内部收益率、静态投资回收期、总投资收益率和资本金净利润率等，可根据拟定技术方案的特点及经济效果分析的目的和要求等选用。

2) 技术方案的偿债能力

技术方案的偿债能力是指分析和判断财务主体的偿债能力，其主要指标包括利息备付率、偿债备付率和资产负债率等。

3) 技术方案的财务生存能力

财务生存能力分析也称资金平衡分析，是根据拟定技术方案的财务计划现金流量表，通过考察拟定技术方案计算期内各年的投资、融资和经营活动所产生的各项现金流入和流出，计算净现金流量和累计盈余资金，分析技术方案是否有足够的净现金流量维持正常运营，以实现财务可持续性。而财务可持续性应首先体现在有足够的经营净现金流量，这是财务可持续的基本条件；其次，在整个运营期间，允许个别年份的净现金流量出现负值，但各年累计盈余资金不应出现负值，这是财务生存的必要条件。若出现负值，应进行短期借款，同时分析该短期借款的时间长短和数额大小，进一步判断拟定技术方案的财务生存能力。短期借款应体现在财务计划现金流量表中，其利息应计入财务费用。为维持技术方案正常运营，还应分析短期借款的可靠性。

在实际应用中，对于经营性方案，经济效果评价是从拟定技术方案的角度出发，根据国家现行财政、税收制度和现行市场价格，计算拟定技术方案的投资费用、成本与收入、税金等财务数据，通过编制财务分析报表，计算财务指标，分析拟定技术方案的盈利能力、偿债能力和财务生存能力，据此考察拟定技术方案的财务可行性和财务可接受性，明确拟定技术方案对财务主体及投资者的价值贡献，并得出经济效果评价的结论。投资者可根据拟定技术方案的经济效果评价结论、投资的财务状况和投资所承担的风险程度，决定拟定技术方案是否应该实施。对于非经营性方案，经济效果评价应主要分析拟定技术方案的财务生存能力。

2. 经济效果评价方法

由于经济效果评价的目的在于确保决策的正确性和科学性，避免或最大限度地减小技术方案的投资风险，明了技术方案投资的经济效果水平，最大限度地提高技术方案投资的综合经济效果。因此，正确选择经济效果评价的方法是十分重要的。

1) 经济效果评价的基本方法

经济效果评价的基本方法包括确定性评价方法与不确定性评价方法两类。对同一个技术方案必须同时进行确定性评价和不确定性评价。

2) 按评价方法的性质分类

按评价方法的性质不同，经济效果评价分为定量分析和定性分析。

(1) 定量分析。定量分析是指对可度量因素的分析方法。在技术方案经济效果评价中考虑的定量分析因素包括资产价值、资本成本、有关销售额、成本等一系列可以以货币表示的一切费用和收益。

(2) 定性分析。定性分析是指对无法精确度量的重要因素实行的估量分析方法。

在技术方案经济效果评价中，应坚持定量分析与定性分析相结合，以定量分析为主的原则。

3) 按评价方法是否考虑时间因素分类

对定量分析，按其是否考虑时间因素又可分为静态分析和动态分析。

(1) 静态分析。静态分析是不考虑资金的时间因素，亦即不考虑时间因素对资金价值的影响，而对现金流量进行直接汇总来计算分析指标的方法。

(2) 动态分析。动态分析是在分析方案的经济效果时，对发生在不同时间的现金流量折现后计算分析指标。在工程经济分析中，由于时间和利率的影响，对技术方案的每一笔现金流量都应该考虑它所发生的时间，以及时间因素对其价值的影响。动态分析能较全面地反映技术方案整个计算期的经济效果。

在技术方案经济效果评价中，应坚持动态分析与静态分析相结合，以动态分析为主的原则。

4) 按评价是否考虑融资分类

按评价是否考虑融资经济效果分析可分为融资前分析和融资后分析。一般宜先进行融资前分析，在融资前分析结论满足要求的情况下，初步设定融资方案，再进行融资后分析。

(1) 融资前分析。融资前分析应考察技术方案整个计算期内的现金流入和现金流出，编制技术方案投资现金流量表，计算技术方案投资内部收益率、净现值和静态投资回收期等指标。融资前分析排除了融资方案变化的影响，从技术方案投资总获利能力的角度考察方案设计的合理性，应作为技术方案初步投资决策与融资方案研究的依据和基础。融资前分析应以动态分析为主，静态分析为辅。

(2) 融资后分析。融资后分析应以融资前分析和初步的融资方案为基础，考察技术方案在拟定融资条件下的盈利能力、偿债能力和财务生存能力，判断技术方案在融资条件下的可行性。融资后分析用于比选融资方案，帮助投资者做出融资决策。融资后的盈利能力分析也应包括动态分析和静态分析。

动态分析包括下列两个层次：

一是技术方案资本金现金流量分析。分析应在拟定的融资方案下，从技术方案资本金出资者整体的角度计算技术方案资本金财务内部收益率指标，考察技术方案资本金可获得的收益水平。

二是投资各方现金流量分析。分析应从投资各方实际收入和支出的角度，计算投资各方的财务内部收益率指标，考察投资各方可能获得的收益水平。

静态分析系指不采取折现方式处理数据，依据利润与利润分配表计算技术方案资本金净利润率和总投资收益率指标。静态分析可根据技术方案的具体情况选做。

5) 按技术方案评价的时间分类

按技术方案评价的时间经济效果分析可分为事前评价、事中评价和事后评价。

(1) 事前评价：指在技术方案实施前为决策所进行的评价。显然，事前评价都有一定的预测性，因而也就有一定的不确定性和风险性。

(2) 事中评价：亦称跟踪评价，是指在技术方案实施过程中所进行的评价。这是由于在技术方案实施前所做的评价结论及评价所依据的外部条件(市场条件、投资环境等)的变化而需要进行修改，或因事前评价时考虑问题不周、失误，甚至根本未做事前评价，在建设中遇到困难，而不得不反过来重新进行评价，以决定原决策有无全部或局部修改的必要性。

(3) 事后评价：亦称后评价，是在技术方案实施完成后，总结评价技术方案决策的正确性以及技术方案实施过程中项目管理的有效性等。

3. 经济效果评价指标

技术方案的经济效果评价，一方面取决于基础数据的完整性和可靠性，另一方面取决于选取的评价指标体系的合理性。只有选取正确的评价指标体系，经济效果评价的结果才能与客观实际情况相吻合，才具有实际意义。一般来讲，技术方案的经济效果评价指标不是唯一的，在工程经济分析中，常用的经济效果评价指标体系如图3-26所示。

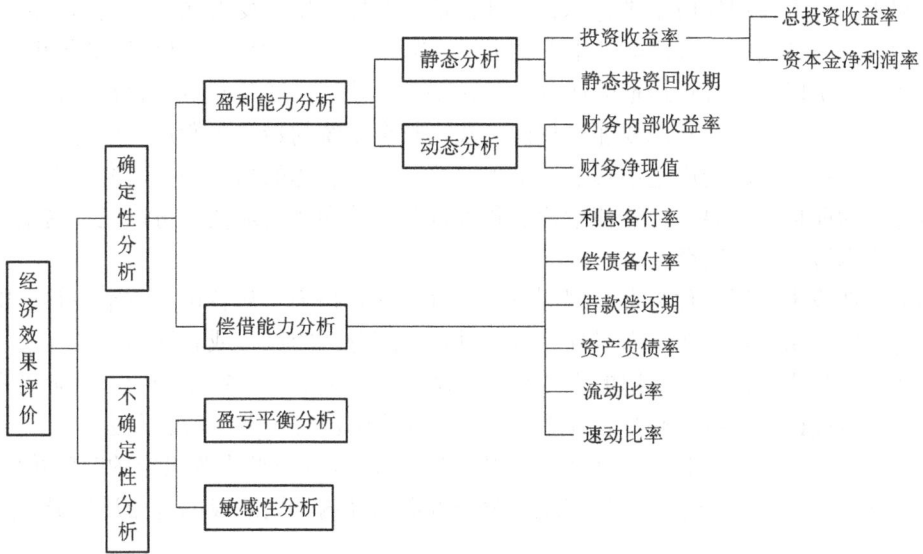

图 3-26 经济效果评价指标体系

静态分析指标的最大特点是不考虑时间因素，计算简便。所以在对技术方案进行粗略评价，或对短期投资方案进行评价，或对逐年收益大致相等的技术方案进行评价时，静态分析指标是可采用的。动态分析指标强调利用复利方法计算资金时间价值，它将不同时间内资金的流入和流出，换算成同一时点的价值，从而为不同技术方案的经济比较提供了可比基础，并能反映技术方案在未来时期的发展变化情况。

总之，在进行技术方案经济效果评价时，应根据评价深度要求、可获得资料的多少以及评价方案本身所处的条件，选用多个不同的评价指标，这些指标有主有次，从不同侧面反映评价方案的经济效果。

三、寿命周期成本分析

由于工程项目的经济性往往要经过一定时期才能够体现出来，因此作为工程的决策者和管理者一定要具有全局的观点和长远的眼光，不能只看到眼前的利益。如现在提倡使用节能建筑，与传统不节能的建筑相比，节能建筑采取了多项节能措施，一般而言，需要增加一次性投资。所采用的节能技术不同，所增加的费用和所取得的收益也不一样。根据一些试点资料分析，住宅建筑实现节能 50%的效果时，建筑节能投资增加额占建筑本身造价的 7%~10%。因此，建筑节能投资一般可在 3~7 年全部收回。由此可见，节能建筑，其投资可以很快回收，而且能在建筑寿命期内通过减少温室气体排放，降低能源消耗而长期获利。因此，对项目的经济性评价要从项目的整个生命周期来考虑。

1. 寿命周期成本分析的概念

作为用户，在设置资产的阶段要支出设置费。此后，在这项资产报废前的使用过程中，还需支付包括运行费和维修费在内的(广义的)维持费。这样就必然产生一个问题，即为了达到某一目的而使用的资产，其寿命周期成本是否经济。

长期以来，人们总是把资产的设置费和维持费分别加以管理，而现在的问题是要把两者结合起来作为寿命周期成本进行综合管理。这种必要性现在变得愈来愈突出。因为维持费的数额在资产开发设计阶段就基本上决定了，为了节省维持费，也许值得多花些设置费。因此，在设置阶段应该进行透彻的研究。是减少维持费好，还是减少设置费而将费用转移到维持费方面更为适宜，对此要加以权衡，找出整个系统的最佳平衡点，使总费用达到最低。总之，从局部考虑费用是不够的，更重要的是要从总体的角度进行研究。在使资产具备规定性能的前提下，要尽可能使设置费和维持费的总和达到最低。可以说，这正是研究寿命周期成本最佳化的途径。

寿命周期成本分析又称为寿命周期成本评价，它是指为了从各可行方案中筛选出最佳方案以有效地利用稀缺资源，而对项目方案进行系统分析的过程或者活动。换言之，寿命周期成本评价是为了使用户所用的系统具有经济寿命周期成本，在系统的开发阶段将寿命周期成本作为设计的参数，而对系统进行彻底地分析比较后作出决策的方法。

寿命周期成本分析是对于项目全寿命周期而言的，而非一些人为设定的时间跨度(如一个五年计划)。图 3-27 表示了一幢建筑在整个寿命周期内不同阶段的寿命周期成本发生变化的情况。

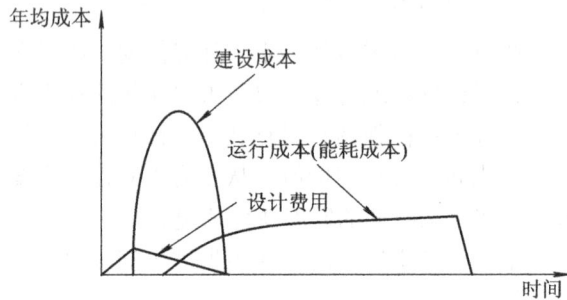

图 3-27　寿命周期成本的构成阶段

2. 寿命周期成本的评价方法

在通常情况下，从追求寿命周期成本最低的立场出发，首先是确定寿命周期成本的各要素，把各要素的成本降低到普通水平;其次是将设置费和维持费两者进行权衡，以便确定研究的侧重点，从而使总费用更为经济;第三，再从寿命周期成本和系统效率的关系这个角度进行研究。此外，由于寿命周期成本是在长时期内发生的，对费用发生的时间顺序必须加以掌握。器材和劳务费用的价格一般都会发生波动，在估算时要对此加以考虑。同时，在寿命周期成本分析中必须考虑资金的时间价值。

常用的寿命周期成本评价方法有费用效率(CE)法、固定效率法、固定费用法和权衡分析法等。

四、价值工程

人们从事任何活动特别是经济活动，在客观上都存在两个基本问题，其一是活动的目的与效果，其二是达到这一目的或效果所付出的代价。而价值工程将这两个方面紧密的连接起来。简而言之，价值工程是以最低的总费用，可靠地实现产品或作业的必要功能，着重于功能分析的有组织的活动。对于建筑产品，用户在技术性能、外观、价格、质量等方面会提出各种各样的要求。于是，技术人员总是努力做到技术方案通过技术评价后再付诸实施，但技术经济工作并没有结束。在方案的实施过程中，还应继续改进与完善，以便方案能产生更好的经济效果。在这方面，价值工程和由它发展起来的建筑产品价值管理是一种有效的技术经济手段。建筑产品的价值观贯穿于建筑产品生产的全过程。

1. 价值工程的定义和特点

价值工程是以最低的总费用，可靠地实现产品或作业的必要功能，着重于功能分析的有组织的活动。我国国家标准给出价值工程的定义是"价值工程是通过相关领域的协作，对所研究对象的功能与费用进行系统分析，不断创新，旨在提高对象价值的思想方法和管理技术"。从价值工程的定义可知，价值工程使用功能分析的方法，以最低成本获得产品的必要功能，从而达到提高价值的目的。

因此，在价值工程活动中，形成了功能、成本、价值三者之间的关系：

$$价值(V) = 功能(F)/成本(C)$$

简写为

$$V = F/C$$

功能是一种产品或作业所担负的职能和所起的作用。用户购买产品或作业，并非购买事物本身，而是购买其具有的必要功能。功能过高、过全必然会导致成本费用提高，而用户并不需要，从而造成功能过剩。反之，又会造成功能不足。对建筑产品而言，是它的用途或效用。对建筑企业而言，是它为社会提供的建筑产品和效益。顾客对建筑产品的要求，不仅是实现其功能，而且要求建筑产品具有满足同功能有关的各种条件。这些条件主要有性能、可靠性、美观性、实用性、保养性与安全性等。

价值工程中的"成本"，并非一般意义上的成本而是产品寿命期的成本。

价值工程中的"价值"，是指产品的功能或效用与获得此种功效所必须支出的成本或费用之间的关系。它是评价某一事物与实现它的耗费相比合理程度的尺度。

2. 价值指数分析

价值工程要求方案满足必要功能，消除不必要功能。在运用价值工程对方案的功能进行分析时，可用价值指数(VI)的方法进行分析。各功能的价值指数有以下三种情况：

(1) VI=1，说明该功能的重要性与其成本的比重大体相当，是合理的，无须再进行价值工程分析；

(2) VI<1，说明该功能不太重要，而目前成本比重偏高，可能存在过剩功能，应作为重点分析对象，寻找降低成本的途径；

(3) VI>1，出现这种结果的原因较多，其中较常见的是：该功能较重要，而目前成本偏低，可能未能充分实现该重要功能。应适当增加成本，以提高该功能的实现程度。

3. 提高产品价值的途径

从价值工程的观点看，用户购买产品或作业，主要是考虑其功能和成本的关系，即价值系数的高低。根据前面的公式，提高产品或作业价值的途径有以下几种：第一，功能不变，降低成本，则价值提高；第二，成本不变，功能提高，则价值提高；第三，成本略有提高，功能大大提高，则价值提高；第四，功能略有降低，成本大大降低，则价值提高；第五，功能提高，成本降低，则价值大大提高。

五、工程实例分析

1. 价值工程在设计方案比选中的应用

某市高新开发区有两幢科研楼和一幢综合楼，其设计方案对比项目如下：

A 方案：结构方案为大柱网框架轻墙体系，采用预应力大跨度叠合楼板，墙体材料采用多孔砖及移动式可拆装式分室隔墙，窗户采用中空玻璃塑钢窗，面积利用系数为 93%，单方造价为 1438 元/米^2；

B 方案：结构方案同 A 方案，墙体采用内浇外砌，窗户采用单玻璃塑钢窗，面积利用系数为 87%，单方造价为 1108 元/米^2；

C 方案：结构方案砖混结构体系，采用多孔预应力板，墙体材料采用标准黏土砖，窗户采用双玻璃塑钢窗，面积利用系数为 97%，单方造价为 1082 元/米^2。

方案各功能的权重及各方案的功能得分见表 3-1。

表 3-1　各方案功能的权重及得分表

功 能 项 目	功 能 权 重	各方案功能得分		
		A	B	C
结构体系	0.25	10	10	8
楼板类型	0.05	10	10	9
墙体材料	0.25	8	9	7
面积系数	0.35	9	8	7
窗户类型	0.10	9	7	8

问题

(1) 试应用价值工程方法选择最优设计方案。

(2) 为控制工程造价和进一步降低费用，拟针对所选的最优设计方案的土建工程部分，以工程材料为对象开展价值工程分析。将土建工程划分为四个功能项目，各功能项目得分值及其目前成本见表 3-2。按限额设计要求，目标成本应控制为 12 170 万元。试分析各功能项目的目标成本及其可能降低的额度，并确定功能改进顺序。

表 3-2　功能项目得分及目前成本表

功 能 项 目	功 能 得 分	目前成本/万元
A.桩基围护工程	10	1520
B.地下室工程	11	1482
C.主体结构工程	35	4705
D.装饰工程	38	5105
合计	94	12 812

(3) 若某承包商以表 3-2 中的总成本加 3.98% 的利润报价(不含税)中标并与业主签订了固定总价合同，而在施工过程中该承包商的实际成本为 12 170 万元，则该承包商在该工程上的实际利润率为多少？

(4) 若要使实际利润率达到 10%，成本降低额应为多少？

分析：

(1) 计算各方案的功能指数，如表 3-3 所示。

表 3-3　功能指数计算表

功能项目	功能权重	方案功能加权得分		
		A	B	C
结构体系	0.25	10×0.25 = 2.50	10×0.25 = 2.50	8×0.25 = 2.00
楼板类型	0.05	10×0.05 = 0.50	10×0.05 = 0.50	9×0.05 = 0.45
墙体材料	0.25	8×0.25 = 2.00	9×0.25 = 2.25	7×0.25 = 1.75
面积系数	0.35	9×0.35 = 3.15	8×0.35 = 2.80	7×0.35 = 2.45
窗户类型	0.10	9×0.10 = 0.90	7×0.10 = 0.70	8×0.10 = 0.80
合　计		9.05	8.75	7.45
功能指数		9.05/25.25 = 0.358	8.75/25.25 = 0.347	7.45/25.25 = 0.295

注：各方案功能加权得分之和为：9.05 + 8.75 + 7.45 = 25.25

计算各方案的成本指数，如表 3-4 所示。

表 3-4　成本指数计算表

方　案	A	B	C	合计
单方造价/万元	1438	1108	1082	3628
成本指数	0.396	0.305	0.298	0.999

计算各方案的价值指数，如表 3-5 所示。

表 3-5　价值指数计算表

方　案	A	B	C
功能指数	0.358	0.347	0.295
成本指数	0.396	0.305	0.298
价值指数	0.904	1.138	0.990

由表 3-5 的计算结果可知，B 方案的价值指数最高，为最优方案。

(2) 根据表 3-2 所列数据，分别计算桩基围护工程、地下室工程、主体结构工程、装饰工程的功能指数、成本指数和价值指数；再根据给定的总目标成本额，计算各工程内容的目标成本额，从而确定其成本降低额度。具体计算结果汇兑见表 3-6。

表 3-6　功能指数、成本指数和价值指数和目标成本降低额计算表

功能项目	功能评分	功能指数	目标成本/万元	成本指数	价值指数	目标成本/万元	成本降低额/万元
桩基围护工程	10	0.1064	1520	0.1186	0.8971	1295	225
地下室工程	11	0.1170	1482	0.1157	1.0112	1424	58
主体结构工程	35	0.3723	4705	0.3672	1.0139	4531	174
装饰工程	38	0.4043	5105	0.3985	1.0146	4920	185
合计	94	1.0000	12 812	1.0000		12 170	642

由表 3-6 的计算结果可知，桩基围护工程、地下室工程、主体结构工程和装饰工程均应通过适当方式降低成本。根据成本降低额的大小，功能改进顺序依次为：桩基围护工程、装饰工程、主体结构工程、地下室工程。

(3) 该承包商在该工程上的实际利润率为

$$实际利润率 = \frac{实际利润额}{实际成本额} = \frac{12812 \times 3.98\% + 12812 - 12170}{12170} = 9.47\%$$

(4) 设成本降低额为 X 万元，则

$$\frac{12812 \times 3.985 + X}{12812 - X} = 10\%$$

解得 $X = 701.17$ 万元。

因此，若要使实际利润率达到 10%，成本降低额应为 701.17 万元。

2. 盈亏平衡分析法在项目评价中的应用

某新建项目正常年份的设计生产能力为 100 万吨，年固定成本为 580 万元，每吨产品销售价预计 60 元，销售税金及附加的税率为 6%，单位产品的可变成本估算额为 40 元。

问题：

(1) 对项目进行盈亏平衡分析，计算项目的产量盈亏平衡点和单价盈亏平衡点。

(2) 在市场销售良好情况下，正常年份的可能盈利额为多少？

(3) 在市场销售不良情况下，企业欲保证能获年利润 120 万元的产量应为多少？

(4) 在市场销售不良情况下，为了促销，产品的市场价格由 60 元降低 10% 销售时，企业欲获年利润 60 万元的年产量应为多少？

(5) 从盈亏平衡分析的角度，判断该项目的可行性。

分析：

问题(1)：

$$产量盈亏平衡点 = \frac{固定成本}{产品单价 \times (1 - 销售锐金及附加税率) - 单位产品可变成本}$$
$$= 35.37 万吨$$

$$单价盈亏平衡点 = \frac{固定成本 + 设计生产能力 \times 可变成本}{设计生产能力 + 单位产品销售税金及附加}$$
$$= 48.72 元$$

问题(2)：在市场销售良好情况下，正常年份最大可能盈利额 R 为

R = 正常年份总收益 − 正常年份总成本

= 设计能力 × [单价 × (1 − 销售税金及附加税率)]

  − (固定成本 + 设计能力 × 单位可变成本)

= $100 \times 60(1 - 6\%) - (580 + 100 \times 40) = 1060$ 万元

问题(3)：在市场销售不良情况下，每年欲获 120 万元利润的最低年产量为：

$$产量 = \frac{利润 + 固定成本}{产品单价 \times (1 - 销售税金及附加税率) - 单位产品可变成本}$$
$$= 42.68 万吨$$

问题(4)：在市场销售不良情况下，为了促销，产品的市场价格降低 10%时，还要维持每年 60 万元利润额的年产量应为：

$$产量 = \frac{利润 + 固定成本}{产品单价 \times (1 - 销售税金及附加税率) - 单位产品可变成本}$$
$$= 59.48 万元$$

问题(5)：本项目产量盈亏平衡点 35.37 万吨，而项目的设计生产能力为 100 万吨，远大于盈亏平衡点产量。可见，项目盈亏平衡点较低，盈利能力和抗风险能力较强。

本项目单价盈亏平衡点 49.40 元/吨，而项目的预测单价为 60 元/吨，高于盈亏平衡点的单价。若市场销售不良，为了促销，产品价格降低在 17.67%以内，仍可保本。

在不利的情况下，单位产品价格即使降低 10%，每年仍能盈利 60 万元。所以，该项目获利的机会较大。

综上所述，可以判断该项目盈利能力和抗风险能力均较强。

第五节 法 律 平 台

一、法律平台的必要性

法律、法规作为政府进行行业管理的重要手段，在市场经济中发挥着不可估量的监督和规范作用，具有协调整个市场的有效运转、促进各个行业健康发展的重要功能。

法律平台主要是回答"依据是什么"，也就是在工程建设的各个领域都必须以法律、法规为依据。由于工程建设具有投资额大、持续时间长、结构复杂、多方参与主体以及存在较大的不确定性的特点，工程建设承担着很大的社会责任和历史责任。特别是在工程建设实施过程中，需要多方参与主体密切配合才能完成工程任务，而多方参与主体共同完成工程任务的前提就在于以法律作为各方行动的准则。因此，为保证工程的顺利进行，保护工程相关者各方面的利益，必须要有强有力地法律作为保障。法律在工程建设中的作用如图 3-28 所示。

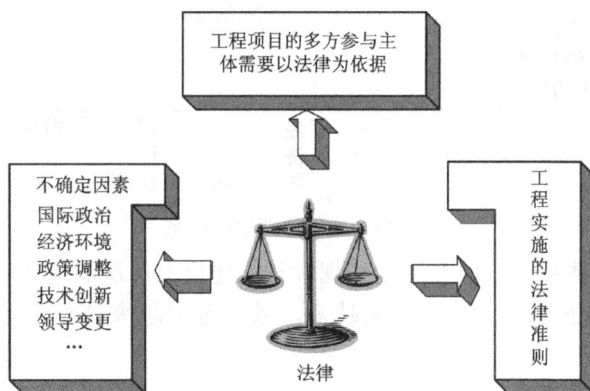

图 3-28 法律在工程建设中的作用

由于工程项目投资规模大、资金回收期长、参与主体多，加之工程结构复杂、专业性要求较高、施工露天作业时间较长，较之其他生产性行业，工程建设具有较高的社会风险、技术风险、政策风险和信用风险等。以上特点决定了工程管理者必须具有相关的法律知识，并具有一定的法律应用能力，能够用法律手段维护工程实施的正常秩序和工程参与方的合法权益。能正确理解和有效运用建设法律、法规，是工程管理从业者必需的基本素养。

为了使我国工程建设活动走上健康发展的轨道，实现工程建设行为的规范化、科学化，国家制定了一系列建设法律、法规。这些建设法律、法规的颁布与实施，大大促进了我国工程建设管理水平的提高。具体表现为：

(1) 规范建设行为。建设法律法规制定了各种建设活动都应遵循的行为规范和准则，对建设主体的行为有明确的规范性和指导作用。

(2) 保护合法建设行为。只有在法律允许范围之内所进行的建设行为才是合法的，才能够得到国家法律的承认与保护。

(3) 处罚违法建设行为。每部建设法律、法规都有对于违反该规范应该承担的法律责任的相应规定。这些处罚是法律违法必究的表现。建设法律法规要规范建设行为和保护合法的建设行为，必须对违反法律的建设行为给予应有的处罚，否则，就会由于缺少强制制裁手段而变得没有实际意义。

建设法律体系是指由国家制定或认可，并由国家强制力保证实施的，旨在调整在建设工程的新建、扩建、改建和拆除等有关建设活动中产生的社会关系的法律、法规的总称。

我国工程建设法律体系可以从两个维度来诠释。

1. 纵向法律体系

根据立法机关的地位以及法律适用范围大小，可将建设法律体系划分不同的层次，分别为：宪法、法律、行政法规、部门规章及司法解释、地方性法规、地方规章，如图 3-29 所示。

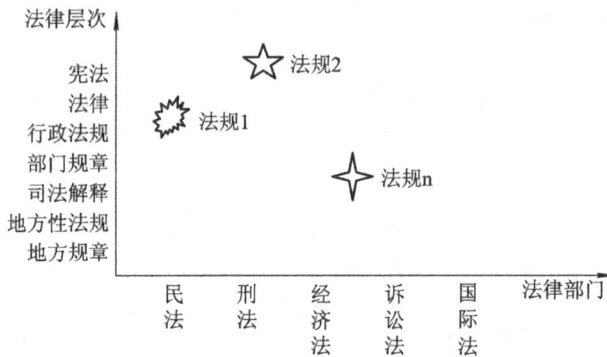

图 3-29　工程管理法律体系

在纵向建设法规体系中，地方法规和规章不能违反上层次的法律法规，行政法规也不能违反法律，从上至下法律的数量越来越多，效力范围越来越小，形成一个统一的法律体系。

2. 横向法律体系

根据建设法规隶属法律部门的不同划分横向层次。法律部门是根据一定标准和原则所划定的调整同一类社会关系的法律规范的总称。我国法律部门有刑法、民法、经济法、诉讼法、国际法等。

纵横两个方面的法律体系，按照一定的原则、功能、层次组合起来，是一个相互配合、相互补充、相互制约、协调一致的有机整体，构成工程管理的法律平台，关系如图 3-28 所示。任何一部建设法规都隶属于某个纵向层次，以及特定的法律部门。

二、建设法律法规体系

下面对于法律的纵向层次的构成展开进一步的介绍。

1. 宪法

《中华人民共和国宪法》于 1982 年 12 月 4 日第五届全国人民代表大会第五次会议通过，后经过 1988、1993、1999、2004 四次修订，以法律的形式确认了中国各族人民奋斗的成果，规定了国家的根本制度和组织机构、公民的基本权利和义务，是国家的根本大法，具有最高的法律效力。全国各类组织，都必须以宪法为根本的活动准则。

2. 建设法律

建设法律是指由全国人民代表大会及其常务委员会审议颁布的属于建设方面的各项法律，它是建设法律体系的核心。我国建设法律体系中最核心的几部法律，简单介绍如下：

1) 中华人民共和国城乡规划法

《中华人民共和国城乡规划法》由中华人民共和国第十届全国人民代表大会常务委员会第三十次会议于 2007 年 10 月 28 日通过，自 2008 年 1 月 1 日起施行。

其立法目的是为了加强城乡规划管理，协调城乡空间布局，改善人居环境，促进城乡经济社会全面协调可持续发展。

法律内容包括城乡规划的制定、城乡规划的实施、城乡规划的修改、监督检查、法律责任等。

2) 中华人民共和国城市房地产管理法

《中华人民共和国城市房地产管理法》于 1994 年 7 月 5 日第八届全国人民代表大会常务委员会第八次会议通过，自 1995 年 1 月 1 日起施行，2007 年修正一次。

其立法目的是为了加强对城市房地产的管理，维护房地产市场秩序，保障房地产权利人的合法权益，促进房地产业的健康发展。

法律内容包括房地产开发用地、房地产开发、房地产交易、房地产权属登记管理、法律责任等。

3) 中华人民共和国土地管理法

现行《中华人民共和国土地管理法》于 1998 年 8 月 29 日第九届全国人民代表大会常务委员会第四次会议修订，1999 年 1 月 1 日开始实施，2004 年修正一次。

其立法目的是为了加强土地管理，维护土地的社会主义公有制，保护、开发土地资源，合理利用土地，切实保护耕地，促进社会经济的可持续发展。

法律内容包括土地的所有权和使用权、土地利用总体规划、耕地保护、建设用地、监督检查、法律责任等。

4) 中华人民共和国建筑法

《中华人民共和国建筑法》由中华人民共和国第八届全国人民代表大会常务委员会第二十八次会议于 1997 年 11 月 1 日通过，自 1998 年 3 月 1 日起施行，2011 年修正一次。

其立法目的是为了加强对建筑活动的监督管理，维护建筑市场秩序，保证建筑工程的质量和安全，促进建筑业健康发展。

法律内容包括建筑许可、建筑工程施工许可、从业资格、建筑工程发包与承包、建筑工程监理、建筑安全生产管理、建筑工程质量管理、法律责任等。

5) 中华人民共和国招标投标法

《中华人民共和国招标投标法》由中华人民共和国第九届全国人民代表大会常务委员会第十一次会议于 1999 年 8 月 30 日通过，自 2000 年 1 月 1 日起施行。

其立法目的是规范招标投标活动，保护国家利益、社会公共利益和招标投标活动当事人的合法权益，提高经济效益，保证项目质量。

法律内容包括招标、投标、开标、评标、中标，以及法律责任等。

该法规定大型基础设施、公用事业等关系社会公共利益、公众安全的项目，全部或者部分使用国有资金投资或者国家融资的项目，以及使用国际组织或者外国政府贷款、援助资金的项目，实行强制招投标。只有涉及国家安全、国家机密、抢险救灾或者属于利用扶贫资金实行以工代赈、需要使用农民工等特殊情况及规模较小的工程可以不进行招标，而采用直接发包的方式。

6) 中华人民共和国合同法

《中华人民共和国合同法》于 1999 年 3 月 15 日第九届全国人民代表大会第二次会议通过，自 1999 年 10 月 1 日起施行。

其立法目的是为了保护合同当事人的合法权益，维护社会经济秩序，促进社会主义现代化建设。

法律内容分为总则和分则两个部分。总则是一般性规定，包括合同的订立、合同的效力、合同的履行、合同的变更和转让、合同的权利义务终止、违约责任等；分则部分是各类型合同的具体规定，包括买卖合同、供用电(水、气、热力)合同、赠与合同、借款合同、租赁合同、融资租赁合同、承揽合同、建设工程合同、运输合同、技术合同、保管合同、仓储合同、委托合同、行纪合同、居间合同等。

7) 中华人民共和国物权法

2007 年 3 月 16 日，第十届全国人民代表大会第五次会议以高票通过了《中华人民共和国物权法》，自 2007 年 10 月 1 日起施行。

其立法目的是为了维护国家基本经济制度，维护社会主义市场经济秩序，明确物的归属，发挥物的效用，保护权利人的物权。

法律内容分为五篇：第一篇是总则，包括物权的基本原则、物权的设立、变更、转让和消灭等；第二篇是所有权，包括国家所有权和集体所有权、私人所有权、业主的建筑物区分所有权、相邻关系、共有、所有权取得的特别规定等；第三篇为用益物权，主要有土地承包经营权、建设用地使用权、宅基地使用权、地役权等；第四篇为担保物权，内容有抵押权、质权、留置权等；第五篇内容是物权占有。

8) 中华人民共和国环境保护法

《中华人民共和国环境保护法》由中华人民共和国第七届全国人民代表大会常务委员会第十一次会议于 1989 年 12 月 26 日通过，并于当天公布实施。

其立法目的是为了保护和改善生活环境与生态环境，防治污染和其他公害，保障人体健康，促进国民经济各部门在发展经济与保护环境之间寻求和谐共赢的发展关系。

该法律主要内容有环境监督管理、保护和改善环境、法律责任等。

9) 中华人民共和国安全生产法

《中华人民共和国安全生产法》由中华人民共和国第九届全国人民代表大会常务委员会第二十八次会议于 2002 年 6 月 29 日通过，自 2002 年 11 月 1 日起施行。

其立法目的是为了加强安全生产监督管理，防止和减少生产安全事故的发生，保障人民群众生命和财产安全，促进经济发展。

法律内容包括生产经营单位的安全保障、从业人员的权利与义务、安全生产的监督管理、生产安全事故的应急救援与调查处理、法律责任等。

除此之外，建设工程管理工作中还涉及其他法律，如《中华人民共和国民法通则》、《中华人民共和国消防法》、《中华人民共和国担保法》、《中华人民共和国保险法》、《中华人民共和国标准化法》、《中华人民共和国税收征收管理法》、《中华人民共和国环境影响评价法》、《中华人民共和国节约能源法》、《中华人民共和国水法》、《中华人民共和国固体废物污染环境防治法》、《中华人民共和国环境噪声污染防治法》、《中华人民共和国公司法》、《中华人民共和国个人所得税法》、《中华人民共和国反不正当竞争法》、《中华人民共和国劳动法》、《中华人民共和国行政许可法》、《中华人民共和国仲裁法》、《中华人民共和国民事诉讼法》、《中华人民共和国刑法》等。

3. 建设行政法规

建设行政法规，是指由国务院依法制定或批准发布的属于建设方面的法规。行政法规及其发布形式有两种：一是直接以国务院令的形式发布；二是由国务院批准，由国家建设行政主管部门或者与国务院相关部门联合发布。

建设工程管理主要涉及的建设行政法规如下：

1) 建设工程质量管理条例

《建设工程质量管理条例》于 2000 年 1 月 31 日公布并实施，凡在我国境内从事建设工程的新建、扩建、改建等有关活动及实施对建设工程质量监督管理的，必须遵守该条例。它是建设工程领域最重要的法规之一，对工程质量管理从建设程序、建设单位、勘察和设计单位、施工单位、工程监理单位等方面规定了质量责任和义务，并明确了建设工程保修制度以及各个工程部位具体的最低保修年限。

2) 建设工程安全生产管理条例

《建设工程安全生产管理条例》于 2003 年 11 月 12 日公布，并于 2004 年 2 月 1 日起施行。它规定：建设单位、勘察单位、设计单位、施工单位、工程监理单位及其他与建设工程安全生产有关的单位，必须遵守安全生产法律、法规的规定，保证建设工程安全生产，依法承担建设工程安全生产责任。

3) 建设工程勘察设计管理条例

《建设工程勘察设计管理条例》于 2000 年 9 月 25 日公布并实施。它就从事建设工程勘察、设计活动的单位的资质管理，勘察、设计工作发包与承包，勘察、设计文件的编制与实施，以及对勘察、设计活动的监督管理等内容做了规定，以保证建设工程勘察、设计质量，保护人民生命和财产安全。

4) 村庄和集镇规划建设管理条例

《村庄和集镇规划建设管理条例》于 1993 年 5 月 7 日通过，自 1993 年 11 月 1 日起施行。该条例规定村庄、集镇规划建设管理应当坚持合理布局、节约用地的原则，全面规划，正确引导，依靠群众，自力更生，因地制宜，量力而行，逐步建设，实现经济效益、社会效益和环境效益的统一；地处洪涝、地震、台风、滑坡等自然灾害易发地区的村庄和集镇，应当按照国家和地方的有关规定在村庄、集镇总体规划中制定防灾措施。

5) 城市房地产开发经营管理条例

《城市房地产开发经营管理条例》于 1998 年 7 月 20 日公布并施行。该条例所称房地产开发经营，是指房地产开发企业在城市规划区内国有土地上进行基础设施建设、房屋建设，并转让房地产开发项目或者销售、出租商品房的行为。条例从设立房地产开发企业的条件、商品房预售办理登记的文件、住宅质量保证书等方面做出了规定。

6) 安全生产许可证条例

《安全生产许可证条例》于 2004 年 1 月 13 日公布并施行。它是为了严格规范安全生产条件，进一步加强安全生产监督管理，防止和减少生产安全事故的发生，根据《中华人民共和国安全生产法》的有关规定制定的。按照该法规定：国家对矿山企业、建筑施工企业和危险化学品、烟花爆竹、民用爆破器材生产企业实行安全生产许可制度。企业未取得安全生产许可证的，不得从事生产活动。

7) 建设项目环境保护管理条例

《建设项目环境保护管理条例》于 1998 年 11 月 29 日公布并实施。该条例是为了防止建设项目产生新的污染、破坏生态环境制定的。该条例规定：建设产生污染的工程，必须遵守污染物排放的国家标准和地方标准；在实施重点污染物排放总量控制的区域内，还必须符合重点污染物排放总量控制的要求。改建、扩建项目和技术改造项目必须采取措施治理与该项目有关的原有环境污染和生态破坏。

8) 对外承包工程管理条例

《对外承包工程管理条例》于 2008 年 5 月 7 日国务院第八次常务会议通过，自 2008 年 9 月 1 日起施行。对外承包工程，是指中国的企业或者其他单位(以下统称单位)承包境外建设工程项目(以下简称工程项目)的活动。条例规定：开展对外承包工程，应当维护国家利益和社会公共利益，保障外派人员的合法权益，同时应当遵守工程项目所在国家或者地区的法律，信守合同，尊重当地的风俗习惯，注重生态环境保护，促进当地经济社会发展；对外承包工程应取得一定的资格；对外承包工程的单位应当按照国务院商务主管部门和国务院财政部门的规定及时存缴备用金；对外承包工程的单位与境外工程项目发包人订立合同后，应当及时向中国驻该工程项目所在国使馆(领馆)报告。

9) 民用建筑节能条例

《民用建筑节能条例》于 2008 年 10 月 1 日起施行。其立法目的是为了加强民用建筑节能的管理，降低民用建筑使用过程中的能源消耗量，提高能源利用效率。该条例对新建建筑和已有建筑的节能方式以及建筑用能系统的运行节能做出了规定，并明确了违反条例应承担的法律责任。

10) 国有土地上房屋征收与补偿条例

《国有土地上房屋征收与补偿条例》于 2011 年 1 月 19 日通过并公布，自公布之日起施行。与此前的《城市房屋拆迁管理条例》(已废止)相比，这部条例有很多新的内容。比如，条例中规定：保障被征收房屋所有权人的合法权益；补偿决定应当公平，应当先补偿、后搬迁。条例中还规定：任何单位和个人不得采取暴力、威胁或者违反规定中断供水、供热、供气、供电和道路通行等非法方式迫使被征收人搬迁；禁止建设单位参与搬迁活动等。这些变化引人关注，这部条例与我们国家的发展和每个人的利益都息息相关。

11) 招标投标法实施条例

《中华人民共和国招标投标法实施条例》(以下简称《条例》)于 2011 年 11 月 30 日公布，自 2012 年 2 月 1 日起施行。《条例》针对当前突出问题，主要细化、完善了保障公开公平公正、预防和惩治腐败、维护招标投标正常秩序的规定。

一是进一步明确应当公开招标的项目范围。针对一些应当公开招标的项目以法律规定不明确为借口规避公开招标的问题，《条例》规定：凡属国有资金占控股或者主导地位的依法必须招标的项目，除因技术复杂、有特殊要求或者只有少数潜在投标人可供选择等特殊情形不适宜公开招标的以外，都应当公开招标；负责建设项目审批、核准的部门应当审核确定项目的招标范围、招标方式和招标组织形式，并通报招标投标行政监督部门。

二是充实细化防止虚假招标的规定。实践中搞虚假招标、"明招暗定"的主要手段之一是招标人以不公正、不合理的投标人资格条件和中标条件以及不规范的投标人资格审查办法限制、排斥其他投标人，以使其事先内定的投标人中标。针对这一问题，《条例》充实细化了禁止以不合理条件和不规范的资格审查办法限制、排斥投标人的规定，不得对不同的投标人采取不同的资格审查或者评标标准，不得设定与招标项目具体特点和实际需要不相适应或者与合同履行无关的资格审查和中标条件，不得以特定业绩、奖项作为中标条件，不得限定特定的专利、商标、品牌或者供应商等。实践中搞虚假招标、"明招暗定"的另一主要手段是招标人以各种方式与其内定的投标人串通，帮助其中标。针对这一问题，《条例》在重申禁止招标人与投标人串通投标的法律规定的同时，对属于招标人与投标人串通投标的具体情形作了细化，为依法认定和严厉惩治这类违法行为提供更明确的执法依据。

三是禁止在招标结束后违反招标文件的规定和中标人的投标承诺订立合同，防止招标人与中标人串通搞权钱交易。《条例》规定：招标人和中标人应当依照招标投标法和《条例》的规定签订书面合同，合同的标的、价款、质量、履行期限等主要条款应当与招标文件、中标人的投标文件的内容一致；招标人和中标人不得再行订立背离合同实质性内容的其他协议。

四是完善防止和严惩串通投标、弄虚作假骗取中标行为的规定。投标人串通投标，以行贿谋取中标以及弄虚作假骗取中标的行为，对正常的招标投标竞争秩序危害甚大，应当依法严惩、坚决遏制。《条例》在对串通投标行为和弄虚作假骗取中标行为的认定作出明确具体规定的同时，依据招标投标法进一步充实细化了相关的法律责任，规定有此类行为的，中标无效，并没收违法所得，处以罚款；对违法情节严重的投标人取消其一定期限内参加依法进行招标的项目的投标资格，直至吊销其营业执照；构成犯罪的，依法追究刑事责任。

12) 无障碍环境建设条例

《无障碍环境建设条例》于 2012 年 6 月 13 日通过，自 2012 年 8 月 1 日起施行。条例的出台是为了创造无障碍环境，保障残疾人等社会成员平等参与社会生活。条例中与工程建设具有密切关系的规定有：城镇新建、改建、扩建的道路、公共建筑、公共交通设施、居住建筑、居住区，应当符合无障碍设施工程建设标准；乡、村庄的建设和发展，应当逐步达到无障碍设施工程建设标准；无障碍设施工程应当与主体工程同步设计、同步施工、同步验收投入使用。新建的无障碍设施应当与周边的无障碍设施相衔接；对城镇已建成的不符合无障碍设施工程建设标准的道路、公共建筑、公共交通设施、居住建筑、居住区，县级以上人民政府应当制定无障碍设施改造计划并组织实施。

4. 建设部门规章

建设部门规章是指由国家建设行政主管部门根据国务院规定的职责范围，依法制定并发布的各项规章，包括国家建设行政主管部门与国务院相关部门联合制定并发布的规章。

由住建部公布实施的重要部门规章有：《城乡规划编制单位资质管理规定》、《实施工程建设强制性标准监督规定》、《商品房屋租赁管理办法》《房屋建筑和市政基础设施工程施工招标投标管理办法》、《建筑工程施工许可管理办法》、《建筑业企业资质管理规定》、《建筑工程施工发包与承包计价管理办法》、《房屋建筑工程质量保修办法》、《工程造价咨询企业管理办法》、《房屋建筑工程抗震设防管理规定》等。

另外，还有住建部与财政部联合签署的《住宅专项维修资金管理办法》、《关于加快推动我国绿色建筑发展的实施意见》，国土资源总局颁布的《招标拍卖挂牌出让国有建设用地使用权规定》、国家发改委联合七部委共同公布并实施的《工程建设项目施工招标投标办法》等。

5. 司法解释

在我国，司法解释特指由最高人民法院和最高人民检察院根据法律赋予的职权，对审判和检察工作中具体应用法律所作的具有普遍司法效力的解释。最高法院所作的解释对所有的下级法院具有约束力，但是违背宪法与法律的司法解释无效。

工程领域比较典型的几个司法解释是：2004 年公布的《最高人民法院关于审理建设工程施工合同纠纷案件若干问题的司法解释》、2003 年制定的《关于审理商品房买卖合同纠纷案件适用法律若干问题的解释》、2009 年公布的《最高人民法院关于审理建筑物区分所有权纠纷案件具体应用法律若干问题的解释》。

6. 地方性建设法规

地方性建设法规是指在不与宪法、法律、行政法规相抵触的前提下，由省、自治区、直辖市人大及其常委会制定并发布的建设方面的法规，包括省会(自治区首府)城市和经国务院批准的较大的市人大及其常委会制定的，报经省、自治区、直辖市人大或其常委会批准的各种法规。地方性法规在其行政区域内有法律效力。表 3-7 为陕西省近几年颁布并实施的与工程管理相关的地方性建设法规。

表 3-7 陕西省近年颁行的部分地方性建设法规

建设法规名称	公布时间	施行时间	立法目的
《陕西省城镇绿化条例》	2010.11.25	2011.1.1	推动全省城镇绿化事业发展,改善城镇生态环境和入居环境
《陕西省建设工程质量和安全生产管理条例》	2009.11.26	2010.3.1	保证建设工程质量,加强建设工程安全生产监督管理,保护人民生命和财产安全
《陕西省城乡规划条例》	2009.3.26	2009.7.1	科学合理地制定城乡规划,保障城乡规划的实施,促进城乡一体化发展
《陕西省风景名胜区管理条例》	2008.5.29	2008.8.1	加强风景名胜区管理,保护和合理利用风景名胜资源

7. 地方性建设规章

地方建设规章是指省、自治区、直辖市以及省会(自治区首府)城市和经国务院批准的较大的市的人民政府,根据法律和国务院的行政法规,制定并颁布的建设方面的规章。

各省、自治区、直辖市根据国家有关法律、法规,结合当地工作实际,颁布、实施了一大批地方性建设法规和建设规章。表 3-8 列举了陕西省近年来颁布并实施的与工程管理相关的地方性规章。

表 3-8 陕西省近年颁行的部分地方性建设规章

建设规章名称	公布时间	施行时间	立法目的
《陕西省电梯安全监督管理办法》	2013.1.14	2013.3.1	加强电梯安全管理,预防和减少事故的发生,保障人民群众生命和财产安全
《陕西省建设工程消防监督管理规定》	2010.12.12	2011.2.1	加强建设工程消防监督管理,落实建设工程消防设计、施工质量和安全责任,增强建设工程防火抗灾能力
《陕西省建设工程造价管理办法》	2008.3.1	2008.4.1	加强建设工程造价管理,规范建设工程造价计价行为,合理确定工程造价,维护工程建设各方的合法权益
《陕西省建设项目安全设施监督管理办法》	2007.9.29	2007.11.1	防止和减少生产安全事故的发生,保障人民群众生命和财产安全

三、工程实例分析

1. 上海"莲花河畔景苑"倒楼事故法律责任

1) 项目概况

项目名称为上海闵行区莲花南路、罗阳路口西侧、淀浦河南岸"莲花河畔景苑",如图 3-30 所示,该项目总投资为 18 830 万元,建设规模(建筑面积)80 200 平方米,合同开工日期是 2006 年 7 月 28 日,合同竣工日期是 2010 年 3 月 10 日。建筑结构类型:桩基础钢筋混凝土框架剪力墙结构。

图 3-30　莲花河畔景苑

2）事故概况

2009 年 6 月 27 日清晨 5 时 30 分，"莲花河畔景苑"小区 7 号楼工地，安徽籍小肖和其他 3 名门窗安装工人前往 7 号楼内取门窗安装设备时，有人发现大楼开始向南倾倒。工人们拼命往外逃，不到半分钟，整栋楼倒了下来。由于小肖沿着楼倒塌方向逃走，不幸被压入倒塌的楼下。

这是一起典型的工程坍塌事故，由于工程尚未交付业主使用，仅造成 1 人死亡，直接经济损失达 1900 余万元。

3）事故原因分析

（1）土方堆放不当。在未对天然地基进行承载力计算的情况下，建设单位为方便土方回填，节约运输成本，随意指定将开挖土方短时间内集中堆放于 7 号楼北侧，最高处达 10 米左右，产生了 3000 吨左右的侧向力；与此同时，紧邻 7 号楼南侧的地下车库基坑开挖深度 4.6 米，大楼两侧的压力差使土体产生水平位移，导致楼房产生 10 厘米左右的位移，对 PHC 桩(预应力高强混凝土)产生很大的偏心弯矩，最终破坏桩基，引起楼房整体倒塌。

（2）开挖基坑违反相关规定。土方开挖单位在未经监理方同意、未进行有效监测、不具备相应资质的情况下，也没有按照相关技术要求开挖基坑。《建筑施工土石方工程安全技术规范》(JGJ-180-2009)中 2.0.1 条规定：土石方工程施工应具有相应资质及安全生产许可证的企业承担。而这里的土方开挖工程却分包给了索途清运公司这个并不具备土方施工资质的企业；2.0.2 条中规定：土石方工程应编制专项施工方案，并严格按照方案施工。《危险性较大的分部分项工程安全管理办法》(建质[2009]87 号)中第三条、第八条规定：基坑开挖超过 3 米必须编制专项施工方案，专项施工方案应包含计算书、施工方法等内容，最终有技术负责人审核，经总监签字后生效。而这里，不但没有专项施工方案，而且施工时未得到监理同意就擅自施工。

（3）监理不到位。监理方对建设方、施工方的违法、违规行为未进行有效处置，对施工现场的事故隐患未及时报告。《建设工程安全生产管理条例》中第十四条规定：工程监理单位在实施监理过程中，发现存在安全事故隐患的，应当要求施工单位整改；情况严重的，应当要求施工单位暂时停止施工，并及时报告建设单位。施工单位拒不整改或者不停止施工的，工程监理单位应当及时向有关主管部门报告。在总监理工程师乔磊向建设单位报告后，建设单位坚持违规堆土，但乔磊并未及时向有关部门进行报告。《建设工程监理规范》

中 3.2.2 条款中规定了总监理工程师的主要职责之一是审查承包单位的资质并提出审查意见，而总监乔磊却未能审查出承包商众欣建设公司项目经理人属于挂靠的情况，同时没有对土方开挖承包商索途清运公司的资质进行审查。

(4) 管理不到位。建设单位管理混乱，违章指挥，违法指定施工单位，压缩施工工期；总包单位未予以及时制止。《建设工程安全生产管理条例》第七条规定：建设单位不得对勘察、设计、施工、工程监理等单位提出不符合建设工程安全生产法律、法规和强制性标准规定的要求，不得压缩合同约定的工期。而梅都房产开发公司却强制监理单位、施工单位压缩工期，这也导致了违规堆土，促进了施工的发生。

(5) 安全措施不到位。施工方对基坑开挖及土方处置未采取专项防护措施。

(6) 围护桩施工不规范。施工方未严格按照相关要求组织施工，施工速度快于规定的技术标准要求。

(7) 对施工人员的安全教育不足。承包单位应负责对施工人员的安全教育培训，比如培训紧急避险常识等。倘若此次事故中因逃离方向不正确而被砸死的小肖曾接受过类似的教育培训、甚至应急演练，这场伤亡事故有可能将会避免。

(8) 相关政府监管部门监管不力。建设单位梅都房产开发公司的企业资质有效期为2000 年 10 月 1 日至 2004 年 12 月 31 日，而在 2006 年 10 月却获得了此项目的施工许可证。可见相关部分对房产开发企业的审查监督失职。建设及安全监督部分没有很好地履行巡查制度，未能及时发现此次事故较长时间大量堆土的情况。

4) 事故法律责任

根据以上事故原因分析，依据相关法律、法规，相关单位及相关责任人承担以下责任：建设单位梅都房地产公司、总包单位众欣建筑公司，对事故发生应负有主要责任；土方开挖单位索途清运公司，对事故发生应负有直接责任；基坑围护及桩基工程施工单位胜腾基础公司，对事故发生应负有一定责任；监理单位光启监理公司，对事故发生应负有重要责任；工程监测单位协力勘察公司对事故发生应负有一定责任。开发商梅都房地产公司、总包单位众欣建筑公司、监理单位光启监理公司的资质证书均被吊销。

经过法院审理后认为，六名被告，即项目负责人、众欣公司董事长、工程安全负责人、开挖土方负责人、二标段项目经理、工程总监，在"莲花河畔景苑"工程项目中违反安全管理规定，不履行、不能正确履行或者消极履行各自的职责义务，最终导致重大事故发生。据此，认为六名被告人均已构成重大责任事故罪，分别判处有期徒刑 3-5 年。

2. 一起工程承包合同纠纷的判决

原告台兴建筑安装工程有限公司(以下简称台兴公司)诉被告中侨房地产开发有限公司(以下简称中侨公司)为建设工程承包合同纠纷一案，原告台兴公司于 2008 年 2 月 21 日诉至法院。同日法院做出受理决定，并于 2008 年 2 月 22 日向原告台兴公司送达了开庭传票、举证通知书，2008 年 2 月 21 日向被告中侨公司送达了民事诉状、应诉通知书、举证通知书、开庭传票。并依法组成合议庭，于 2008 年 3 月 24 日、7 月 4 日两次公开开庭进行了审理。

原告台兴公司诉称，2005 年 3 月 4 日中侨公司发布了施工招标文件一套，对其开发的"新天地、中侨绿城"项目Ⅲ期工程进行招标。台兴公司按照要求，参与了公开招标，并提交了投标文件一套。经中侨公司和评标委员会评标后，于 2005 年 4 月 22 日向台兴公司发出中标通知书，确认台兴公司为"新天地、中侨绿城"项目Ⅲ期Ⅲ标段中标人，承包范围为"新天地、中侨绿城"项目Ⅲ期Ⅲ标段施工图范围内的土建、水电安装等内容，中标工期为 394 日历天，承包方式为中标费率加变更签证，中标造价为土建中标费率 28.59%、安装中标费率 160.37%。台兴公司中标后，中侨公司以在招标以前已经签订合同为由没有与台兴公司按照中标通知书、投标文件、施工招标文件确定的内容签订书面合同。此后，台兴公司按照中侨公司的要求按期完成了工程施工内容，并经中侨公司验收后交付使用。工程验收后，台兴公司即以中标通知书、投标文件和施工招标文件确定的合同内容以及施工签证等工程资料要求中侨公司进行决算，中侨公司提出应当按照 2005 年 3 月 1 日和 2005 年 4 月 5 日签订的建设工程承包合同书进行决算。台兴公司认为，建设工程承包合同书是不符合法律规定的无效合同，不能作为确定工程价款的依据。同时台兴公司按照中标通知书、投标文件和施工招标文件确定的内容以及施工变更、签证和工程资料进行了工程价款决算，并向中侨公司提交了决算书。但中侨公司置之不理，一直不按要求支付剩余工程款。截止 2006 年 6 月 5 日，中侨公司仅支付部分工程款，另以两辆汽车抵工程款 8 万元，剩余工程款至今分文未付。为此诉至法院，要求：

(1) 依法确认原、被告双方 2005 年 3 月 1 日签订的"新天地、中侨绿城" 39 号、42 号、47 号《建设工程承包合同书》无效。

(2) 依法确认原、被告双方 2005 年 3 月 1 日签订的"新天地、中侨绿城" 52 号、53 号楼《建设工程承包合同书》无效。

(3) 依法确认原、被告双方 2005 年 4 月 5 日签订的"新天地、中侨绿城" 66 号楼《建设工程承包合同书》无效。

(4) 依法判令被告按照《中标通知书》、《投标文件》和《施工招标文件》确定的合同内容及施工变更、签证和工程资料进行工程价款决算。

(5) 依法判令被告支付剩余工程款 296 万元(暂估价，最终以鉴定结论为准)。

(6) 本案诉讼费、鉴定费等全部费用由被告承担。

被告中侨公司辩称：

(1) 台兴公司诉状中所称的三份施工合同，是在双方没有进行招投标以前所签订的。在施工过程中，双方办理了招投标手续，双方没有根据中标通知书签订备案合同，所签这份合同是双方唯一的工程施工合同，双方的决算应当以这三份合同为依据。

(2) 按照合同，中侨公司已经和台兴公司进行了结算、决算，并支付了全部的工程款。

(3) 66 号楼双方没有进行结算，按照中侨公司的结算，台兴公司欠中侨公司部分工程款。

(4) 工程款中有一部分是台兴公司已签字认可付给其他单位的材料款和分包款等。综上，台兴公司的诉求缺乏事实依据和法律根据，应予驳回。

根据双方当事人举证、质证意见，法院确认本案事实为：

2005 年 3 月 1 日台兴公司与中侨公司签订建设工程承包合同书二份：一份为"新天地、中侨绿城"项目 39、42、47 号楼的承包合同。双方约定，承包价为 305 万元，按建筑面积 443 元/平方米，有暖气房增加 20 元/平方米，社保基金由中侨公司代缴，从台兴公司工程款中扣除。付款方式为：二层封顶后，中侨公司付给台兴公司合同价款的 10%；四层封顶后，付合同价款的 5%；主体封顶后，付合同价款的 25%；内部装修四层完工后，付合同价款的 10%；达到初验合格后，付总合同价款的 25%；经正式验收后，进行竣工决算，中侨公司应扣除总合同价款 3%的保修金后，付清总合同价款余额。保修金按国家有关规定退还，47 号楼改为砼桩增加 1.5 万元，在主体封顶后支付。另一份合同为"新天地、中侨绿城"项目 52、53 号楼的承包合同。双方约定，承包价为 263 万元，按建筑面积 443 元/平方米，有暖气房增加 20 元/平方米，社保基金由中侨公司代缴，从台兴公司工程款中扣除。付款方式为：台兴公司垫资四层封顶，中侨公司付给台兴公司总工程款的 15%；主体封顶后，付总工程款的 25%；内部装修四层完工后，付总工程款的 10%；达到初验付总工程款的 25%；交工后双方进行结算，中侨公司应扣留 3%的工程保修金后，付清全部工程余款，保修金按国家有关规定退还。

2005 年 4 月 5 日台兴公司与中侨公司又签订建设工程承包合同书一份，承包内容为"新天地、中侨绿城"项目 66 号楼施工图中的土建、水、电、暖及说明和图纸会审纪要、设计变更、技术核定单所规定的建筑安装工程及室外一层后围栏。双方约定，承包价为 202.9 万元，按建筑面积 443 元/平方米，有暖气房增加 20 元/平方米，社保基金由中侨公司代缴，从台兴公司工程款中扣除。付款方式为：桩基完工后，中侨公司付给台兴公司合同价款的 10%；一层封顶后，付合同价款的 7%；四层封顶后，付合同价款的 8%；主体封顶后，付合同价款的 20%；内部装修四层完工后，付合同价款的 5%；达到初验合格后，付总合同价款的 25%；经正式验收后，双方进行竣工决算，中侨公司应扣除总合同价的 3%保修金后，付清总合同价款余额，保修金按国家有关规定退还。

2005 年 3 月 4 日中侨公司对"新天地、中侨绿城"项目Ⅲ期公开招标，发布了施工招标文件，载明本次招标采用费率招标，具体填报详见投标书，本工程施工合同造价暂定为 500 元/平方米。台兴公司参与了投标工作，并于 2005 年 3 月 27 日出具了投标文件，施工范围为"新天地、中侨绿城"项目Ⅲ期Ⅲ标段(包括 39、42、47、52、53、66 号楼)，综合费率最终报价为：土建 28.59%、安装 160.37%。2005 年 4 月 22 日中侨公司向台兴公司发出中标通知书，载明：工程名称为 39、42、47、52、53、66 号楼，承包方式为中标费率加变更签证，招标方式为邀请，中标造价为：土建 28.59%、安装 160.37%。招标后，双方未再签订建设工程承包合同。

工程完工后，双方已于 2006 年 12 月分别对 52、53 号楼及 39、42、47 号楼合同内容进行决算。对 52、53 号楼双方确认工程总造价为 263.324 万元，台兴公司在决算付款审批表中盖章确认，其工作人员于云超在备注中写明：52、53 号楼 97%以内工程款已付清，2007 年 1 月 24 日。对 39、42、47 号楼双方确认工程总造价为 3 067 407.3 元，台兴公司亦在决算付款审批表中盖章确认，其工作人员秦江锋在备注中写明：39、42、47 号楼 97%工程款已结清，2007 年 1 月 24 日。

对于 66 楼，双方未进行决算。在工程初验后的工程付款审批表中显示：工程总造价为 202.9 万元，已付工程款为 136 万元，应付款为 152 万元，本次付款为 16 万元。于 2006 年 4 月 28 日由杨留欣签名、台兴公司盖章，4 月 29 日监理公司盖章签名，总工程师于 2006 年 5 月 22 日签名，并注明"已初验，同步资料齐全"。自 2006 年 4 月 29 日起，中侨公司共支付 66 楼工程款及分摊费用 495 559.76 元，扣除保修金后尚欠工程款 112 570.24 元未付。

法院认为，2005 年 3 月 1 日、4 月 5 日台兴公司与中侨公司签订三份建设工程承包合同书后，中侨公司又进行了邀请招标，并最终确定台兴公司中标，但双方并未按照中标内容签订新合同备案，双方仍按原合同履行，现合同已履行完毕，其中 3 月 1 日签订的两份合同双方已决算完毕，双方的决算意见是双方当事人对合同履行的最终意思表示，应以此确认双方的权利、义务。本案中原告台兴公司要求确认该三份合同无效，因合同已履行完毕，确认合同效力已无实际意义。对于原告台兴公司要求依据招、投标文件进行决算的意见，因招、投标后双方未按规定签订备案的中标合同，不符合相关法律规定，且与双方在施工过程中确定的权利、义务关系不符，对该项主张依法不予支持。

对于 39、42、47 号楼的承包合同及 52、53 号楼的承包合同，双方已进行决算，台兴公司工作人员已在结算单中签署意见，证明 97% 以内工程款已付清，应为双方当事人的真实意思表示，除保修费外工程款已付清，保修费应待保修期满后退还，因此原告台兴公司要求被告中侨公司支付该五栋楼工程款的请求缺乏事实依据，依法不予支持。对于 66 楼的承包合同，2006 年 4 月 28 日的付款审批表中显示，该工程总价款为 202.9 万元，中侨公司已付工程款为 136 万元，该表由双方当事人签名盖章，应予采信。自 2006 年 4 月 28 日起中侨公司又支付 66 号楼工程款（包含代付材料款等）共计 495 559.76 元，尚未付到合同约定的总价款的 97%，未付部分被告中侨公司应予支付。据此，依照《中华人民共和国合同法》第一百零七条、第二百七十五条，最高人民法院《关于审理建设工程施工合同纠纷案件适用法律问题的解释》第十七条、第十八条及相关法律规定，判决如下：

(1) 被告中侨房地产开发有限公司给付原告台兴建筑安装工程有限公司工程款 112 570.24 元整。

(2) 被告中侨房地产开发有限公司自 2006 年 5 月 26 日起至判决书指定的给付之日止，按同期银行贷款利率向原告台兴建筑安装工程有限公司支付逾期付款违约金。

(3) 驳回原告台兴建筑安装工程有限公司其它诉讼请求。

以上款项于判决生效后十日内付清，逾期给付按照《中华人民共和国民事诉讼法》第二百二十九条的规定办理，即若逾期履行则加倍执行迟延履行期间的债务利息。

本案诉讼费 30 480 元，由原告洛阳台兴建筑安装工程有限公司承担 27 432 元，被告洛阳市中侨房地产开发有限公司承担 3048 元。

复习思考题

1. 简述工程管理的四个平台的主要作用。
2. 工程结构的基本形式有哪些，各有什么特点？
3. 查阅资料，选择一些著名建筑，对其建筑及结构特点进行分析。
4. 简述工程项目管理的五个职能。
5. 按照不同的标准，对建设项目经济评价常用的指标进行分类。
6. 建设法律体系的构成层次有哪些，说明层次关系。
7. 列举工程项目管理中 10 部主要的法律法规。

第四章　工程管理相关基础理论、方法和工具

【本章提要】

本章主要介绍工程管理理论与方法体系，其中理论方法基础主要有系统工程理论、控制理论、组织理论、信息理论、运筹学理论和方法。此外，本章阐述了计算机技术和现代信息技术在工程管理中的应用，介绍了工程管理领域常用的软件及功能。

第一节　工程管理相关理论和方法基础

一、系统工程理论和方法

1. "系统"的涵义

系统是伴随人类长期社会实践而逐渐形成的把事物诸因素联系起来进行分析和综合的有机整体。"系统"的概念是工程界应用最广的基本概念之一。经过多年的实践和发展，系统的基本涵义已逐步形成。

《一般系统论》的创始人贝塔朗菲认为："系统是相互关联、相互作用的诸元素的集合体。"

钱学森等学者则将系统的定义发展为："系统是由相互作用和相互依赖的若干组成部分结合而成的、具有特定功能的有机整体，而且这个有机整体又是它从属的更大系统的组成部分。"

这些定义，都共同地指出了系统的三个基本特征：

(1) 多元性。系统是由多元素所组成的。

(2) 相互性。元素间相互依存、相互作用、相互制约。

(3) 整体性。由元素及元素间关系构成的整体具有特定的功能。

由上述定义可见，系统是一个涉及面广、内涵丰富的概念，它几乎无所不在。我们就生活在由各种各样系统所构成的客观世界之中，典型的系统有国民经济系统、城市系统、环境系统、企业系统、教育系统等。

任何工程都是一个系统，它又是由各种子系统构成的。工程领域中可以从许多角度进行系统描述，例如：从技术的角度而言，整个工程、工程的某个功能面、工程的每个专业要素都是系统。对工程技术系统而言，一个工程有主体结构系统、排水系统、弱电系统、通信系统、园林绿化系统、智能化系统等；投资方、业主方、工程管理咨询服务公司、承

包方、设计方、供应方等组成工程组织系统；工程生命周期的全过程包括前期策划、设计和计划、施工、运营等组成工程的生命全过程系统；工程项目管理系统由各个职能子系统组成，如计划管理子系统、合同管理子系统、质量管理子系统、成本管理子系统、进度管理子系统、资源管理子系统等。

工程的各个系统要素紧密配合、互相联系、互相影响，共同构成一个工程系统整体。

2. 系统工程方法简述

系统工程是实现系统最优化的科学。

系统工程的第一次提出及应用是在 1940 年美国贝尔实验室研制电话通信网络时，该实验室将研制工作分为规划、研究、开发、应用和通用工程等五个阶段，1940 年美国研制原子弹的"曼哈顿"计划也应用了系统工程原理进行协调。自觉应用系统工程方法而取得重大成果的两个例子是美国的登月火箭"阿波罗"计划和北欧跨国电网协调方案。

1978 年钱学森对系统工程的定义是"系统工程是对组织管理系统的规划、研究、设计、制造、试验和使用的科学方法，是一种对所有系统都具有普遍意义的方法"。

1975 年美国科学技术辞典对系统工程解释为"系统工程是研究复杂系统设计的科学，该系统由许多密切联系的元素所组成。设计该复杂系统时，应有明确的预定功能及目标，并协调各元素之间及元素和总体之间的有机联系，以使系统能从总体上达到最优目标。在设计系统时，要同时考虑到参与系统活动的人的因素及其作用"。

3. 工程管理中体现的系统工程思想

1) 工程参与过程中的系统理念

任何工程的参加者，包括工程管理者和工程技术人员首先必须确立基本的系统观念。在解决各种工程问题时，人们都应积极采用系统工程方法，从总体上去考察、分析与研究问题。加强全局观念，系统地观察分析和解决问题，做出全面的整体的计划和安排，减少系统失误。在采取措施时，做出决策和计划并付诸实施时都要考虑各方面的联系和影响。

2) 工程的整体效益最优化

整体效益最优强调系统目标的一致性，强调工程的总目标和总效果最优，而不是局部最优。这个整体通常不仅指整个工程建设过程，而且指整个工程的全生命周期，甚至还包括对工程的整个上层管理系统(如企业、地区、国家)的影响。

3) 工程管理专业课程模块对系统工程方法的采用

系统工程方法是处理工程问题最有效的方法，它贯穿于与工程相关的各个专业的理论和方法中。在工程管理的各门专业课程中都体现了对系统工程方法的应用，例如工程项目结构分解、工程成本(费用)结构分解、工程合同结构体系、工程计划系统、工程管理信息系统、工程实施控制系统等。

4) 工程管理的集成化

工程管理集成化是将工程的全过程、全部管理职能、全部工程专业和全部工程子项纳入一个统一的管理系统中，以保证管理的连续性和一致性。它的关键技术是工程项目全生命周期集成和全要素集成。

5) 工程管理的协同化趋势

随着大型工程项目和多项目同时运营的出现，工程管理朝着协同化的方向发展是一种必然趋势。工程领域结合协同管理理念主要体现了三大基本思想，即信息网状思想、业务关联思想和随需而应思想，把局部力量合理地排列、组合，同时完成某项或某几个工作和项目。

二、控制理论和方法

1. 关于控制的主要理论

"控制"英文译为 Control，来源于希腊语"掌舵术"，后转化为管理艺术中的主要职能之一。我国科学家钱学森将控制理论应用于工程实践，并于 1954 年出版了《工程控制论》一书，这标志着控制论工程技术在工程管理领域得到广泛的应用。

控制通常是指根据组织的计划和事先规定的标准，由施控主体(如工程管理者)对受控客体(即被控对象，如工程、工程组织和工程实施过程)的一种能动监督和调整作用，这种作用能够使受控客体根据预定目标而运动，并最终达到这一目标。控制的目的就是保证预定目标的实现。

1) 多目标控制

工程中的控制范围非常广泛，对影响工程成功的各个要素都必须进行控制，如质量控制、时间控制、成本(投资)控制、工程范围控制、合同控制、风险控制、环境控制、安全控制等。

2) 事前、事中和事后控制方法相结合

(1) 事前控制，也叫前馈控制或预先控制。事前控制就是在工程活动之前采取控制措施，如详细调查并分析研究外部环境条件，以确定影响目标实现和计划实施的各种有利和不利因素，并将这些因素考虑到计划和各个管理职能之中。当根据已掌握的可靠信息预测出工程实施将要偏离预定的目标时，就采取纠正措施，以便使工程的建设和运行不发生偏离。

事前控制侧重于事先防范。在工程中编制切实可行的计划，对参加者进行资格预审，签订有利、公平和完备的合同，建立完备的工程管理程序等都属于事前控制的范围。

(2) 事中控制，也称过程控制、现场控制或同步控制。事中控制是指在工程实施过程中确保工程按既定方案(或计划)进行。它通过对工程的具体实施活动的跟踪检查，防止工程后期出现问题。

事中控制侧重于及时了解情况并予以指导。在工程施工过程中采取旁站监理、现场检查、防止偷工减料等措施，均为事中控制。

(3) 事后控制，是常见的控制类型，它是指根据当期工程实施结果与预定目标(或计划)的分析比较，提出控制措施，在下一轮生产活动中进行控制的方式。它是利用实际实施状况的信息反馈对工程过程进行控制，控制的重点是今后的生产活动。其控制思想是总结过去的经验与教训，更好地把握规律。

事后控制是一种反馈控制，侧重点在于矫正偏差，在工程中有着广泛的应用。例如对现场已完工程进行验收检验，对现场混凝土的试块进行检验以判定工程施工质量，在月底对工程的成本报表进行分析等。

3) 主动控制和被动控制相结合

(1) 主动控制，是预先分析目标偏离的可能性，并拟定和采取各项预防性措施，以保证计划目标得以实现。主动控制是对未来的控制，它可以尽可能地改变偏差已经成为事实的被动局面，从而减少损失，使控制更有效。

(2) 被动控制，是指管理人员对计划的实施情况进行跟踪，在工程活动的完成情况分析中发现偏差，并对偏差及时纠正的控制方式。

在工程管理过程中，如果仅仅采取被动控制措施，出现偏差是不可避免的，而且偏差可能有累积效应，从而难以实现预定的目标。另一方面，主动控制的效果虽然比被动控制好，但是仅仅采取主动控制措施却是不现实的，或者说是不可能的，因为实际工程管理过程中很多风险因素是不可预见甚至是无法防范的。因此，在实际工程管理过程中，应将主动控制与被动控制结合起来。

对工程管理人员而言，主动控制与被动控制都是实现工程目标所必须采用的控制方式。有效的控制系统是将主动控制与被动控制紧密地结合起来，尽可能加大主动控制过程，同时进行定期、连续的被动控制。只有这样，才能取得工程的成功。

4) 控制的循环性

控制机制是一种制定标准，执行标准发现问题，比较偏差解决问题的循环过程，工程管理中的控制是一个循环过程，也是持续推进的周期过程，应注意用过程循环嵌套来进行有效管理。

2. 控制论采用的方法——PDCA 循环法

工程控制是一个循环往复，持续改进的过程。PDCA 循环法最早由美国质量统计控制之父休哈特提出的 PDS(Plan Do See)演化而来，由美国管理专家戴明改进并首先提出来，它又叫戴明循环法。戴明循环法体现全面质量管理所遵循的科学程序，在质量管理过程中发挥了重要作用。

PDCA 是英文 Plan(计划)、Do(执行)、Check(检查)和 Action(处理)四个词的第一个字母。它的基本原理就是做任何一项工作或者任何一个管理过程一般都要经历四个步骤，见图 4-1。

首先，形成设想，根据设想提出一个计划，包括方针目标的确定及活动计划的制定。

其次，按计划去执行，实现计划中的内容。

第三，在执行中以及执行后都要检查执行情况和结果，明确效果，找出问题。

最后，总结经验和教训，寻找工作过程中的缺陷，最后通过新的工作循环，一步一步地提高水平，把工作越做越好。这是做好一切工作的一般规律。

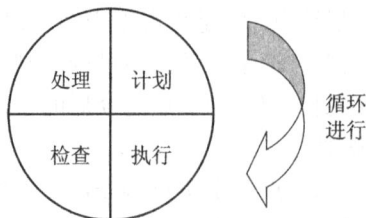

图 4-1　PDCA 循环过程

PDCA 循环法有以下几方面特点：

(1) 每一个循环系统过程包括"计划—执行—检查—处理"四个阶段，它靠工程管理组织系统推动，周而复始地运动，中途不得中断。一次循环解决不了的问题，必须转入下一轮循环解决。这样才能保证工程管理工作的系统性和全面性。

(2) 一个工程本身是一个 PDCA 大循环系统；工程内部的各阶段，或组织的各部门，甚至某一个职能管理工作都可以看做一个中循环系统；基层施工小组，或个人，或一项工程活动都可以看做一个小循环系统。这样，大循环套中循环，中循环套小循环，环环扣紧；小循环保中循环进而保大循环，推动大循环向前。一般地，上一级的循环是下一级循环的依据，下一级的循环是上一级循环的落实和具体化(见图 4-2)。

(3) PDCA 循环是螺旋式上升和发展的。每循环一次，都要有所前进和有所提高，不能停留在原有水平上。通过每一次总结，都要巩固成绩，克服缺点；通过每一次循环，都要有所创新，从而保证工程管理持续改进，管理水平不断地得到提高(见图 4-3)。

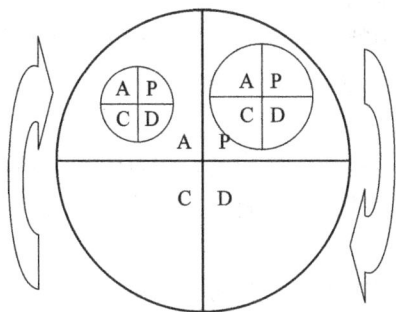

图 4-2　PDCA 循环过程嵌套　　　　　图 4-3　PDCA 循环的持续改进过程

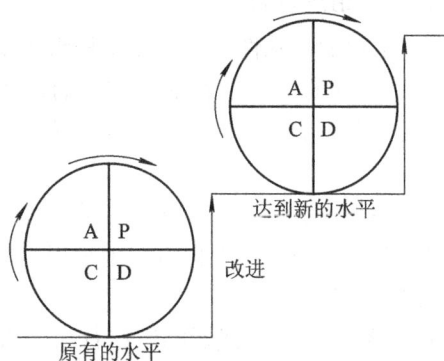

PDCA 在工程全面质量管理、工程现场生产管理和工程创新管理过程中发挥重要的作用。

三、组织理论和方法

"组织"一词，原义是指和谐、协调，其含义比较宽泛。人们通常所用的"组织"一词一般有两个意义：

(1) 动词：组织工作，表示对一个活动过程的组织，对行为的策划、协调、安排、控制和协调，如组织一场比赛，对一个工程施工过程的组织和管理等。

(2) 名词：结构性组织，是人们(单位、部门)为某种宗旨和目标，按照某些规则形成的职务结构或职位结构，如工程项目管理组织、企业行政管理组织等。

组织理论有两个相互联系的研究方面：

(1) 组织结构：指组织内各要素相互连接的框架，一般可用组织系统图简单地表示。组织结构侧重于组织的静态研究，以建立精干、合理、高效的组织结构为目的。组织结构的类型很多，一般有直线型、职能型、矩阵型、项目型等。

(2) 组织行为：指维持与变革组织结构，以完成组织目标的过程。组织行为侧重于组织的动态研究，以建立良好的人际关系，保证组织有效的沟通和高效运行为目的。

工程组织理论是将现代组织理论与工程的特殊性相结合而产生的工程管理理论，是工程管理最富特色的地方。

1. 工程组织结构设计

为了实现工程目标，使人们在工程中高效率地工作，必须设计工程组织结构，并对工程组织的运作进行有效的管理。

工程组织形式通常有独立的工程项目组织、职能型组织、矩阵型组织等。在现代高科技工程中还有网络式组织和虚拟组织等形式。工程组织形式的选择与工程的资本结构、工程承包方式、项目管理模式、工程的规模、复杂程度、同时管理工程的数量、工程目标的重要性等因素有关。

工程组织结构由管理层次、管理跨度、管理部门和管理职责四个因素组成。这些因素相互联系、相互制约。在进行工程组织结构设计时，应考虑这些因素之间的平衡与衔接。

2. 工程组织行为

由于工程的特殊性，人们在工程组织中的行为是很特殊的。

(1) 由于工程是一次性的、常新的，在工程组织中特别容易产生短期行为，工程的组织摩擦大，人们的归属感和组织安全感不强，组织凝聚力较弱，组织成员之间的沟通存在障碍。

(2) 工程任务是由许多企业共同承担的，业主、承包商、供应商、项目管理公司都属于不同的企业，他们在工程组织中承担不同的角色，有不同的目标、组织文化，由此导致不同的组织行为。

(3) 工程的组织形式影响组织行为。人们在独立式组织中的行为与在矩阵式组织中的行为是不同的。

(4) 由于工程必须得到高层的支持，因此工程上层组织的组织模式、管理机制、上层领导者的管理风格等都会影响工程的组织行为。

(5) 合同形式影响工程的组织行为。特别对于承包商，他对工程控制的积极性主要是由他与业主签订的合同形式决定的。

3. 工程组织协调

协调就是连接、联合及调和所有的活动和力量。协调的目的是处理好工程内外的大量复杂关系，调动协作各方的积极性，使之协同一致、齐心协力，从而提高工程组织的运作效率，保证工程目标的实现。

工程组织协调是实现工程目标必不可少的方法和手段。在工程的实施过程中，组织协调的主要内容有：

(1) 工程组织与外部环境协调，主要包括：与政府管理部门的协调，如规划、城建、市政、消防、人防、环保、城管等部门的协调；与资源供应部门的协调，如供水、供电、供热、电信、通信、运输和排水等部门的协调；与工程生产要素(如土地、材料、设备、劳动力和资金等)供应各单位的协调；与工程社区环境方面的协调等。

(2) 工程参与单位之间的协调，主要有业主、监理单位、设计单位、施工单位、供货单位、加工单位等之间的协调。

(3) 工程项目经理部内部的协调，指一个工程项目经理部内部各部门、各层次之间及个人之间的协调。

四、信息管理理论和方法

1．信息管理概述

信息管理(Information Management，IM)是人类为了有效地开发和利用信息资源，以现代信息技术为手段，对信息资源进行计划、组织、领导和控制的社会活动。简单地说，信息管理就是人对信息资源和信息活动的管理。信息管理是指在整个管理过程中，人们收集、加工、输入和输出的信息的总称。信息管理的过程包括信息收集、信息传输、信息加工和信息储存。

利用信息化水平的高低来衡量相关产业现代化程度的标准在工程管理领域同样适用。工程的决策、设计和计划、施工及运营管理方式随着信息技术的发展而发生了重大的变化，很多传统的方式已被信息技术所代替。通过信息管理可以有效地整合信息资源，充分利用现代信息技术，促进信息的共享和有效的信息沟通，从而实现优化资源配置、提高工程管理效率、规避工程风险，保证工程的成功。具体地说，通过信息管理可以：

(1) 使上层决策者能及时准确地获得决策所需的信息，能够有效、快速决策。

(2) 实现工程组织成员之间信息资源的共享，消除信息孤岛现象，防止信息的堵塞，达到高度协调一致。

(3) 能有效地控制和指挥工程的实施。

(4) 让外界和上层组织了解工程实施状况，更有效地获得各方面对工程实施的支持。

2．工程项目信息管理的任务

工程的信息管理就是对工程的信息进行收集、整理、储存、传递与应用的总称。工程管理者承担着工程信息管理的任务，具体包括如下主要内容：

(1) 按照工程实施过程、工程组织、工程管理工作过程建立工程管理信息系统，在工程实施中保证这个系统正常运行，并保证信息的传递和流通渠道的畅通。

(2) 组织工程的基本情况，并将其系统化，对各种工程报告及各种资料作出规定，例如报告和各种资料的格式、内容、数据结构要求。

(3) 通过各种信息渠道收集信息，如现场记录、调查询问、观察、试验等，并作各种信息处理工作。

高科技为现代工程的信息收集提供了许多新的方法和手段，如现场录像、互联网系统、各种专业性的数据采集系统技术、全球定位系统(GPS)和地理信息(GIS)等。

(4) 通过文档系统，有条理地储存和提供信息。

信息管理作为工程管理的一项职能，通常在工程组织中要设置信息管理人员。现在在一些大型工程和企业中都设有信息中心。但信息管理又是一项十分普遍的，基本的工程管理工作，是每一个参与工程的组织单位或人员的一项基本工作责任，即他们都要担负收集、提供、传递信息的任务。

3．工程管理信息系统

管理信息系统(MIS)是工程组织的"神经系统"。通过这个"神经系统"工程组织可以迅速收集信息，对工程问题做出反应，做出决策，并进行有效控制。它在工程管理组织、工程实施流程和工程管理工作流程的基础上设计，且全面反映工程实施中的信息流。工程管理信息系统的有效运行需要信息的标准化、工作的程序化和管理的规范化。

1) 以工程管理职能描述工程管理信息系统

按照管理职能划分，可以建立各个工程管理信息子系统，如成本管理信息系统、合同管理信息系统、质量管理信息系统、材料管理信息系统等。它们是为专门的职能工作服务的，用来解决专门信息的流通问题。它们共同构成工程管理信息系统，例如我国某大型建设工程开发的管理信息系统由合同管理子系统、物资管理子系统、财会管理子系统、成本管理子系统、设计管理子系统、质量管理子系统、组织管理子系统、计划管理子系统、文档管理子系统等构成，见图4-4。

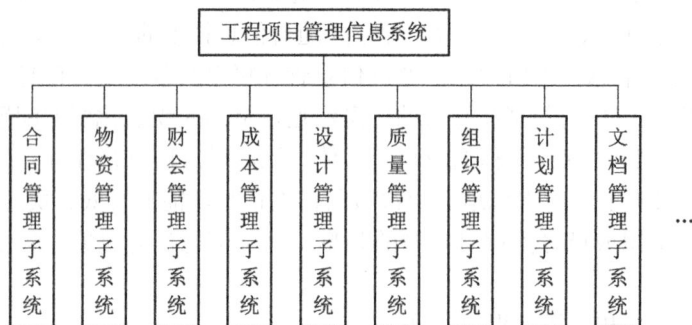

图4-4 某大型工程项目管理信息系统结构

2) 以工程组织系统描述的工程管理信息系统

工程信息是在工程参加者之间流通的。在信息系统中，工程组织的每个参加者又是信息系统网络上的一个节点。它们都负责具体信息的收集(输入)、传递(输出)和信息处理工作。所以工程管理信息系统要具体设计这些信息的内容、结构、传递时间、精确程度和其他要求。

3) 工程实施过程描述的工程管理信息系统

工程实施工作程序可以从一个侧面表示工程的信息流。它涵盖了在各工作阶段的信息输入、输出和处理过程及信息的内容、结构、要求、负责人等。按照工程的生命期过程，可以建立可行性研究子系统、设计管理信息子系统、计划管理信息子系统、施工管理信息子系统、运营管理信息子系统等。

信息系统在大型工程项目建设管理中的应用越来越普遍。世界上一些发达国家已经成功地建立了大量工程管理信息系统。

五、运筹学理论和方法

1. 运筹学的概念

运筹学在英国称为 Operational Research，在美国称为 Operations Research，英文缩写是 OR。我国科学工作者取"运筹"一词作为 OR 的意译，包含运用筹划、以策略取胜的意义。运筹学理论即最优化理论，是在第二次世界大战中发展起来的，当时盟军科学家研究如何有效地使防空作战系统运行，合理配置雷达站，使整个空军作战系统协调配合来有效地防御德军飞机入侵。二战以后，运筹学在社会经济领域迅速发展，在工程应用中也取得了许多成果。

运筹学是近代应用数学的一个分支，主要是研究如何将生产、管理等事件中出现的运筹问题加以提炼，然后利用数学方法进行解决的学科。运筹学是应用数学和形式科学的跨领域研究，利用统计学、数学模型和算法等方法去寻找复杂问题中的最佳或近似最佳的解答。运筹学经常用于解决现实生活中的复杂问题，特别是改善或优化现有系统的效率。运筹学是用数学方法研究经济、社会和国防等部门，以及工程在内外环境的约束条件下合理调配人力、物力、财力等资源，使系统有效运行的技术科学。它可以用来预测系统发展趋势，制订行动规划或优选可行方案。

2．运筹学的主要内容

运筹学作为一个系统科学中的学科体系，研究的内容十分广泛，主要分支有：线性规划、非线性规划、整数规划、几何规划、大型规划、动态规划、图论、网络理论、博弈论、决策论、排队论、存储论、搜索论等。

应用运筹学处理问题时分为 5 个阶段。

(1) 规定目标和明确问题：包括把整个问题分解成若干子问题，确定问题的尺度、有效性度量、可控变量和不可控变量，以及用来表示变量界限和变量间关系的常数和参数。

(2) 收集数据和建立模型：包括定义关系、经验关系和规范关系。

(3) 求解模型和优化方案：包括确定求解模型的数学方法，程序设计和调试，仿真运行和方案选优。

(4) 检验模型和评价解答：包括检验模型的一致性、灵敏度、似然性和工作能力，并用试验数据来评价模型的解。一致性是指主要参数变动时(尤其是变到极值时)模型得出的结果是否合理；灵敏度是指输入发生微小变化时输出变化的相对大小是否合适；似然性是指对于真实数据的案例，模型是否适应；工作能力则是指模型是否容易解出，即在规定时间内算出所需的结果。

(5) 方案实施和不断优化：包括应用所得的解解决实际问题，并在方案实施过程中发现新的问题和不断进行优化。

上述 5 个阶段往往需要交叉进行，不断反复。

3．运筹学在工程管理中的应用

运筹学在工程管理中的应用主要体现在以下几方面：

(1) 施工计划，如施工作业的计划、日程表的编排、合理下料、配料问题、物料管理等。

(2) 库存管理，包括多种物资库存量的管理，库存方式、库存量优化等。

(3) 运输问题，如最小成本运输线路的确定、物资的调拨、运输工具的调度及建厂地址的选择等。

(4) 人事管理，如对人员的需求和使用的预测、人员编制的确定、人员的合理分配、人才评价体系的建立等。

(5) 财务和会计，如应用于经济预测、贷款和成本分析、定价、现金管理等方面。

(6) 其他，如设备的维修、更新、改造，项目的选择、评价，工程的优化设计与管理等。

第二节 计算机技术和现代信息技术在工程管理中的应用

计算机和现代信息技术的广泛应用是工程管理现代化的主要标志之一。在国内外的许多承包企业、工程管理和咨询公司，计算机和互联网已广泛应用于工程实施和管理的各个阶段(如可行性研究、计划阶段和实施控制阶段等)和各方面(如成本管理、进度控制、质量控制、合同管理、风险管理、信息管理等)，它们已经成为日常工程管理工作和辅助决策不可或缺的工具。信息技术已深入建筑业生产过程的各个环节，成为建筑业发展的突破口，使作为传统的技术含量低的建筑业的行业形象正在逐步改变。

计算机和信息化的应用能力是工程管理人员的最基本的工作能力。工程管理的各种专业的工作和各门专业课程内容都有计算机应用问题，都有信息化相关问题。

一、工程管理领域应用计算机与信息技术的必要性

工程管理在实际过程中会遇到许多工作难点，简单来说有以下三点：

(1) 文档的管理：工程的图纸、资料等纸质的文件，数量较为庞杂，查找和保存工作比较困难。随着工程的进度加深，很多资料都容易丢失，如果保管不当，就会造成资源的浪费。

(2) 进行动态控制：工程项目的许多方面的资源都是在实施的过程中随着主客观条件的变化而变化的，所以在项目实施的过程中工程管理者一定要根据情况的变化而对项目的动态进行控制，控制项目的动态就要对项目的目标控制进行大量的数据处理，但是这往往很难掌握，要想随时掌握动态的数据并及时向上汇总，就显得更加困难。

(3) 信息量大：很多工程管理者最关心的是工程项目的进度与质量、投资方和合同管理的问题。但其实最首要的应该是工程管理人员和施工人员的沟通问题。工程管理项目涉及很多单位和部门，但传统的方法传递信息的效率低，而计算机和现代信息技术在工程管理中恰恰有如下作用：

(1) 可以大量地储存信息，大量地快速处理和传输信息，使工程管理信息系统能够高速有效地运行。

(2) 能够进行复杂的计算工作，例如网络分析、资源和成本优化、线性规划等。

(3) 通过计算机能使一些现代化的管理手段和方法在工程中卓有成效地使用，如系统控制方法、预测决策方法、模拟技术等。

(4) 提高了工程管理的效率和精确度，降低了费用，减少了管理人员数目，使管理人员有更多的时间从事更有价值、更重要的、计算机不能取代的工作。

(5) 计算机和互联网技术的应用，实现了工程参加者、工程与社会各方面、工程各个单位之间大范围的信息共享和各方面的协同工作。

现代计算机技术、信息技术和互联网技术的应用给项目管理带来了革命性的变化，它不仅为工程管理的现代化提供了一个得力的工具和手段，还带来了现代工程管理方法、理

念的变化：计算机和现代信息技术实现了工程信息的实时采集和快速传输；能够实现工程实施的远程控制；使信息能够网状流通；促成工程信息系统的集成化；为工程管理系统集成提供了强大的技术平台；能够进行多项目和大型项目的计划、优化、控制和综合管理；使在工程项目管理中虚拟组织的形成和运作，以及供应链的应用成为可能；实现信息的共享，使建设工程信息社会化，甚至在整个国际范围内的信息一体化等。

计算机在工程管理中的应用是工程管理研究、开发和应用的永恒的主题之一。对于计算机管理有以下五个方面的要求：

(1) 网络化：在网络化的环境下，计算机的运用更加广泛，便于沟通、共享数据和文档。

(2) 数据电子化：计算机是一种通信工具，可以对电子化的信息进行处理和传递，也就要求人们对其进行电子化操作，再储存数据。进行了电子化，计算机就能帮助人们进行管理。

(3) 使用专业软件：如果要使计算机发挥最大作用，必须要拥有配套的专业软件。

(4) 专业人员：专业人员是计算机管理的前提，计算机、网络和专业软件都要由专业人员来进行操作。

(5) 进行信息的系统管理：实现资源、费用和质量的有机统一，就要满足单项管理的特点，使各单元、系统之间相互交流。将项目确定后要及时建立相应的项目编码体系，参照标准的编码系统，根据项目的具体情况进行修订。

二、工程管理中常用的计算机软件简介

1. 工程项目管理软件

自 1982 年第一个基于 PC 的项目管理软件出现至今，项目管理软件已经历了 30 多年的发展历程。据统计，目前国内外正在使用的项目管理软件已有 2000 多种，主要包括工期、资源、成本方面的综合计划和控制功能。

1) 国外的项目管理软件

国外的项目管理软件主要有 Microsoft Project 、Primavera Project Planner、Project Scheduler 和 Time Line 等。

(1) Microsoft Project。Microsoft Project 是微软公司的产品，目前已经占领了通用项目管理软件包市场的大量份额，在 IT 集成、开发项目、新产品研发、房地产项目、设计项目、工程建设项目、投资项目、企业多项目管理中发挥着巨大的作用，它将先进的项目管理思想与信息技术完美结合，帮助企业规范项目管理的流程和增强执行效果。使用 Microsoft Project 软件，可以帮助企业提高项目经理和管理人员的管理效率，并明确团队及成员工作职责，有效地管理企业各类项目，高效进行团队协作和监控项目目标的完成，优化工作流程，反映项目绩效评估，提升企业竞争力和管理执行。 其工作界面如图 4-5 所示。

Mierosoft Project 是一个功能强大而灵活的项目管理工具，用户可以用它来管理各种简单及复杂的项目，并使用 Microsoft Project Central 这个基于 Web 的 Microsoft Project 伴侣来安排和跟踪所有任务，从而能更好地控制工作进度，团队成员可以在组织内就某一个项目进行方便的通信和协作。Microsoft Project 具有项目管理所需的各种功能，包括项目计划，

资源的定义和分配，实时的项目跟踪，多种直观易懂的报表及图形，用 Web 页面方式发布项目信息，通过 Excel、Access 或各种 ODBC 兼容数据库存取项目文件等。Microsoft Project 的缺点是用户不易查看它的关键路径处理，并且它也不同于其他一些软件包能处理多个项目。

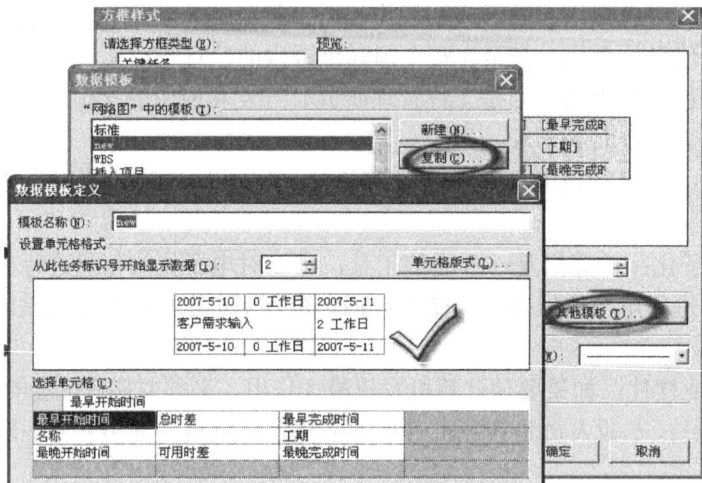

图 4-5　Microsoft Project 软件的友好工作界面

(2) Primavera Project Planner(简称 P3)。P3 系列工程项目管理软件是美国 Primavera 公司的产品，用于工程计划进度、资源、成本控制，是国际上流行的高档项目管理软件，已成为项目管理的行业标准。P3 适用于任何工程项目，能有效地控制大型复杂项目，并可以同时管理多个工程。P3 软件提供各种资源平衡技术，可以模拟实际资源消耗曲线、延时，支持工程各个部门之间通过局域网或 Internet 进行信息交换，使项目管理者可随时掌握工程进度。P3 还支持 ODBC，可以与 Windows 程序交换数据，通过与其他系列产品的结合支持数据采集、数据存储和风险分析。但其在大型工程层次划分上的不足和相对薄弱的工程汇总功能也将其应用限制在了一个比较小的范围内。P3 的工作界面如图 4-6 所示。

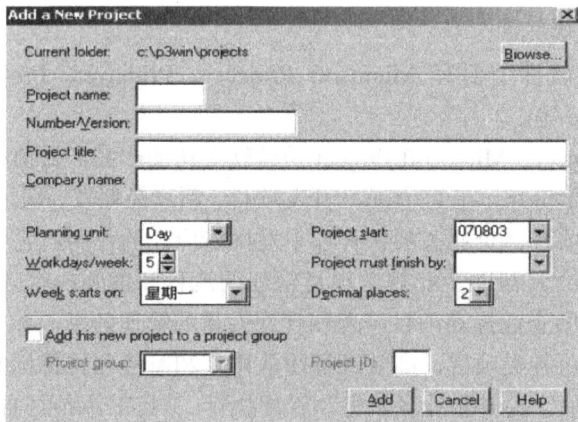

图 4-6　P3 软件的功能界面

P3 具体功能包括：同时管理多个工程，通过各种视图、表格和其他分析、展示工具，帮助项目管理人员有效控制大型、复杂项目；可以通过 ODBC 与其他系统结合进行相关数据采集、数据存储和风险分析等。

(3) Project Scheduler。Scitor 公司的 Project Scheduler 软件是一个基于 Windows 的项目管理软件包，它获得了《电脑杂志》的"编辑选择奖"(Editors' Choice Award)。

Project Scheduler 的优点主要是具备传统项目管理软件的所有特征，图形界面设计完好，报表功能强大，制图方面功能也非常强大；对多个项目及大型项目的操作处理也比较简单，与外部数据库的连接也不同凡响。比如甘特图，能用各种颜色把关键人物、正或负的时差、已完成的任务以及正在进行的任务区别开来；人物之间建立图式连接极为方便，任务工时的修改也很容易；资源的优先设置及资源的平衡算法非常实用；对多个项目及大型项目的操作处理也比较简单，与外部数据库的连接也不同一般。该软件的缺点是联机帮助和文件编制以及电子邮件功能有限。

(4) Time Line。Time Line 是 Symantec 公司的产品，主要优点是它的报表功能以及与 SQL 数据库的连接功能很突出。日程表、电子邮件的功能，排序和筛选能力以及多项目处理都是精心设计的。另外，它还有一个叫做 Co_Pilot 的功能，这是一个很有用的推出式帮助设施，用户界面很好，极易操作。Time Line 的缺点是初学者使用时稍微有些困难，不如其他软件包便于初学者使用。其适用范围是大型项目以及多任务项目。

2) 国内的项目管理软件

国内的项目管理软件主要有梦龙 Link Project、北京视锐达 Visual Project、上海普华科技 Power Pip 和 Power On、新中大工程项目管理软件 Project Management Software 等。

(1) 梦龙 LinkProject。梦龙 Link Project 项目管理平台基于项目管理知识体系构建，整合了进度控制、费用分析、合同管理、项目文档等主要项目管理内容。其适用范围主要有业主项目管理、工程总承包项目管理、企业内部的项目管理、项目施工单位项目管理等。

梦龙 Link Project 项目管理平台的功能特点主要有以下几点：① 矩阵式项目结构；② 多级分模块权限管理；③ 项目综合管理与风险控制；④ 合同管理与成本控制；⑤ 强大的业务模块扩展能力。其工作界面如图 4-7 所示。

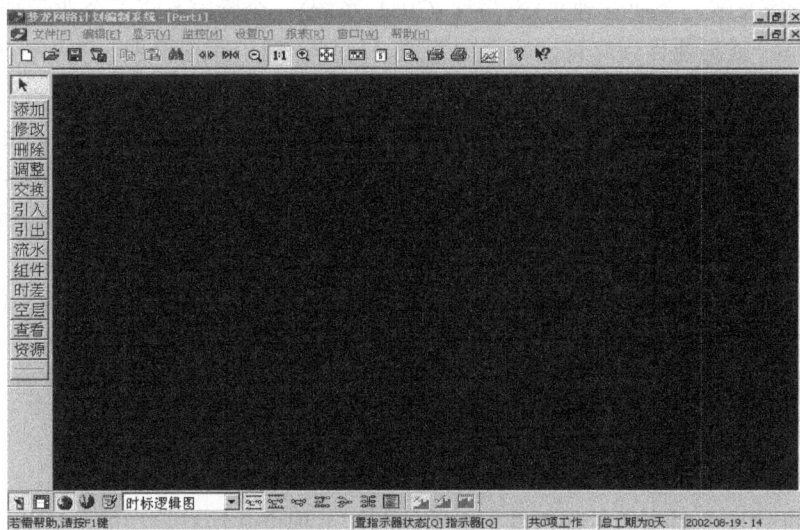

图 4-7 梦龙软件的工作界面

(2) 视锐达 Visual Project。视锐达 Visual Project 项目管理软件是一款企业级 IT 专业项目管理软件，产品定位于非工程、以人为核心的企业项目管理软件市场，主要应用于软件开发、新产品研发、专业服务、IT 建设与监管。

目前视锐达 Visual Project 已经成功应用于招商银行、神州数码、联想、长虹、光大银行、中国平安、中国普天、中国船舶、上海快钱等众多大中小企业。其主要优点是有 IT 研发行业的成熟解决方案(行业最佳实践、集成性等)，有组织级管理的解决方案(能站在组织级的角度去构建项目管理环境，监控多项目的执行绩效，被认为是"最适合 PMO 的项目管理工具")，有多个大型集团级客户的成功案例、具有多元化的适应性——无论是大型、复杂项目，还是简易的项目都能进行很好的管理；不同项目可以有不同的管理模式、项目管理的核心领域——进度计划与报工功能技术优势明显。

(3) Power Pip。Power Pip 是大型项目业主、集团公司项目管理部门、项目管理公司、政府项目管理机构的最佳选择。其主要特点是采用以主进度计划为核心的集成管理，注重多项目的协同管理、PIP 和 PMS 有机结合等。PowerOn 以 PMI 的九大项目管理知识体系为主导思想，以成熟的 IT 技术为手段，将现代项目管理理论、国内项目管理规程与习惯、项目管理专家的智慧集成到一起，使项目管理水平达到质的提高。

(4) 新中大 Project Management Software。Project Management Software 是新中大针对现代项目管理模式吸取了当前国际最先进的项目管理思想 PMBOK，FIDIC 条款等设计系统模块和流程，并结合中国企业的管理思想基础研究开发的一体化大型管理系统。其应用对象是国家和地方投资的大中型工程项目，企业投资的工程项目，各类施工、建筑、房地产、石化、交通企业、水利水电企业。

(5) 广联达项目管理沙盘模型软件。该模型软件的特点是借鉴军事领域兵棋推演的形式来模拟工程项目管理过程；直观感受工程项目的工作流、物资流、资金流和信息流；切身感受项目团队不同岗位的角色和作业流程；真实平台的决策中把握项目管理要点；透明信息环境中掌握项目管理知识和技能；游戏中感悟和探寻项目管理规律。

(6) 企管家&施工企业管理系统(简称 CPM 系统)。企管家&施工企业管理系统(简称 CPM 系统)是一款集项目预算管理、合同管理、材料管理、库存管理、款项管理、工资管理、进度管理和施工管理等于一体的综合管理软件包，它的核心应用价值在于工程项目管理和成本控制。该系统适用于建筑行业的土建、安装、市政、装饰、智能化、电力、通信、管网、道路、消防、园林等以及所有以项目施工为主营业务的各类企业。系统以成本管理控制为目标，以合同款项、项目开支和财务核算为基础，实现对施工企业的各地(跨区域)工程项目进行集中、在线、跟踪式的全过程的全面综合管理。系统功能丰富，专业突出，应用灵活，可按模块销售，按要求调整，分阶段实施。系统中包含先进的(B/S)总账财务会计软件系统，可以将各项目的业务数据自动引入到总账财务系统，系统还可以同工程造价预算工具软件数据集成，造价数据能够自动或通过 Excel 导入方式生成项目施工计划，再根据合同收款计划和预计的利润水平，实现对所有项目的动态成本控制。

2．工程估价软件

工程估价软件主要包括工程预算、成本控制、工程价款结算等功能，目前国内使用最多的有广联达、鲁班算量、神机妙算、斯维尔等造价软件。

1) 广联达造价软件

广联达造价软件(整体解决方案)包括图形算量、安装算量、钢筋抽样和计价审核等模块。

(1) 广联达图形算量软件。广联达图形算量软件 GCL2008 是基于公司自主平台开发的一款算量软件,无需安装 CAD 软件即可使用。软件内置全国各地现行清单、定额计算规则,第一时间响应全国各地行业动态,远远领先于同行软件,确保用户及时使用;采用 CAD 导图算量、绘图输入算量、表格输入算量等多种算量模式,三维状态随意绘图、编辑,高效、直观、简单;运用三维计算技术,轻松处理跨层构件计算,能彻底解决困扰用户的难题;提量简单,无需套做法即可出量,报表功能强大,提供了做法及构件报表量,满足招标方、投标方各种报表需求。

GCL2008 主要解决工程造价人员在招投标过程中的算量、过程提量、结算阶段构件工程量计算等业务问题。它是一款准确、简单、专业、实用的工程量计算软件,它不仅帮助使用者从繁杂的手工算量工作中解放出来,还在很大程度上提高了算量工作效率和精度。

广联达图形算量软件界面如图 4-8 所示。

图 4-8 广联达图形算量 GCL2008 的功能界面

(2) 广联达安装算量软件。广联达安装算量软件 GQI2011 提供多种算量模式,采用 CAD 导图算量、绘图输入算量、表格输入算量等多种算量模式,运用三维计算技术、导管导线自动识别回路、电缆桥架自动找起点、风管自动识别等功能和方法,解决工程造价人员在招投标、过程提量、结算对量等过程中手工统计繁杂、审核难度大、工作效率低等问题。

(3) 广联达钢筋抽样软件。广联达钢筋抽样软件 GGJ2009 基于国家规范和平法标准图集,采用绘图方式,整体考虑构件之间的扣减关系,辅助以表格输入,解决工程造价人员在招投标、施工过程提量和结算阶段钢筋工程量的计算。GGJ2009 自动考虑构件之间的关联和扣减,使用者只需要完成绘图即可实现钢筋量计算。内置计算规则可修改,计算过程有据可依，便于查看和控制，满足多种算量需求。报表种类齐全，满足各阶段、多方面需求。软件还有助于学习和应用平法，降低了钢筋算量的难度，大大提高了工作效率。

(4) 广联达计价软件。广联达计价软件 GBQ4.0 是广联达推出的融计价、招标管理、投标管理于一体的全新计价软件。作为广联达招投标整体解决方案的核心产品，GBQ4.0 以工程量清单计价和定额计价为业务背景，为用户的招标、投标、结算等工作保驾护航。

(5) 广联达审核软件。广联达审核软件 GSH 4.0 是广联达建设工程造价管理整体解决方案中一款全新的审核产品。GSH 4.0 以竣工结算审核业务为核心完成业务需求分析及软件设计，支持清单计价和定额计价两种模式，紧扣合同相关约定，海量数据分析，快速输出结果报告，帮助工程造价人员在竣工结算阶段快速、准确完成竣工结算、审核工作。

该软件编制范围主要是竣工结算阶段的审核工作及其他审核工作。该软件适用于具有工程造价编制和管理的单位与部门，如建设单位、咨询公司、财政局、审计局等。

2) 鲁班系列算量软件

鲁班系列算量软件是国内率先基于 AutoCAD 图形平台开发的工程量自动计算软件，它利用 AutoCAD 强大的图形功能，充分考虑了我国工程造价模式的特点及未来造价模式的发展变化。软件易学、易用，内置了全国各地定额的计算规则，可靠、细致，与定额完全吻合，不需再作调整。由于软件采用了三维立体建模的方式，使得整个计算过程可视，工程均可以三维显示，最真实地模拟现实情况。该软件内置智能检查系统，可智能检查用户建模过程中的错误，具有强大的表报功能，可灵活多变地输出各种形式的工程量数据，满足不同的需求。

广联达算量软件和鲁班算量软件的界面对照如图 4-9 所示。

图 4-9　广联达算量软件和鲁班算量软件的界面对照

3) 神机妙算软件

上海神机妙算软件公司开发的工程计价系列软件宣传国内首创的四维算量理念。该系列软件具有以下特点：采用智能感知技术、模糊关联技术、多叉树形数据库技术对定额库进行管理，因此定额库具有智能性，表现为定额库可以万能悬挂，适应不同的定额需要；用户可以自定义软件功能和人机用户界面，符合个性化的需要；可以跨专业跨地区相互拖拉定额子目，全部功能和操作符合 Windows 标准；可以做工程量清单、概算、预算、结算、审计审核、编制标底、投标报价、定额编排打印、企业内部定额、工程量自动计算、钢筋自动计算。神机妙算工程造价软件已经二次开发完成了符合当地实际情况的 200 多种实用的全国各地各专业定额数据库，包括土建、装饰、房修、安装、市政、园林绿化、公路、铁路、电力、电信、消防、人防、水利、水电、水运、机场、码头、爆破、石油、石化、煤炭、管线、有线等。

4) 斯维尔造价咨询管理软件

斯维尔造价咨询管理系统是专为工程造价咨询业务研发的信息系统，是以业务管理和协同办公为主线，以项目派单、任务处理、进度控制、质量管理、成本控制为目标的整体信息化解决方案，是一个以各种业务软件与项目管理集成的 BIM 协同技术相结合的办公平台，能同时实现企业管理和生产管理，突破时间和地域的限制，随时随地处理公务，亦是一个全公司统一的工作平台，打造企业统一整合的信息出入口，加快各部门数据传递速度，实现资源共享。其优势如图 4-10 所示。

图 4-10 斯维尔造价咨询系统的竞争优势

3. 合同管理软件

合同管理软件的功能主要包括合同文件管理、核算管理、变更管理、文件管理和索赔管理等，主要有东山合同管理专家 CMExpertV11-2012 和里诺合同管理软件。

1) 东山合同管理专家

东山合同管理专家 CMExpertV11-2012 的特色是：简单易用，东山软件作为国内合同管理软件的领航者，在合同管理信息化领域不断进取，标准产品不断成为行业的事实参考典范，已经完整涵盖合同管理的各个阶段的各个环节，在协同编制、合同审批、合同执行等方面更是达到目前业界的领先水平，在合同管理全生命周期管理的基础上，为了适应合同管理的普及，全面简化管理，操作按钮极少，无需学习即可使用；服务方便，用户可以及时提交问题获得软件公司的支持，大量的模板可以方便地从云端获取，减少客户的负担；随需应变，传统的管理软件在开发出来后，响应客户变化的能力弱，客户提一点需求就要定制开发，东山软件利用自行研发的动态建模技术，很好地解决了用户信息录入问题，借助东山软件的界面自定义功能，用户可以打造出与自身业务非常贴近的系统，无需漫长的开发等待。

2) 里诺合同管理软件

里诺合同管理软件不仅可单机使用，也可架构在局域网内多台电脑数据共享操作使用的合同管理软件。它是集合同起草、合同签订、合同收付款计划、合同收付、结算安排、执行进展到实际结款以及对合同结款情况统计分析等功能于一体的管理软件。软件界面简洁直观，功能齐全，可方便地帮助客户对供货商和客户的合同进行管理，协助客户完成应收应付款分析，自动统计所有供货商和客户的应收应付款额，大大节省工作时间，提高工作效率。其工作界面如图 4-11 所示。

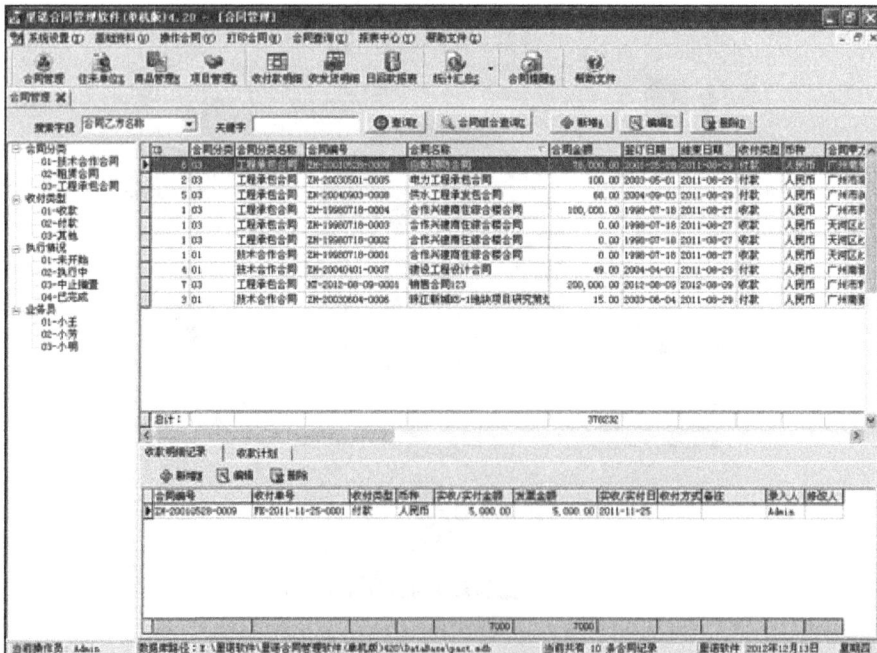

图 4-11 里诺合同管理软件的工作界面

4．项目评估软件

项目评估软件的主要功能包括工程项目财务评价、工程实施状况评价和项目后评估等。

1) IPAA 投资项目分析评价软件

华智博宇咨询公司研制开发的 IPAA 投资项目分析评价软件(Investment Project Analysis & Appraisal)已在工业、农业、林业、畜牧业、矿业、建材、电力(新能源)、交通、城市基础设施、房地产、科技、航天、商业、金融、设计、咨询等行业和大专院校应用。IPAA 软件在设计思路、功能设置、自动化程度、灵活便捷性、适用项目类型、适用评价类型、性能价格比、解决投资项目分析评价各种复杂疑难问题等方面已处于国内领先水平，用于各类投资项目前期工作与决策分析中计算分析评价项目投入产出、费用效益、投资收益和还本付息等，是编制项目建议书、编制项目商业计划书、编制项目可行性研究报告、审核评估可行性研究报告重要内容的得力工具。其工作界面如图 4-12 所示。

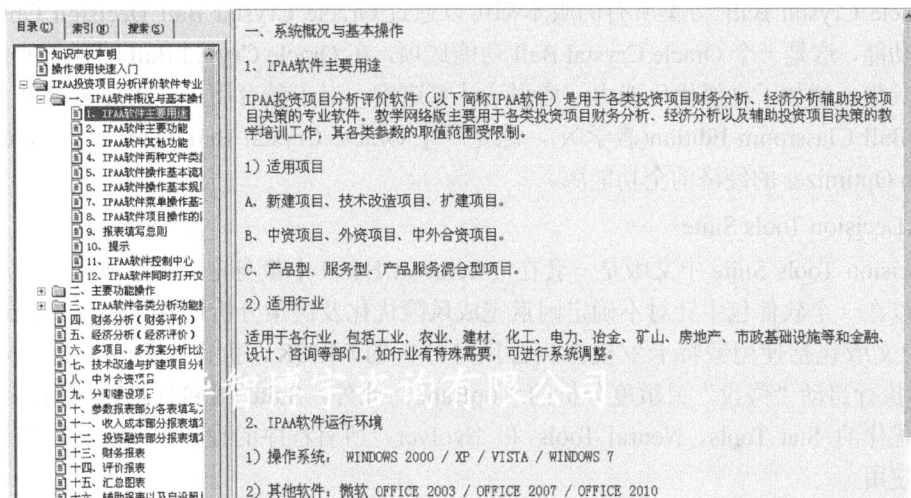

图 4-12 IPAA 投资项目分析评价软件界面

2) 北京灵析软件公司开发的建设项目经济评价系列软件

北京灵析软件公司开发的建设项目经济评价系列软件 2008 版针对房地产项目、新(扩、改)建项目、矿业开发项目、邮电通信项目进行相应的财务分析功能。比如，对于房地产项目，主要功能有投资计划，筹资计划(融资分析)，财务分析与评价，经济分析，临界点、盈亏平衡分析，风险性分析，图形分析、商业计划书、合同管理，税费库、模板管理等；新建项目除了基本的财务分析功能外，还增加了蒙特卡洛分析。在矿业开采项目中，该软件用于实现财务分析、经济费用效益分析和风险分析流程，它最大的特点在于紧密结合了矿业开采类项目的特点，同时又依据国家最新方法进行编制。

5．风险分析软件

风险分析软件包括蒙特卡洛模拟分析，决策树的绘制、分析和计算，风险状况图的绘制等。

1) @RISK

@RISK for Excel 6.1 版使用蒙特卡罗模拟在 Microsoft Excel 电子表单中显示多种可能

的结果。用户能够判断他将会面临何种风险和哪个风险是可以避免的。软件包本身并不能预知未来，但它能够帮助用户基于已有的信息来选择最佳的策略。通过@RISK 的概率分布函数可替换用户电子表单中的不确定值。用户可以轻松选择使用哪种分布函数，如正态分布("钟型曲线")、均匀分布和三角分布等。@RISK 附带分布查看器，可以让用户在选择前预览各种分布，甚至能够通过使用百分点加上标准的参数来构建自己的分布。此外，用户能够使用自己的历史数据和@RISK 集成的数据拟合工具来选择最佳函数和正确的参数。

2) Oracle Crystal Ball

Oracle Crystal Ball 是一套领先的用于预测性建模、预测、仿真和最佳化的基于电子表格的应用程序套装。它提供给用户对于影响风险的关键因子的无与伦比的洞察力。通过 Oracle Crystal Ball，能够制订合适的战略决策，甚至在最不确定的市场条件下达到目标和获得有竞争力的优势。

Oracle Crystal Ball 方案所有的版本都可以通过 Oracle Crystal Ball Decision Optimizer 来增强功能，这是一个 Oracle Crystal Ball 功能选项，在 Oracle Crystal Ball 的强大的仿真和预测工具集上增加了高级优化能力，增强了计算速度。对于教育用户，Oracle 提供 Oracle Crystal Ball Classroom Edition(教学版)，这是一个 Oracle Crystal Ball 和 Oracle Crystal Ball Decision Optimizer 的经济的全功能版。

3) Decision Tools Suite

Decision Tools Suite 中文版是一套在 Microsoft Excel 中量身定制的集成程序，从而使用户可以在一个软件包中针对不确定因素完成风险优化及决策分析的操作。Decision Tools Suite 中文版包括使用蒙特卡罗模拟执行风险分析的@RISK、执行决策分析的 Precision Tree 和执行自动"假设"灵敏度分析的 TopRank。此外，Suite 还包括执行预测、数据分析和最优化的 Stat Tools、Neural Tools 和 Evolver。所有程序的设计和开发均旨在使其易于配合使用。

Decision Tools Suite 5.7 的所有产品均与 64 位 Excel 2010 完全兼容。与以前相比，64 位技术使 Excel 和 Decision Tools 产品能够使用更多计算机内存。这使用户能够建立更大的模型，并获得更强大的计算能力。

6. 专业工程应用软件

在国际工程中，设计比较粗，许多施工详图必须由承包商设计，则必须用专业工程的设计和绘图软件，如各种专业用 CAD 软件。

1) AutoCAD

AutoCAD 是美国 AutoDesk 公司开发的通用计算机辅助设计和绘图软件，广泛用于机械设计、制造、建筑、土木工程等各种行业。该软件用于二维工程制图、详细绘制、设计文档和基本三维设计，现已经成为国际上广为流行的工程制图工具。它为从事各种造型设计的客户提供了强大的功能和灵活性，可以帮助他们更好地完成设计和文档编制工作。该绘图软件从1982年的1.0版本到2012版的二十几种版本,经历了从DOS环境到WINDOWS图形交互界面的转变，功能更加强大。

2) 中望 CAD

中望 CAD 是由广州中望龙腾软件股份有限公司开发的一款二维 CAD 工程制图软件。

其界面、操作习惯和命令方式与 AutoCAD 保持一致，文件格式也可高度兼容，并具有国内领先的稳定性和速度，是 CAD 正版化的首选解决方案。该软件的最新版本中，新增了参数化功能、几何约束功能、标注约束功能、表格功能、字段功能、多重引线功能、三维轮廓线功能、PDF 打印功能、标注打断功能等，大大提升了用户在工程制图时的效率。

3）UG(Unigraphics NX)

UG(Unigraphics NX)是 Siemens PLM Software 公司出品的一个产品工程解决方案，它为用户的产品设计及加工过程提供了数字化造型和验证手段。Unigraphics NX 针对用户的虚拟产品设计和工艺设计的需求，提供了经过实践验证的解决方案。

4）QuickCAD

QuickCAD 8.0 工程绘图软件简单易学，只要具备工程制图素养，就能立即进入电脑绘图的领域，提升了工作效率，它与 AutoCAD 有 95%相似的功能。该软件本身功能强大，在相容性、直觉式操作、智慧型绘图工具、轻松编辑图、重复使用物件和样式、贴心的资讯注记、多元化的图档检视模式、标签模式有效管理多个配置、个性化的选项设定管理、ACIS 立体模型、可程式化界面，以及地理资讯应用等进阶功能方面都有很好的表现。

7. 其他方面的软件

其他方面主要指工程后勤管理、库存管理、现场管理、质量管理及办公等方面。工程相关的后勤、库存等管理模块在大型的项目管理软件包中一般是打包销售的，因此，国内外独立模块销售得不是很多，具体可以参照企管家软件、广联达工程系列软件和斯维尔工程系列软件等。

办公方面主要是工作岗位软件，包括文本处理软件、表处理软件、制图软件、数据库软件。现在已形成一个功能十分完备的集成化的办公自动化系统(OA)，为办公提供十分强大的功能，这些功能主要是针对工程管理通常所需要的事务管理、人员管理、物资管理、文件管理等。

Micorosoft Office 公司对于办公自动化系统的开发是无所不在的，相关的 Word、Excel、Powerpoint 等版本更新迅速，达到了很好的兼容性、界面友好、操作简便，占据了国内外大部分的商业和民间用户。国内北京金山软件公司推出的 WPS 办公软件包 2012 版荣膺世界版权金奖，该软件在 Office 软件的基础上，设计界面友好，功能强大，与 Micorosoft 实现兼容，同时支持网络连接更新和对界面的美化功能，目前国内个人用户颇多。

计算机网络系统能够使大型工程项目、企业的各个职能管理部门、企业所管理的所有工程形成一个有机的管理系统，提供一个集成化信息共享和协同工作平台。

三、集成化工程管理系统软件的开发和应用

现在工程管理系统的集成化是计算机应用研究和开发的重点之一。它不仅是前述各种功能的集合，而且形成一个由计算机进行信息处理，能够提供全面的工程管理功能的有机整体。例如：

(1) 面向一个企业的工程管理系统软件。如房地产公司、设计单位、施工企业的工程管理系统软件。它实质上属于企业管理系统软件。

(2) 面向专门工程项目开发的工程管理系统软件。如我国的三峡工程开发总公司开发的三峡工程项目管理系统(TGPMS)就是一个大型的工程管理系统软件。

(3) 通用的集成化的工程全生命期管理系统软件。将建筑工程的技术设计(设计 CAD)、概预算、网络计划、资源计划、成本计划、会计核算、现场管理、采购管理、施工管理、运营管理软件等综合起来，提供完备的工程全生命期信息处理和储存功能。

基于计算机技术和现代信息技术的工程全生命期集成化管理具有非常广泛的意义，能够发挥工程管理的系统优势，大大提高工程管理的水平。

复习思考题

1. 简述工程系统化的涵义。
2. 简述 PDCA 循环原理？举例说明该方法在日常生活和学习中的使用。
3. 简述控制理论在工程管理中的体现。
4. 简述信息技术对工程管理者工作和生活的影响。
5. 了解工程管理领域相关的应用软件及功能。
6. 试论述计算机集成技术对工程管理的影响。

第五章　工程建设市场准入与就业方向

【本章提要】

本章主要介绍了我国工程建设市场准入制度，并在工程管理人才需求分析的基础上，对工程管理专业学生的就业途径给出了建议。

第一节　工程建设市场准入制度

工程建设市场准入制度，是国家为了加强对工程建设活动的监督管理，维护公共利益和工程建设市场秩序，保证建设工程质量安全，促进建筑业健康发展而制定的一系列法律法规、政策。依据这些政策法规对进入工程领域的企业和个人采取批准、登记、许可、授权等管理行为，是政府调控建筑市场，引导行业发展的重要手段。

一、国外工程建设行业市场准入

市场经济发达国家建筑业市场准入管理制度已经有了近 100 年的历史，在准入管理的政策规定、运作方式等方面日臻完善，能够适应市场体制的要求和建筑业活动的特点，责任明确，便于管理。这些国家施行的是个人准入制度，即对建筑市场从业个人进行个人执业资格管理，而对建筑企业一般不进行过多的限制。在发达国家或地区，建筑业从业主体的管理经历了长期的磨砺，已建立起成熟的执业资格制度，形成了一套完整的法律体系和管理体系。目前，市场经济发达国家和地区建筑业市场准入管理主要有以美国、加拿大为代表的北美模式，即政府管理模式，实行全国统一考试和注册；以英国为代表的英联邦模式，实行行业组织管理，实行会员资格考试和名称保护，属于行业自律管理模式。

1. 美国建筑市场准入制度

法律管理模式类执业资格制度，由政府负责审核资格和颁发证书。但政府一般都不直接对专业技术人员资格进行管理，具体工作一般由政府授权的非政府机构组织实施。政府主要通过制定法规和协调教育政策、对政府授权的注册管理机构主要成员任命、对执业人员数量调控等进行有效的调控。

美国对注册执业人员的注册管理特点是"注册保护"，即只有经过注册并取得注册执业资格证书后，方可作为注册执业人员执业，并作为注册师在图纸上签字。美国没有统一的建筑师法，50 个州和 4 个领地及华盛顿特区等 55 个地区分别制定建筑师法。美国于 1919 年成立了全国注册建筑师委员会(简称 NCARB)，是一个非盈利法人。NCARB 的主要职能是颁发认定证明，包括人员教育、人员实习、考题拟定、样板法律制定并由各州进行选择性执行、证书发放等工作。NCARB 根据满足一定资格条件者的申请，把申请者所受的教育、训练、考试及和注册有关的内容整理或记录，发给申请者，作为对各州委员会或外国注册机关的证明，说明该人已经符合 NCARB 的认定条件。尽管申请 NCARB 证书完全是自愿的，但上述证明不是各州委员会所有的注册建筑师都能得到的，而必须是满足 NCARB 规定的资格条件者才能得到。有 NCARB 证书的人必须在想要进行活动的州的注册委员会注册以后，才可以作为建筑师进行活动。

美国的建设活动受到建设法规、规则标准的严格制约。《统一建筑法规》(UBC)是建筑业最为重要的建筑活动管理法规，它对管辖范围内任何建筑物的施工、改建、拆迁、使用、维修以及建筑行政管理、建筑许可等制度做出了详细规定。作为承包商，一定要想方设法避免相关法规中规定的质量事故的发生，否则必将损害自身的社会信誉和企业形象，严重影响企业在激烈的市场竞争中的生存和发展。

2. 英国建筑市场准入制度

英国对建筑业进行管理的政府部门是英国贸易与工业部(DTI)，它不直接管理建筑业各类人员的执业资格，英国执业资格都由相应的学会负责，并根据学会章程对会员进行管理。执业资格设置的有关情况由学会负责向政府设置的资格管理机构(QCA)报告。建筑业专业人员的资格以学会不同级别来反映不同的资格标准。

英国皇家特许建造学会(CIOB)是一个由从事建筑管理领域的专业人士组成的，涉及建设全过程管理的专业学会，是英国从事建筑管理领域最高级别的专业学会组织，1980 年获得皇家特许资格，也是唯一涉及建筑管理专业人士、对大学建筑管理专业进行评估的学会。CIOB 虽然被授予英国皇家特许，但它是独立于政府之外的机构，没有政府资助。CIOB 对会员的管理比较完善，制定了详细的资格标准、申请程序和监督程序，不但在申请时对申请者进行考核，而且对会员也进行继续教育，并对其进行实时管理。CIOB 规定，申请者要接受 CIOB 的 PDP 培训，成为 MCIOB 后，CIOB 通过其分支机构，实施专业继续教育开发项目 CPD，每年至少为会员提供 30 小时的培训。

学会会员的个人信用在执业中非常关键，会员在执业时，其以往的经历是业主重点考察的内容。在英国，学会与会员的关系十分紧密，学会要维护其社会信誉和在专业领域的权威性，对会员的管理十分严格，学会以定期注册的形式对会员进行执业记录的管理，会员在两次注册期内要接受学会的继续教育。

3. 国际项目管理专业资格认证(IPMP)

国际项目管理专业资格认证(International Project Management Professional，简称 IPMP)是国际项目管理协会(International Project Management Association，简称 IPMA)在全球推行的四级项目管理专业资格认证体系的总称。IPMP 是对项目管理人员的知识、经验和能力水平的综合评估证明。根据 IPMP 认证等级划分获得 IPMP 各级项目管理认证的人员，将分别具有负责大型国际项目、大型复杂项目、一般复杂项目或具有从事项目管理专业工作的能力。IPMA 依据国际项目管理专业资格标准，针对项目管理人员专业能力、知识、管理经验和个人素质的不同，将项目管理专业人员资格认证分为四个等级，即 A、B、C、D 级，每个等级分别授予不同级别的证书。

二、国内工程建设市场准入

建设行业市场准入制度是对进入建筑市场提供产品和服务的主体资格进行限制和管理的制度。我国建设市场准入制度实施时间不长。但是，实施以来，对提高工程建设质量、充分发挥投资效益、加强安全生产、调控行业规模、提高从业人员素质等都起到了很好的作用。建立合理的建设市场准入制度，具有非常重大的意义：

(1) 建立合理的建设企业市场准入制度符合市场经济发展的客观规律。

(2) 建立合理的企业市场准入制度有利于推进行业结构优化。

(3) 建立合理的企业市场准入制度有利于与国际市场接轨。

目前，建设部将建设行业企业分为建筑业企业、监理企业、工程建设项目招标代理机构、建设工程设计企业、建设工程勘察企业、房地产开发企业、物业管理企业、房地产估价机构、房产测绘单位、工程造价咨询企业、城市园林绿化企业、城市规划编制单位等 12 类企业。我国实行企业资质管理和个人执业资格管理并行的双轨制管理模式，并且实行以企业资质为主，个人执业资格隶属于企业的市场准入制度。

1. 企业准入制度

改革开放以后，我国经济进入高速发展时期，固定建设投资逐年增加。为了加强对工程建设活动的监督管理，维护公共利益和工程建设市场秩序，保证建设工程质量安全，促进建设行业健康发展，从 1989 年至今，建设部颁布了《建筑业企业资质管理规定》、《建设工程勘察设计企业资质管理规定》、《工程监理企业资质管理规定》、《施工总承包企业特级资质标准》、《房地产开发企业资质管理规定》、《城市规划编制单位资质管理规定》和《工程造价咨询企业管理规定》等部门规章以及与之相适应的企业资质等级标准，形成了较为完整的建设行业市场准入法律规章体系。企业必须符合相关规定要求，并取得相应的企业资质证书，才能进入工程建设市场领域从事生产经营活动。

下面仅以建筑企业中房屋建筑工程施工总承包企业的资质为例说明。

1) 法律依据

建筑业企业资质由《建筑业企业资质管理规定》(建设部令[2007]第 159 号)、《建筑业企业资质等级标准》(建[2001]82 号)、《施工总承包企业特级资质标准》(建[2007]72 号)等建设部门规章共同规定。

2) 资质序列、类别与等级

建筑业企业资质分为施工总承包、专业承包和劳务分包三个序列。

取得施工总承包资质的企业(以下简称施工总承包企业)，可以承接施工总承包工程。施工总承包企业可以对所承接的施工总承包工程内各专业工程全部自行施工，也可以将专业工程或劳务作业依法分包给具有相应资质的专业承包企业或劳务分包企业。

取得专业承包资质的企业(以下简称专业承包企业)，可以承接施工总承包企业分包的专业工程和建设单位依法发包的专业工程。专业承包企业可以对所承接的专业工程全部自行施工，也可以将劳务作业依法分包给具有相应资质的劳务分包企业。

取得劳务分包资质的企业(以下简称劳务分包企业)，可以承接施工总承包企业或专业承包企业分包的劳务作业。

施工总承包资质、专业承包资质、劳务分包资质序列按照工程性质和技术特点分别划分为若干资质类别，各资质类别按照规定的条件划分为若干资质等级。如施工总承包资质分为房屋建筑工程、公路工程、铁路工程、港口与航道工程、水利水电工程、电力工程等12个专业类别。专业承包资质分为地基与基础工程专业承包、土石方工程专业承包、建筑装修装饰工程专业承包、建筑幕墙工程专业承包、预拌商品混凝土专业承包等60个类别。劳务分包资质分为木工作业分包、砌筑作业分包、抹灰作业分包等13个类别。其中，房屋建筑工程施工总承包分为特级、一级、二级、三级共四个等级。

3) 申请资质的条件

下面以房屋建筑工程总承包特级资质的条件为例介绍申请资质的条件。

(1) 企业资质能力。

① 企业注册资本3亿元以上。

② 企业净资产3.6亿元以上。

③ 企业近三年上缴建筑业营业税均在5000万元以上。

④ 企业银行授信额度近三年均在5亿元以上。

(2) 企业主要管理人员和专业技术人员要求。

① 企业经理具有十年以上从事工程管理工作的经历。

② 技术负责人具有十五年以上从事工程技术管理工作的经历，且具有工程序列高级职称及一级注册建造师或注册工程师执业资格，主持完成过两项及以上施工总承包一级资质要求的代表工程的技术工作或甲级设计资质要求的代表工程或合同额2亿元以上的工程总承包项目。

③ 财务负责人具有高级会计师职称及注册会计师资格。

④ 企业具有注册一级建造师(一级项目经理)50人以上。

⑤ 企业具有本类别相关的行业工程设计甲级资质标准要求的专业技术人员。

(3) 科技进步水平。

① 企业具有省部级(或相当于省部级水平)及以上的企业技术中心。

② 企业近三年科技活动经费支出平均达到营业额的0.5%以上。

③ 企业具有国家级工法3项以上；近五年具有与工程建设相关的，能够推动企业技术进步的专利3项以上，累计有效专利8项以上，其中至少有一项发明专利。

④ 企业近十年获得过国家级科技进步奖项或主编过国家或行业工程建设标准。

⑤ 企业已建立内部局域网或管理信息平台，实现了内部办公、信息发布、数据交换的网络化，已建立并开通了企业外部网站，使用了综合项目管理信息系统和人事管理系统、工程设计相关软件，实现了档案管理和设计文档管理。

(4) 代表工程业绩。近五年承担过下列5项工程总承包或施工总承包项目中的3项，并且工程质量合格。

① 高度100米以上的建筑物。

② 28层以上的房屋建筑工程。

③ 单体建筑面积5万平方米以上的房屋建筑工程。

④ 钢筋混凝土结构单跨30米以上的建筑工程或钢结构单跨36米以上的房屋建筑工程。

⑤ 单项建设合同额 2 亿元以上的房屋建筑工程。

4）特定资质的承包范围

下面仍以总承包特级资质为例进行介绍。获得特级资质的施工总承包企业可以承接以下项目：

(1) 取得施工总承包特级资质的企业可承担本类别各等级工程施工总承包，设计及开展工程总承包和项目管理业务。

(2) 取得房屋建筑、公路、铁路、市政公用、港口与航道、水利水电等专业中任意一项施工总承包特级资质和其中两项施工总承包一级资质，即可承接上述各专业工程的施工总承包、工程总承包和项目管理业务，开展相应设计主导专业人员齐备的施工图设计业务。

(3) 取得房屋建筑、矿山、冶炼、石油化工、电力等专业中任意一项施工总承包特级资质和其中两项施工总承包一级资质，即可承接上述各专业工程的施工总承包、工程总承包和项目管理业务，开展相应设计主导专业人员齐备的施工图设计业务。

(4) 特级资质的企业，限承担施工单项合同额 3000 万元以上的房屋建筑工程。

2. 个人准入制度

为适应社会主义市场经济的发展要求，提高从业人员的素质，确保建设工程的质量和安全，借鉴国外发达国家的有益经验，自 1993 年建设部、人事部发布《监理工程师资格考试和注册实行办法》以来，建设行业共建立了 10 多项执业资格制度，覆盖了房地产、建筑、勘察设计、工程咨询、城市规划和市政公用事业等行业。具体包括：建设部、人事部 1994 年确立的注册建筑师制度；1995 年建立的房地产估价师执业制度；1996 年先后建立的监理工程师和造价工程师执业制度；1997 年实行的注册结构工程师执业资格制度；1999 年建立注册城市规划师执业资格制度；2002 年确立的土木工程师(岩土)和建造师执业资格制度；2003 年建立的注册安全工程师执业资格制度；2005 年制定的注册物业管理师执业资格制度。这些制度从考试、注册、执业和继续教育等方面作了详细规定，逐步建立了个人执业资格市场准入制度。

工程项目管理者是工程建设项目的主要负责人，他们根据企业法定代表人的授权，对工程项目自开工准备至竣工验收实施全面组织管理。工程项目管理者的素质、管理水平及其行为是否规范，对工程项目的质量、进度、安全生产具有重要影响。建立执业资格制度后，一旦工程项目发生重大施工质量安全事故或出现违法违规行为，不仅可以依法追究有关单位的责任，还可以依法追究负责该项目的注册执业人员的责任，视其情节予以停止执业、吊销执业资格证书和注册证书等处罚，使对质量安全事故和违法违规行为的责任追究到人。目前，从施工企业情况来看，工程项目管理者队伍的人员素质和管理水平参差不齐，专业理论水平和文化程度总体偏低。今后，企业聘任经考试并取得执业资格的人员担任企业经营管理者，有助于促进其素质和管理水平的提高，有利于保证工程项目的顺利实施。因此，建立执业资格制度是规范建筑市场秩序、保证工程质量与安全的重要举措。

国家在工程项目管理领域推行执业资格制度，改变了只对企业实行经营资格的单一管理方式，突出了四项资质管理的功能：一是调控行业规模；二是调整专业结构；三是规范市场准入；四是提高企业素质。从目前的状况看，由于全行业处于市场化的运行之中，行业规模的调控已主要靠建筑市场自行调控进行；专业资质标准的推行基本上实现了专业结构的调整；资质等级的严格分档使市场准入的制度基本成型。在评价工程项目过程中，对于企业专业人员的要求远比以前要高，专业人员是否达标，是企业资质评审的一条硬性标准。企业管理者职业化素养亟待提高，当前我国建筑企业各个经营管理的岗位，其人选任命者多，竞聘上岗者少，合格的经营管理者并不多，因此当务之急是按照职业化的标准抓紧对执业资格制度的建设。我国已加入世界贸易组织多年，当前不仅要积极应对国外承包商进入我国，同时还要更好地贯彻"走出去"的战略方针，把握机遇，积极组织开拓国际建筑市场。就我国而言，建筑业从业人数约占全世界建筑业从业人数的25%，但对外工程承包额却仅占国际建筑市场的1.3%。其原因固然很多，但缺乏高素质的施工管理人员是重要原因。建立执业资格制度，将对我国开拓国际建筑市场、增强对外工程承包能力有所帮助。因此，建立执业资格制度也是与国际接轨、开拓国际建筑市场的客观要求。

我国工程管理执业资格制度虽然推行的时间较短，但进展较快，目前建设领域执业资格制度的框架已基本形成。按照建设部制定的我国建设行业执业资格制度实施规划，建设行业目前已建立的执业资格制度有十几个，约占全国各类执业资格考试总数的35%，如图5-1所示。以下对与工程管理专业紧密相关的几个执业资格考试进行详细介绍。

图 5-1　建设行业主要的执业资格制度

1) 注册建造师

(1) 建造师的定位与职责。建造师是以专业技术为依托，以工程项目管理为主业，以施工管理为主业的执业注册人员，这些执业注册人员以施工管理为主。建造师是具备管理、技术、经济、法规方面知识和能力的综合素质较高的复合型人员，既要有理论水平，也要有丰富的实践经验和较强的组织能力。建造师注册受聘后，可以以建造师的名义担任建设工程项目施工的项目经理，从事其他施工活动的管理，从事法律、行政法规或国务院建设行政主管部门规定的其他业务。注册建造师分为一级注册建造师和二级注册建造师。在行使项目经理职责时，一级注册建造师可以担任《建筑业企业资质等级标准》中规定的特级、一级建筑业企业资质的建设工程项目施工的项目经理；二级注册建造师可以担任二级建筑业企业资质的建设工程项目施工的项目经理。大中型工程项目的项目经理必须由取得建造师执业资格的人员担任；但取得建造师执业资格的人员能否担任大中型工程项目的项目经理，应由建筑业企业自主决定。

(2) 建造师的资格。一级建造师执业资格实行全国统一大纲、统一命题、统一组织的考试制度，由人事部、建设部共同组织实施，原则上每年举行一次考试；二级建造师执业资格实行全国统一大纲，各省、自治区、直辖市命题并组织的考试制度。报考人员要符合有关文件规定的相应条件。考试内容分为综合知识与能力和专业知识与能力两部分。一级建造师执业资格考试设有建设工程经济、建设工程法规及相关知识、建设工程项目管理和专业工程管理与实务 4 个科目。二级建造师执业资格考试设有建设工程施工管理、建设工程法规及相关知识、专业工程管理与实务 3 个科目。一级、二级建造师执业资格考试合格人员，分别获得中华人民共和国一级建造师执业资格证书、中华人民共和国二级建造师执业资格证书，证书在全国范围内有效。

(3) 建造师的注册。取得建造师执业资格证书且符合注册条件的人员，必须经过注册登记后，方可以建造师的名义执业。建设部或其授权机构为一级建造师执业资格的注册管理机构；各省、自治区、直辖市建设行政主管部门制定本行政区域内二级建造师执业资格的注册办法，报建设部或其授权机构备案。准予注册的申请人员，分别获得中华人民共和国一级建造师注册证书、中华人民共和国二级建造师注册证书。已经注册的建造师必须接受继续教育，更新知识，不断提高业务水平。建造师执业资格注册有效期一般为 3 年，期满前 3 个月要办理再次注册手续。

(4) 建造师的执业范围。注册建造师有权以建造师的名义担任建设工程项目施工的项目经理，从事其他施工活动的管理，从事法律法规或国务院行政主管部门规定的其他业务。

近年来，注册建造师以建设工程项目施工的项目经理为主要岗位。但是，同时鼓励和提倡注册建造师"一师多岗"，从事国家规定的其他业务，如担任质量监督工程师等。

2) 造价工程师

(1) 造价工程师的定位与职责。造价工程师是指通过全国造价工程师执业资格统一考试或者资格认定、资格互认，取得中华人民共和国造价工程师执业资格，并按照注册造价工程师管理办法注册，取得中华人民共和国造价工程师注册执业证书和执业印章，从事工程造价活动的专业人员。

造价工程师应履行以下义务：必须熟悉并严格执行国家有关工程造价的法律法规和规定；恪守职业道德和行为规范，遵纪守法，秉公办事；对经办的工程造价文件质量负有经济的和法律的责任；及时掌握国内外新技术、新材料、新工艺的发展应用，为工程造价管理部门制订、修订工程定额提供依据；自觉接受继续教育，更新知识，积极参加职业培训，不断提高业务技术水平；不得参与其他单位事关本项工程的经营活动；严格保守执业中得知的技术和经济秘密。

(2) 造价工程师的资格。全国造价工程师执业资格考试由建设部与人事部共同组织，实行全国统一大纲、统一命题、统一组织的办法，原则上每年举行一次，只在省会城市设立考点。考试采用滚动管理，共设 5 个科目，单科滚动周期为 2 年。考试科目有：工程造价的计价与控制、工程造价管理基础理论与相关法规、建设工程技术与计量(分土建与安装两个专业)、工程造价案例分析。通过造价工程师执业资格考试的合格者,由省、自治区、直辖市人事(职改)部门颁发人事部统一印制的、加盖人事部和建设部印章的中华人民共和国造价工程师执业资格证书,该证书在全国范围内有效。

(3) 造价工程师的注册。取得造价工程师执业资格证书者,须按规定向所在省(区、市)造价工程师注册管理机构办理注册登记手续。经批准注册的造价工程师,由其单位所在省、自治区、直辖市或国务院造价工程师注册管理机构核发建设部印制的造价工程师注册证,并在执业资格证书的注册登记栏内加盖注册专用印章。造价工程师注册有效期为 4 年。有效期满前 3 个月,持证者须按规定到注册机构办理再次注册手续。

(4) 造价工程师的执业范围。造价工程师可在工程建设、设计、施工、工程造价咨询等单位从事计价、评估、审核、审查、控制及管理等工作,造价工程师只能在一个单位执业。造价工程师执业范围包括:

① 建设项目建议书、可行性研究投资估算的编制和审核,项目经济评价,工程概、预、结算和竣工结(决)算的编制和审核。

② 工程量清单、标底(或者控制价)、投标报价的编制和审核,工程合同价款的签订及变更、调整,工程款支付与工程索赔费用的计算。

③ 建设项目管理过程中设计方案的优化,限额设计等工程造价分析与控制,工程保险理赔的核查。

④ 工程经济纠纷的鉴定。

3) 注册监理工程师

(1) 监理工程师的定位与职责。注册监理工程师,是指经考试取得中华人民共和国监理工程师资格证书并按照规定注册,取得中华人民共和国注册监理工程师注册执业证书和执业印章,从事工程监理及相关业务活动的专业技术人员。

注册监理工程师应当履行下列义务:遵守法律、法规和有关管理规定;履行管理职责,执行技术标准、规范和规程;保证执业活动成果的质量,并承担相应责任;接受继续教育,努力提高执业水准;在本人执业活动所形成的工程监理文件上签字、加盖执业印章;保守在执业中知悉的国家秘密和他人的商业、技术秘密;不得涂改、倒卖、出租、出借或者以其他形式非法转让注册证书或者执业印章;不得同时在两个或者两个以上单位受聘或者执业;在规定的执业范围和聘用单位业务范围内从事执业活动;协助注册管理机构完成相关工作。

(2) 监理工程师的资格。1996 年 8 月,建设部、人事部下发了《建设部、人事部关于全国监理工程师执业资格考试工作的通知》(建监〔19963462 号〕),从 1997 年起,全国正式举行监理工程师执业资格考试。考试工作由建设部、人事部共同负责,日常工作委托中国建设监理协会承担。具体考务工作由人事部人事考试中心负责。考试每年举行一次,考试时间一般安排在 5 月中旬,原则上在省会城市设立考点。考试设 4 个科目,具体是:建设工程监理基本理论与相关法规,建设工程合同管理,建设工程质量、投资、进度控制,建设工程监理案例分析。监理工程师执业资格考试合格者,由各省、自治区、直辖市人事(职改)部门颁发人事部统一印制的、加盖人事部与建设部印章的中华人民共和国监理工程师执业资格证书,该证书在全国范围内有效。

(3) 监理工程师的注册。取得监理工程师执业资格证书者，须按规定向所在省(区、市)建设部门申请注册，经过注册方能以注册监理工程师的名义执业。注册监理工程师依据其所学专业、工作经历、工程业绩，按照工程监理企业资质管理规定划分的工程类别，按专业注册。每人最多可以申请两个专业注册。注册监理工程师注册有效期为 3 年，注册有效期满需继续执业的，应当在注册有效期满 30 日前，按照规定程序申请延续注册。

(4) 监理工程师的执业范围。取得资格证书的人员，应当受聘于一个具有建设工程勘察、设计、施工、监理、招标代理、造价咨询等一项或者多项资质的单位，经注册后方可从事相应的执业活动。从事工程监理执业活动的，应当受聘并注册于一个具有工程监理资质的单位。

注册监理工程师可以从事工程监理、工程经济与技术咨询、工程招标与采购咨询、工程项目管理服务以及国务院有关部门规定的其他业务。

4) 房地产估价师

(1) 房地产估价师的定位与职责。房地产估价师是指经全国统一考试，取得房地产估价师执业资格证书，并注册登记后从事房地产估价活动的人员。

房地产估价师必须履行下列义务：遵守房地产评估法规、技术规范和规程；保证估价结果的客观公正；遵守行业管理规定和职业道德规范；接受职业继续教育，不断提高业务水平；为委托人保守商业秘密。

(2) 房地产估价师的资格。房地产估价师执业资格实行全国统一考试制度，原则上每两年举行一次。人事部负责审定考试科目、考试大纲和试题，会同建设部对考试进行检查、监督、指导，并确定合格标准，组织实施各项考务工作。考试科目包括房地产基本制度与政策(含房地产相关知识)、房地产开发经营与管理、房地产估价理论与方法、房地产估价案例与分析。房地产估价师执业资格考试合格者，由人事部或其授权的部门颁发人事部统一印制、加盖人事部和建设部印章的中华人民共和国房地产估价师执业资格证书，该证书在全国范围内有效。

(3) 房地产估价师的注册。未取得房地产估价师注册证的人员，不得以房地产估价师的名义从事房地产估价业务。建设部或其授权的部门为房地产估价师资格的注册管理机构。房地产估价师执业资格考试合格人员，必须在取得房地产估价师执业资格证书后 3 个月内办理注册登记手续。准予注册的申请人，由建设部或其授权的部门核发房地产估价师注册证。

(4) 房地产估价师的执业范围。房地产估价师的执业范围包括房地产估价、房地产咨询以及与房地产估价有关的其他业务。

5) 招标师

(1) 招标师的定位与职责。招标师(含高级招标师)是指通过招标师职业水平考试或以考试与评审相结合的方式，取得《中华人民共和国招标师职业水平证书》，具备招标采购专业技术岗位工作的水平和能力，在招标单位、招标代理机构等从事招标采购业务的专业技术人员。招标采购专业技术人员职业水平评价分为招标师和高级招标师两个级别。

招标采购涉及不同领域的专业内容，招标师应具备招标采购必需的专业知识和能力，并在自己熟悉的领域中工作。招标采购涉及其他相关专业技术工作的，招标师应当与其他专业技术人员相互配合才能有效实施和完成招标采购活动。

(2) 招标师的资格。招标师职业水平评价实行全国统一大纲、统一命题、统一组织的考试方式。考试科目有《招标采购法律法规与政策》、《项目管理与招标采购》、《招标采购专业实务》、《招标采购案例分析》。考试成绩实行两年为一个周期的滚动管理办法，参加考试的人员在连续的两个考试年度内通过全部 4 个科目的考试，可取得《中华人民共和国招标师职业水平证书》。该证书在全国范围内有效。凡是以不正当手段取得招标师职业水平证书的，由发证机关收回证书，2 年内不得再次参加招标师职业水平考试。

(3) 招标师的登记。取得招标师职业水平证书的人员，应向中国招标投标协会申请办理登记手续。首次登记的受理期限为证书签发之日起 6 个月内，登记服务有效期为 3 年。首次登记后，每 3 年进行再登记。再登记的受理期限为上一次登记有效期满前 3 个月，至登记有效期满后 3 个月。超过登记或再登记受理期限的，不予登记。

(4) 招标师的职业范围。招标师的主要工作是依法开展招标采购活动，包括：

① 编制招标采购计划、方案、招标采购公告、招标资格预审文件，组织投标资格审查。

② 编制招标文件和合同文本(其中技术规范、工程量清单由其他专业技术人员为主编制)，组织现场踏勘、开标和评标活动。

③ 主持或协助合同谈判并参与签订合同。

④ 采用其他方式组织采购活动。

⑤ 参与招标采购合同结算和验收。

⑥ 解决招标采购活动及其合同履行中的争议纠纷。

招标师可以利用自身的专业知识和能力，为企业、政府和行业及其他专业工作提供与招标采购业务相关的咨询和培训服务。

6) 注册城市规划师

(1) 城市规划师的定位与职责。城市规划师是指经全国统一考试合格，取得城市规划师执业资格证书并经注册登记后，从事城市规划业务工作的专业技术人员。

注册城市规划师应严格执行国家有关城市规划工作的法律、法规和技术规范，秉公办事，维护社会公众利益，保证工作成果质量。注册城市规划师对所经办的城市规划工作成果的图件、文本以及建设用地和建设工程规划许可文件有签名盖章权，并承担相应的法律和经济责任；注册城市规划师应保守工作中的技术和经济秘密；注册城市规划师不得同时受聘于两个或两个以上单位执行城市规划业务，不得准许他人以本人名义执行业务；注册城市规划师按规定接受专业技术人员继续教育，不断更新知识，提高工作水平，参加规定的专业培训和考核，并作为重新注册登记的必备条件之一。

(2) 城市规划师的资格。注册城市规划师执业资格考试实行全国统一大纲、统一命题、统一组织的办法。原则上每年举行一次。注册城市规划师执业资格考试科目为：城市规划原理、城市规划管理与法规、城市规划相关知识和城市规划实务。注册城市规划师执业资格考试合格者，由各省、自治区、直辖市人事部门颁发人事部统一印制，加盖人事部和建设部印章的中华人民共和国注册城市规划师执业资格证书。该证书在全国范围内有效。

(3) 城市规划师的注册。建设部及各省、自治区、直辖市规划行政主管部门负责注册城市规划师的注册管理工作。取得注册城市规划师执业资格证书申请注册的人员，可由本人提出申请，经所在单位同意后报所在地省级城市规划行政主管部门审查，统一报建设部注册登记。经批准注册的申请人，由建设部核发注册城市规划师注册证。注册城市规划师每次注册有效期为 3 年。有效期满前 3 个月，持证者应当重新办理注册登记。

(4) 城市规划师的执业范围。城市规划师的执业范围主要包括：在具有城市规划设计资质的设计单位及相关科研、咨询单位从事城市规划设计方案的编制及其城市规划的科研、咨询工作；在各级政府城市规划行政主管部门从事组织各类城市规划编制和审批工作，以及依据城市规划及其相关法规对城市各项建设活动进行规划管理工作；在房地产开发单位从事房地产规划策划工作等。

7) 房地产经纪人

(1) 房地产经纪人的定位与职责。房地产经纪人是指经全国统一考试，取得房地产经纪人执业资格证书，注册登记后从事房地产居间、代理等经纪活动的人员。房地产经纪人员职业资格包括房地产经纪人执业资格和房地产经纪人协理从业资格。取得房地产经纪人执业资格是进入房地产经纪活动关键岗位和发起设立房地产经纪机构的必备条件。取得房地产经纪人协理从业资格，是从事房地产经纪活动的基本条件。

房地产经纪人和房地产经纪人协理在经纪活动中必须严格遵守法律、法规和行业管理的各项规定，坚持公开、公平、公正的原则，遵守职业道德；房地产经纪人和房地产经纪人协理经注册后，只能受聘于一个经纪机构，并以房地产经纪机构的名义从事经纪活动，不得以房地产经纪人或房地产经纪人协理的身份从事经纪活动或在其他经纪机构兼职；房地产经纪人和房地产经纪人协理必须利用专业知识和职业经验处理或协助处理房地产交易中的细节问题，向委托人披露相关信息，诚实信用，恪守合同，完成委托业务，并为委托人保守商业秘密，充分保障委托人的权益；房地产经纪人和房地产经纪人协理必须接受职业继续教育，不断提高业务水平。

(2) 房地产经纪人的资格。房地产经纪人执业资格实行全国统一大纲、统一命题、统一组织的考试制度，由人事部、建设部共同组织实施，原则上每年举行一次。房地产经纪人执业资格考试科目为：房地产基本制度与政策、房地产经纪相关知识、房地产经纪概论和房地产经纪实务。考试成绩实行两年为一个周期的滚动管理。房地产经纪人执业资格考试合格者，由各省、自治区、直辖市人事部门颁发人事部统一印制，加盖人事部、建设部印章的中华人民共和国房地产经纪人执业资格证书，该证书在全国范围内有效。房地产经纪人协理从业资格实行全国统一大纲，各省、自治区、直辖市命题并组织考试的制度，考试一般设房地产基础知识和房地产经纪基础两个科目。房地产经纪人协理从业资格考试合格者，由各省、自治区、直辖市人事部门颁发，加盖人事部、建设部印章的中华人民共和国房地产经纪人协理从业资格证书，该证书在所在行政区域内有效。

(3) 房地产经纪人的注册。取得中华人民共和国房地产经纪人执业资格证书的人员，必须经过注册登记才能以注册房地产经纪人的名义执业。建设部或其授权的机构为房地产经纪人执业资格的注册管理机构。准予注册的申请人，由建设部或其授权的注册管理机构核发房地产经纪人注册证书。房地产经纪人执业资格注册有效期一般为 3 年，有效期满前 3 个月，持证者应到原注册管理机构办理再次注册手续。在注册有效期内，变更执业机构者，应当及时办理变更手续。

(4) 房地产经纪人的执业范围。房地产经纪人可从事为委托人提供房地产信息和居间代理业务的经营活动。

8) 注册咨询工程师(投资)

(1) 注册咨询工程师的定位。注册咨询工程师(投资)，是指通过考试取得《中华人民共和国注册咨询工程师(投资)执业资格证书》，经注册登记后，在经济建设中从事工程咨询业务的专业技术人员。凡在经济建设中从事工程咨询业务的机构，必须配备一定数量的注册咨询工程师(投资)。具体办法由国家发展计划委员会另行规定。

(2) 注册咨询工程师的考试。国家对工程咨询行业关键岗位的专业技术人员实行执业资格，纳入全国专业技术人员职业资格制度统一管理，本考试是为此而举行的专门考试。只有通过本考试成绩合格者，表明其具有相应的水平和能力，才可获得工程咨询行业的执业资格。本资格在全国范围内有效。考试设工程咨询概论、宏观经济政策与发展规划、工程项目组织与管理、项目决策分析与评价、现代咨询方法与实务共5个科目。

(3) 咨询工程师的注册。咨询工程师执业资格考试合格者，由各省、自治区、直辖市人事(职改)部门颁发人事部统一印制的、人事部与建设部共印的中华人民共和国咨询工程师执业资格证书。该证书在全国范围内有效。取得咨询工程师执业资格证书者，须按规定向所在省(区、市)建设部门申请注册。

(4) 注册咨询工程师的执业范围。我国规定取得证书的注册咨询工程师(投资)可以在以下范围执业：

① 经济社会发展规划、计划咨询。
② 行业发展规划和产业政策咨询。
③ 经济建设专题咨询。
④ 投资机会研究。
⑤ 工程项目建议书的编制。
⑥ 工程项目可行性研究报告的编制。
⑦ 工程项目评估。
⑧ 工程项目融资咨询、绩效追踪评价、后评价及培训咨询服务。
⑨ 工程项目招投标技术咨询。
⑩ 国家发改委规定的其他工程咨询业务。

第二节　工程管理专业人才需求

一、我国工程管理人员现状分析

我国建筑业的快速发展与具有一支一定规模的工程管理人才队伍有关。经过十多年的努力，我国的执业资格制度不断规范和完善，工程管理人员队伍在逐渐扩大，一支初具规模的高水平、高素质的人才队伍正在形成，这些人员已成为工程管理行业的中坚力量。据人事部和建设部公布的数据，目前通过严格考试和注册管理的各类注册人员已超过35.5万人。目前，全国许多省市对建设系统的几十个工种全面实行了职业资格证书制度，推行关键岗位准入制度，一些省、市关键岗位的持证率已达70%～85%。基层技术管理人员(施工员、质量员、造价员、安全员)已有210万人取得岗位证书。

随着我国社会和经济的发展，工程项目管理在社会生活和经济发展中起着越来越重要的作用。尤其在我国加入WTO以后，工程市场逐步向世界开放，境外企业的进入已对我国工程市场格局产生了较大的影响。我国建筑业企业与国际跨国集团公司相比最大的差距还是人才方面的差距。

工程管理行业现有人才队伍数量、素质和结构都还不能很好地适应我国建筑行业发展的需要。首先是人才供给量不能满足需求，建筑业人才总量不足，建筑技术人员短缺，建筑专业人才仅占从业人员总数的14.89%。当前，建筑业需要专业人才700万人，而现在仅有349万人，缺口超过50%。未来十年工程管理人才缺口巨大，共需补充900万人。

其次表现在管理人员整体素质不高，管理水平低，管理技术落后，实际能力与资质水平有较大差距，从而影响了企业综合竞争实力的增强。具体分析如下：

职业基本素质方面调查结果表明，工程管理人员存在着职业责任心不强、流动频率过高等问题。其次是观念落后，缺乏创新精神，自我满足，缺乏危机感，认为自己学过、能干，凭以往的知识或经验能应对工作，不需要再学习了，习惯于"要我学"，而不是"我要学"。再次就是国际化程度较低。工程管理的国际化正在形成趋势，国际合作项目越来越多。调查显示，工程管理人员普遍存在着国际化视野和全球性开放观念不强，对国际惯例和通行做法不够熟悉，不能真正懂得并吃透国际惯例、法规、标准等，缺乏进入国际市场并受国际法律保护的能力等问题。

技术素质方面调查结果显示，工程管理人员的技术能力普遍较强，有83%的工程管理人员拥有各种技术背景，其中有88%的工程管理人员有过担任技术骨干的工作经历，64%的工程管理人员被企业认为是某一方面技术领域的权威。同时，调查也显示，大多数技术专家具有精而不广的特点，对自己专业的知识掌握较为精深，而对相关领域知识掌握较少甚至茫然无知。比如，建筑与水暖电分离，技术与管理不融，专业规范与法律脱节等。

在管理素质方面，工程管理人员的综合管理能力普遍不高。首先，缺乏沟通能力、激励能力和处理人事关系的能力，对员工的凝聚力不强。如权力的外显性过强，行事缺乏领导艺术、影响力和说服力；在人事管理上管理有余而激励不足，难以使员工保持其良好的工作状态；存在个人英雄主义，不善于发挥全员积极性和能动性以及创造具有凝聚力和良好团队协作精神的团队。其次，缺乏组织管理能力与协调能力，应变能力较差，难以驾驭复杂的人力、物力、财力关系，不会合理规划和恰当分配，不善于恰当授权和合理分工。最后，资本运作能力欠缺。缺乏资本运作和合理理财意识，重技术轻管理，重硬件轻软件；资本运作、产权运作知识、能力欠缺，不会科学运用金融信用等工具；对国家财会、税收制度不熟悉，不会合理利用政策；经济风险意识不强，避险意识和能力不强。

在知识和能力结构方面，工程管理人员的知识结构主要以工程技术知识为主，还有就是工作实践中积累起来的一些管理经验，普遍缺乏相关管理知识的系统学习。

二、工程管理人才需求及综合素质要求

1. 工程管理人才需求分析

在我国工程建设领域，具有扎实的工程技术背景、较强的工程管理能力和良好的人文

法律素质，有创新精神，懂国际惯例操作实务的国际化经营、管理人才严重缺乏，已经成为制约行业长足发展、有效占领国际工程市场的瓶颈。由于我国社会固定资产投资规模不断扩大，社会对工程管理人员的需求量呈逐年增长的态势以及我国建设领域外向性不断增强，工程管理已呈现国际化趋势，工程管理人才需求逐年增长，表现出旺盛需求的态势。同时，随着我国将进一步转变经济增长方式，加大科技投入，建设节约型社会，建筑业也将通过科学管理和技术创新转变增长方式。新技术、新工艺、新标准、新材料将被广泛应用。因此掌握高新建筑施工技术、能操作会管理的技能型人才，势必会成为建筑业可持续发展的保障。建筑企业要想获得竞争优势，就必须向管理要效益，向技术要质量，归根到底还是人才的竞争。成为 WTO 成员国后，建筑业还面临着国际建筑市场竞争中的机遇和挑战。我国建筑企业要想在国际竞争中立足，就必须拥有一大批懂国际工程承包的项目管理人才、懂工程索赔的合同管理人才和懂技术善经营的复合型工程管理人才。

2. 工程管理人才综合素质

在工程管理的实际工作过程中，以及在个人职业发展过程中，工程管理者需要很高的综合素质，不仅应包括一般工程师的素质，还要具有管理者的素质，符合工程管理的特殊要求。

工程管理所要求的综合素质由知识、能力和职业道德三方面构成。

1) 知识

工程管理者要在工程中承担工程管理任务，实现工程的目标，而要解决前述工程中的问题，首先必须掌握相关的知识。这是工程管理专业的学生在大学学习的首要任务。工程管理专业学生在大学期间所学的主要专业知识分为工程技术类、管理类、经济类和法律类四大类，具体内容在第六章进行详细阐述。

2) 能力

工程管理本科专业以培养技术型、职业型、应用研究型人才为主。工程管理专业的毕业生应具有以下能力：

(1) 较为系统地掌握土木工程及其他专业工程基础技术知识。

(2) 掌握与工程管理相关的管理理论和方法、相关的经济理论和方法，以及相关的法律、法规。

(3) 具备综合运用上述几个方面的理论、知识、技术和方法从事工程的技术管理、专业管理、综合管理和全过程管理的基本能力，具备发现、分析、研究、解决工程管理理论与实践问题的基本的综合专业能力，具备进行土木工程及其他相关工程管理的能力。

(4) 具备对工程管理专业外语文献进行读、写、译的基本能力。

(5) 具备运用计算机辅助解决工程管理专业及相关问题的基本能力。

(6) 具备科学精神和基本的科学素养，具备初步的科学研究能力，具备进行工程管理专业文献检索的基本能力，具有较强的语言与文字表达和人际交往与沟通能力。

(7) 了解国内外工程管理领域理论与实践的最新发展动态与趋势。

(8) 具备较强的创新精神、创新意识和基本的创新能力，具备较强的自主学习能力。

(9) 具备优秀的政治思想素质，具备强烈的法制意识、诚信意识、职业责任感、社会责任感、环境保护和节能意识，具备健康的个性、优良的团队意识、职业适应能力和社会适应能力。

(10) 具备健康的体魄，达到大学生体育锻炼标准。

3) 职业道德

(1) 工程管理职业道德的重要性。工程管理职业道德是指从事建设工程管理活动的人们在工程管理工作中形成的道德观念、行为规范和道德品质的总和，也是社会对工程管理工作者和工程管理活动所提出的基本要求，是社会职业道德体系运用于工程管理职业活动的一种表现形式。由于工程对社会的重要作用和工程管理职业的特殊性，工程管理者需要特殊的职业道德要求。

① 工程有很大的社会影响和历史影响，工程有重大的使命。从业人员只有具备很高的职业道德，才能完成工程建设任务，获得成功的工程。

② 只有工程管理者具备很高的职业道德，才能赢得社会对工程管理者的充分信任，才能放手委托任务，才能充分发挥工程管理者的积极性和创造性，降低工程的交易成本、管理成本和运营成本，才能最终提高工程管理效率。

③ 工程管理者为工程提供的是咨询、管理方面的服务，而工程都是一次性的、创新的，工程管理者的工作很难用数量来定义，工作绩效很难评价和衡量，在很大程度上靠他的职业道德、自觉性和积极性工作。

工程管理者在工程中有很大的管理权力，但他仅作为业主或企业的代理人，对管理过程中的失误不承担或承担很小的法律的和经济的责任。此外，工程能否顺利实施，工程能否按期完成，能否符合预定的质量标准，能否达到预定的功能，以及业主投资和企业成本花费等，直接依赖于工程管理者的工作能力、经验、积极性、公正性、管理水平等。因此，工程管理是凭职业道德，凭声誉工作的。在国外，职业道德和信誉就是工程管理者的职业生命。

(2) 工程管理职业道德的要求。职业道德只有在具体的职业活动中才能形成和体现出来。

① 敬业。敬业是对工程管理者最基本、最普遍的道德要求。敬业精神最能体现职业道德的特殊性，它反映的是工程管理者与自己所从事的工程管理工作的关系，它贯穿在工程管理活动的每一个环节中。工程管理者只有具备敬业精神，才可能以满腔的热忱主动积极工作，全心全意地管理工程，才能在职业岗位上高度自觉地刻苦钻研、开拓创新，扩大业绩。

工程管理者在工程实践工作中，应热爱自己的专业、职业和工作岗位，对自己所从事的工作认真负责，刻苦钻研业务，掌握先进的知识和技能，精益求精，在工作中需要具有创新精神，勇于挑战，勇于决策，勇于承担责任和风险，并努力追求工作的完美。此外，工程管理者需要具有坚强的意志，能自律，具有较强的自我控制能力。

② 诚信。诚实守信是中华民族的传统美德。工程管理者在工作中应诚实可靠，心怀坦荡，讲究信用，言行一致，正直，办事公正，公平，实事求是，应以没有偏见的方式工作，正确地履行自己的职责，公平公正地对待各方利益。

③ 具有合作精神。工程管理是一种综合性的管理工作，离不开其他人员的团结协作。要构建一个好的工程管理团队，每个人都要有团队精神。工程管理团队的所有成员应对目标达成共识，进行合理的分工和合作，能够与他人共事，能够公开、公正、公平地处理事务。

④ 具有社会责任感和历史责任感。工程是多企业的合作,持续时间长,使用大量的社会资源。它是超越企业,超越时空的。工程管理必须有高度的使命感和责任心,不仅要实现企业目标——利润,而且要使用户满意,为整个社会作出贡献,担负起社会责任和对整个人类的责任,要具有全局的观念和保护生态环境的观念,为工程的可持续发展和历史负责。

第三节 工程管理专业就业方向

工程管理专业的毕业生就业前景十分广阔,可以在建设单位、设计单位、建筑施工企业、工程建设监理单位、房地产开发企业、工程咨询公司、国际工程公司、投资与金融等单位从事工程管理等工作,也可以在高等学校或科研机构从事相关专业的教学或科研工作,或者在政府有关部门参与行政管理工作。图 5-2 是工程管理专业学生在不同的组织中可能承担的相关工作。以下对工程管理专业毕业生的各种就业去向予以介绍。

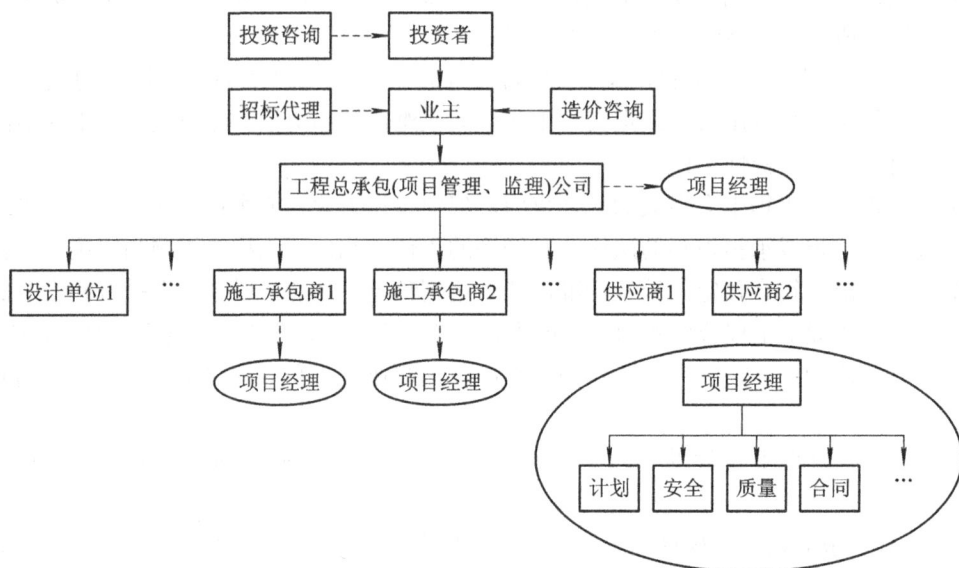

图 5-2   工程管理专业学生的职业定位

一、施工企业相关工作

施工企业是指经过建设行政主管部门的资质审查,从事土木工程、建筑工程、线路管道和设备安装工程及装修工程的施工承包单位。

施工企业是工程管理专业毕业生就业的主要渠道之一,我校每年 80%的本科毕业生选择到施工单位就业。施工单位中适合工程管理专业毕业生的岗位分为基层岗位和领导岗位。

1. 基层岗位

主要有施工员、质量检查员、安全员、造价员、材料员、资料员等。

1) 施工员的岗位职责

(1) 在项目经理的直接领导下开展工作,贯彻安全第一、预防为主的方针,按规定搞好安全防范措施,把安全工作落到实处。

(2) 认真熟悉施工图纸、编制各项施工组织设计方案和施工安全、质量、技术方案，编制各单项工程进度计划及人力、物力计划和机具、用具、设备计划。

(3) 组织职工按期开会学习，合理安排、科学引导，顺利完成本工程的各项施工任务。

(4) 协同项目经理，认真履行《建设工程施工合同》条款，保证施工顺利进行，维护企业信誉和经济利益。

(5) 编制文明工地实施方案，根据本工程施工现场合理规划布局现场平面图，安排、实施、创建文明工地。

(6) 编制工程总进度计划表和月进度计划表及各施工班组的月进度计划表。

(7) 搞好分项总承包的成本核算(按单项和分部分项)及单独核算，并将核算结果及时通知承包部的管理人员，以便及时改进施工计划及方案，争创更高效益。

(8) 向各班组下达施工任务书及材料限额领料单。

(9) 督促施工材料、设备按时进场并处于合格状态，确保工程顺利进行。

(10) 参加工程竣工交验，负责保护工程完好。

(11) 合理调配生产要素，严密组织施工，确保工程进度和质量。

(12) 组织隐蔽工程验收，参加分部分项工程的质量评定。

(13) 参加图纸会审和工程进度计划的编制。

2) 造价员的岗位职责

(1) 工程项目开工前必须熟悉图纸、熟悉现场，对工程合同和协议有一定程度的了解。

(2) 编制预算前必须获取技术部门的施工方案等资料，便于正确编制预算。

(3) 参与各类合同的洽谈，掌握资料作出单价分析，供项目经理参考。

(4) 及时掌握有关的经济政策、法规的变化，如人工费、材料费等费用的调整，及时分析提供调整后的数据。

(5) 及时正确编制好施工图预算，正确计算工程量及套用定额，做好工料分析，并及时做好预算主要实物量对比工作。

(6) 施工过程中要及时收集技术变更和签证单，并依次进行登记编号，及时做好增减账，以作为工程决算的依据。

(7) 协助项目经理做好各类经济预测工作，并提供有关测算资料。

(8) 及时正确编制竣工决算，随时掌握预算成本、实际成本，做到心中有数。

(9) 经常性地结合实际开展定额分析活动，对各种资源消耗超过定额取定标准的，及时向项目经理汇报。

3) 质检员的岗位职责

(1) 在项目经理领导下，负责检查监督施工组织设计的质量保证措施的实施，组织建立各级质量监督保证体系。

(2) 严格监督进场材料的质量、型号、规格，监督施工班组各项操作是否符合规程。

(3) 按照规范规定的分部分项检验方法和验收评定标准，正确进行自检和实测实量，填报各项检查表格，对不符合工程质量标准、质量要求而返工的分部分项工程写出返工意见并出具罚款单。

(4) 提出工程质量通病的防治措施，提出制订新工艺、新技术的质量保证措施的建议。

(5) 对工程的质量事故进行分析，并提出处理意见。

(6) 向每个施工班组做质量验收评定标准交底。

(7) 在项目的施工段(墙、柱、梁、板)贴上质量检查验收表，包括浇灌时间、拆模时间、垂直度、平整度、施工班组、木工、混凝土工、施工负责人、检查人等内容。

4) 安全员的岗位职责

(1) 在项目经理领导下，负责全面监督实施施工组织设计中的安全措施，并负责向作业班组进行安全技术交底。

(2) 检查施工现场安全防护、地下管道、脚手架安全、机械设备、电气线路、仓储防水等是否符合安全规定和标准，如发现施工现场有安全隐患，应及时提出改进措施，督促实施并对改进后的设施进行检查验收，对不改进的提出处置意见报项目负责人处理。

(3) 正确填报施工观场安全措施检查情况的安全生产报告，定期对安全生产的概况分析报告提出意见。

(4) 处理一般性的安全事故并按照规定进行工伤事故的登记、统计和分析工作。

(5) 同各施工班组及个人签订安全纪律协议书。

(6) 随时对施工现场进行安全监督、检查、指导，并做好安全检查记录。对不符合安全规范施工的班组及个人进行安全教育、处罚，并及时责令整改。

(7) 对在安全检查工作中不深入、不细致及存在问题不提出意见又不向上级汇报所造成的责任事故，应承担全部责任及后果。

5) 材料员的岗位职责

(1) 材料员必须熟知各种材料的性能、价格、产地、用途，按照项目部提出的材料计划单在2日内及时采购所需的材料，不得影响工程进度。

(2) 材料员应对所采购的材料质量负责，并对其购进的劣质材料所产生的后果负全部责任。

(3) 材料员要随时掌握好各种材料的市场动态，采购材料应货比三家、价比三处，购回的材料应物美价廉。购材料应有税务发票，并在票据背面注写用途及对方联系电话，票据上有项目经理、材料员及保管员的签字，方可报销。

(4) 按照项目部提供的钢化材料计划单，在2日内及时租赁和归还，租赁和归还单据必须当日由项目经理签字方可结算，做到对日租、日算、月结、零星材料定期检查，督促整理归堆，杜绝材料浪费。

(5) 每月月底将本月所有的收料单收回、分类结算后，交项目经理审批、材料科长复核，最后交会计处挂账。

(6) 采购材料应遵循优质价廉的原则，严禁弄虚作假、贪吃回扣或购进劣质材料。

(7) 必须服从项目经理的安排，服从材料科长监督，配合好各施工班组及保管员的工作。

(8) 做好材料成本核算工作，核算预算量与实际用量的差额，核算预算价与实际价的差额，核查工地材料的用量及消耗、损耗情况。

6) 资料员的岗位职责

(1) 收集整理齐全工程前期的各种资料。

(2) 按照文明工地的要求及时整理齐全文明工地资料。

(3) 做好本工程的工程资料并与工程进度同步。

(4) 工程资料应认真填写，字迹工整，装订整齐。

(5) 填写施工现场天气晴雨表、温度表。

(6) 登记保管好项目部的各种书籍、资料表格。

(7) 收集保存好公司及相关部门的会议文件。

(8) 及时做好资料的审查备案工作。

2. 领导层岗位

以上是项目部基层技术性工作及其岗位职责的描述。项目部领导层岗位有项目经理、项目副经理和总工程师，一般需要 5-10 年的工作经验之后才有可能胜任。现对这三个岗位的工作也作简单介绍。

1) 项目经理的岗位职责

(1) 项目经理是施工企业法人代表的代理人，代表企业对工程项目全面负责。

(2) 遵守国家和地方政府的政策、法规，执行有关规章制度和上级指令，代表企业履行与业主签订的工程承包合同。

(3) 组织和调配精干高效的项目管理班子，确定项目经理部各部门和机构的职责权限。

(4) 主持制定项目的施工组织设计和质量保证体系，主持制定项目总体进度计划和季、月度施工进度计划。

(5) 按照合同要求和上级的指令，保证施工人员、机械设备按时进场，做好材料供应工作。

(6) 主持制订项目费用开支计划，审批项目财务开支并制订项目有关人员的收入分配方案。

(7) 深入施工现场，解决施工中出现的重大问题，处理出现的重大施工事故。

(8) 及时处理债权、债务，搞好资产清算，保证公司资产不流失。

(9) 搞好项目的精神文明建设，加强民主管理和思想政治工作。

(10) 按有关规定对优秀职工进行奖励，对违纪职工进行处罚。

2) 项目副经理的岗位职责

(1) 协助项目经理工作，分管部分部门工作。

(2) 贯彻落实公司各项管理规定、办法，结合项目部的实际制定实施细则。

(3) 及时解决生产和管理中的问题，抓好项目部内务管理工作，协调和发挥各部门职能的作用，确保安全生产和文明施工。

(4) 负责外部事务的协调，搞好接待工作和征迁工作，及时协调和解决生产周边环境的各种问题，保证生产的顺利进行。

(5) 及时发现、分析、总结生产和管理中的问题并总结经验和教训，向项目经理反馈，不断提高生产管理水平。

(6) 负责项目部制度建设、纪律管理、员工绩效考核；负责职工思想教育和政治教育，树立良好的企业形象。

3）项目总工程师的岗位职责

(1) 贯彻执行国家有关技术政策及上级技术管理制度，对项目施工技术工作全面负责。

(2) 执行有关技术标准、规范、规程。

(3) 组织技术人员熟悉合同文件和施工图纸。

(4) 负责制订施工组织方案，编制施工工艺组织设计。

(5) 指导施工技术人员严格按设计图纸、施工规范、操作规程组织施工，并进行质量、进度的把关控制。

(6) 分管项目质量管理工作和工程质量创优计划的制定并组织实施，负责技术质量事故的调查和处理，并及时向上级报告。

(7) 负责审核签发变更设计报告、索赔意向报告及检查索赔资料的完整性。

(8) 负责施工过程中试验、测量等重大技术问题的决策及报告。

(9) 主持竣工技术文件资料的编制，参加竣工验收，组织施工技术总结和学术论文的撰写并负责审核和向上级报告。

(10) 负责向技术人员进行技术交底，加强科学知识的保密及设防措施。

二、房地产开发企业相关工作

经过近十年的快速发展，房地产行业逐步成为拉动国民经济持续发展的重要支柱产业，与此同时，随着城市化进程的加快和住房建设投资的持续增加，我国房地产企业和从业人员数量增长迅速。

就目前形势看，我国房地产行业总体就业仍会呈现稳定的增长趋势。究其原因：一是我国经济持续稳健发展、国际竞争力显著提高；二是房地产行业目前仍然具有很大的利润空间，居民仍然对购房有大量需求，企事业单位为了提升自己的公众形象对写字楼也有大量需求；三是政府加大对新城建设、对旧城改造的力度；四是与土地的承载能力大大提高有关。因此，房地产企业为工程管理专业毕业生提供了广阔的就业空间。目前，工程管理专业毕业生在房地产开发企业中主要从事项目策划、投融资、工程预决算及现场工程管理等工作。

1. 房地产项目策划

房地产策划是贯穿房地产项目开发整个过程的一项极为重要的工作，从广义上来说，房地产策划分为以下三个内容：

(1) 项目的前期定位策划，即房地产开发项目的可行性研究，包括市场调研，项目定位，项目的经济效益分析等。

(2) 项目的推广整合策划，包括项目的 VI 设计，项目推广期、促销期、强销期、收盘期投放多种媒体的广告方案设计和各种促销活动的策划方案等。

(3) 项目的销售招商策划，包括售楼人员培训，销售手册的编制，分阶段销售价格的确定等；项目的商业部分还要进行业态定位策划和招商策划。

房地产项目策划人员的岗位职责：

(1) 负责房地产项目开发前期策划的工作，如项目定位分析、投资收益分析、人文景观设置建议等。

(2) 负责房地产项目开发的后期营销策划工作，如项目概念定位的成功演绎、各类营销手法的运用。

(3) 负责与相关媒体对接，搞好公司各类推广项目，做好活动的策划、包装、宣传、跟进等实施工作。

(4) 撰写全程策划报告、定位报告、规划建议、执行报告。

(5) 负责对销售及策划进度进行动态掌控。

2. 房地产项目投融资

房地产项目开发周期长、投资额巨大，除非企业财力十分雄厚，才有可能以一己之力完成开发，但在大多数的情况下房地产企业很少有这样的财力，即使有这样的财力，从投资经济的角度，也不可能全部用自有资金来完成开发，否则有悖于企业追求利润最大化的目标。所以，房地产开发企业需要通过项目融资来保障房地产开发所需要的投资。

目前来看，我国房地产企业的融资渠道有银行贷款、房屋预售、房地产信托、上市融资、发行企业债券、利用外资、合作开发等。从房地产开发建设环节看，房地产融资行为渗透到开发的全过程。房地产融资贯穿于土地储备、交易、房地产开发和销售的整个过程，房地产业与金融息息相关、互为依托、相互影响，在我国目前的房地产市场资金链中，金融机构特别是商业银行基本参与了房地产开发的全过程。通过土地储备贷款、房地产开发贷款、建筑企业流动性贷款和住房消费贷款等各种形式的信贷资金集中，金融机构实际上直接或间接地承担了房地产市场运行中各个环节的市场风险和信用风险。

从事房地产投融资工作，要熟练掌握房地产金融方面的知识，全面了解银行贷款、房地产信托、上市融资、海外房产基金、债券融资等投融资主要渠道，掌握投融资运作的相关规则和技术方法，能够根据具体的项目制订不同的融资方案，计算融资成本，预测融资状况对项目的影响，并估计项目的赢利水平，为项目的投资决策以及项目实施过程的成本控制提供对策和依据。

房地产企业的融资主管的岗位职责如下：

(1) 协助财务经理拟定房地产项目融资计划。

(2) 负责企业房地产项目融资渠道的拓展工作，按时完成融资计划。

(3) 负责对各项目的贷款资料(可行性研究报告、财务报表等)进行审核。

(4) 收集、整理国家有关房地产金融政策和房地产信息。

(5) 根据领导要求，办理房地产项目融资授信工作。

(6) 根据领导要求，定期或不定期编制《融资工作总结报告》。

3. 工程预决算部人员岗位职责

(1) 能根据工程项目的施工图熟练编制预算，编制工程预算书及工程量计算。

(2) 审查和报告工程合同的付款申请，审核工程项目竣工结算和审计。

(3) 参与审核招标活动和合同条款中的标底。

(4) 参与材料、设备考察询价，对采购原材料审核把关。

(5) 工程竣工时为工程承包商、材料供应商进行最终决算、审核，进行决算与预算的成本差异分析，并编写项目决算书，拟写工程成本报告。

4. 工程部人员岗位职责

(1) 根据需要，组织部门人员参与地产研究院牵头的产品研发工作，对不同系列产品的工程建造条件进行探索，提供专业意见。

(2) 负责组织部门人员搜集建设工程的政策、法律法规、文件及行业竞争对手的工程技术数据，掌握当前房地产行业工程技术发展状况，建立并完善公司工程技术信息库。

(3) 负责整合公司内部工程技术资源，组织建立并完善公司工程类技术标准和管理标准(包括开发公司和物业交接资料标准等)。

(4) 负责建立并持续完善公司工程管理知识共享机制，促进先进管理经验和典型案例在各项目间的分享。

(5) 负责制定和完善公司工程档案资料管理办法，并督导行政助理遵守执行。

(6) 负责审核工程专项计划、施工组织设计、施工过程中的重大技术方案等事项。

(7) 负责组织部门各专业工程师适时的为地产公司提供工程技术支持，解决现场工程难题。

(8) 负责组织专业工程师参与项目各阶段验收工作(工序样板工程验收、分户验收、竣工实体与资料验收等)。

(9) 负责制定公司工程巡检制度，定期审视更新，督导专业工程师根据公司工程标准规范要求对各项目进行不定期现场巡检，形成检查记录，确保进度、质量、安全文明管理受控。

(10) 审核现场检查发现的和项目申报的工程管理问题，对重大工程问题组织专题调查与分析，提出整改要求并监督整改。

(11) 根据工程巡检结果和工程管理月报反映的问题，及时组织对城市公司项目间横向评比，为绩效考核提供数据。

(12) 组织建立并完善项目供方评价体系，督导供方管理专员岗按照公司要求适时组织供方履约评价。

三、监理单位相关工作

工程监理单位是指经过建设行政主管部门的资质审查，受建设单位的委托，依照国家法律规定要求和建设单位要求，在建设单位委托的范围内对建设工程进行监督管理的单位。

建设部于 1988 年发布了"关于开展建设监理工作的通知"，明确提出要建立建设监理制度。"建设监理制"作为工程建设领域的一项改革举措，旨在改变陈旧的工程管理模式，建立专业化、协会化的建设监理机构，协助建设单位做好项目管理工作，以提高建设水平和投资效益。1997 年《中华人民共和国建筑法》以法律制度的形式作出规定，国家推行建设工程监理制度，从而使建设工程监理在全国范围内进入全面推行阶段。

工程管理专业毕业生在监理机构主要从事施工现场监理和参与监理企业日常管理工作。

1. 监理机构的工作内容

监理工作的中心是"三大控制、两大管理、一个协调"，即质量控制、进度控制、投资控制，合同管理、信息管理和协调参与建设各方的关系。

投资控制主要是在建设前期进行可行性研究，协助业主正确地进行投资决策，控制好估算投资总额；在设计阶段对设计方案、设计标准、设计总概算(或修正设计总概算)进行审查；在建设准备阶段协助确定标底和合同造价；在施工阶段审核设计变更，核实已完工程量，进行工程进度款的签证和控制索赔；在工程竣工阶段审核工程结算。

进度控制首先要在建设前期通过周密地分析，确定合理的工期目标，并在施工前将工期要求纳入承包合同；在建设实施期通过运筹学、网络计划技术等科学手段，审查、修改施工组织的设计和进度计划，并在计划实施中紧密跟踪，做好协调和监督工作，排除干扰，使单项工程及其分阶段工期目标逐步实现，保证项目总工期的实现。

质量控制贯穿项目建设的全过程，包括可行性研究、设计、建设准备、施工、竣工及用后维修等各个环节。主要包括施工组织设计方案竞赛与评比，进行设计方案磋商及图纸审核，控制设计变更。在施工前通过审查承包商资质，检查建筑物所用材料、构配件、设备质量和审查施工组织设计等质量控制；在施工中通过主要技术复核，工序操作检查，隐蔽工程验收和工序成果检查，认证监督标准、工程验收规范的贯彻，以及通过阶段验收和竣工验收把好质量关。

合同管理是进行投资控制、工期控制和质量控制的手段，是现场监理人员站在公平的立场上，采取各种控制、协调和监督措施，履行纠纷调解职责的依据，也是实施工程目标控制的出发点和归宿。

信息管理要求建立反映整个工程建设过程的信息系统。监理工程师必须及时收集、分析信息，发现问题，提出对策和措施。

组织协调是监理人员通过与建设单位、施工单位、设计单位、材料供应部门、政府相关部门、金融部门等相关单位和个人加强联系、沟通，协调关系，达到增进合作、减少矛盾的目的，促进参与工程各方共同为完成工程预定目标而努力。

2. 总监理工程师的岗位职责

(1) 确定项目监理机构人员的分工和岗位职责。

(2) 主持编写项目监理规划、审批项目监理实施细则，负责管理项目监理机构的日常工作。

(3) 审查分包单位的资质，向业主及总包单位提出审查意见。

(4) 检查和监督监理人员的工作，根据工程项目的进展情况进行人员调配，并在实施监理工作过程中，对不称职的监理人员进行调换。

(5) 主持监理工作会议(包括监理例会)，签发项目监理机构的文件和指令。

(6) 审查承包单位提交的开工报告、施工组织设计、技术方案、进度计划。

(7) 审查签署承包单位的申请、支付证书和竣工结算。

(8) 审查和处理工程变更。

(9) 主持或参与工程质量事故的调查。

(10) 调节建设单位与承包单位的合同争议，处理索赔，审查工程延期。

(11) 组织编写并签发监理月报、监理工作阶段报告、专题报告和项目监理工作总结。

(12) 审查签认分部工程和单位工程的质量检验评定资料，审查承包单位的竣工申请，组织监理人员对待验收的工程项目进行质量检查，参与工程项目的竣工验收。

(13) 主持整理工程项目的监理资料。

3. 专业监理工程师岗位职责

(1) 协调各承包人的工作，核准详细的施工计划，核实总监理工程师是否已给予承包人所有必要的指示和获得认可。

(2) 核实所有工程所需材料的采购情况，检查进场材料是否符合要求。

(3) 注意施工中出现缺陷的工艺和材料，发出补救这些缺陷的指示。

(4) 核对建筑物在定位标高和布局等方面是否符合设计图样和合同要求。

(5) 必要时，发布进一步指示，弄清以上工作的一些细节。

(6) 为了付款和结算款额，计量已完成的工作量。

(7) 保存所有测量和实验记录，并使计划与实际进行的施工相一致。

(8) 提出所有索赔和争议的联系渠道，并提供有关的事实情况。

(9) 检查已完成的工程是否符合要求并试验，看能否达到正常的要求和功能。

(10) 查明分项合同完成工作的最终价值。

(11) 按时向总监理工程师报告上述事项。

4. 监理员岗位职责

(1) 在专业监理工程师的指导下开展现场监理工作。

(2) 检查承包单位投入工程项目的人力、材料、主要设备及其使用、运行状况，并做好检查记录。

(3) 复核或从施工现场直接获取工程计量的有关数据并签署原始凭证。

(4) 按设计图及有关标准，对承包单位的工艺过程或施工工序进行检查和记录，对加工制作及工序施工质量检查结果进行记录。

(5) 担任旁站工作。发现问题及时指出并向专业监理工程师报告。

(6) 做好监理日记和有关的监理记录。

四、工程咨询机构相关工作

工程管理专业毕业生在咨询、中介机构就任的职务和主要从事的工作有造价咨询、招标代理、房地产评估、房地产经纪等。

1. 工程造价咨询

工程造价咨询，是指接受委托，对建设项目投资、工程造价的确定与控制提供专业的咨询服务。工程造价咨询企业应当依法取得工程造价咨询企业资质，并在其资质等级许可的范围内从事工程造价咨询活动。工程造价咨询企业资质等级分为甲级、乙级。甲级工程造价咨询企业可以从事各类建设项目的工程造价咨询业务；乙级工程造价咨询企业可以从事工程造价 5000 万元人民币以下的各类建设项目的工程造价咨询业务。

工程造价咨询业务范围包括：

(1) 建设项目建议书及可行性研究投资估算、项目经济评价报告的编制和审核。

(2) 建设项目概预算的编制与审核，并配合设计方案比选、优化设计、限额设计等工作进行工程造价分析与控制。

(3) 建设项目合同价款的确定(包括招标工程工程量清单和标底、投标报价的编制和审核)；合同价款的签订与调整(包括工程变更、工程洽商和索赔费用的计算)及工程款支付，工程结算及竣工结(决)算报告的编制与审核等。

(4) 工程造价经济纠纷的鉴定和仲裁的咨询。

(5) 提供工程造价信息服务等。

(6) 工程造价咨询企业可以对建设项目的组织实施进行全过程或者若干阶段的管理和服务。

2. 招标代理

招标是一项复杂的系统化工作，有完整的程序，环节多，专业性强，组织工作繁杂。招标代理机构由于其专门从事招标投标活动，在人员力量和招标经验方面有得天独厚的条件，因此国际上一些大型招标项目的招标工作通常由专业招标代理机构代为进行。近年来，中国的招标代理业务有了长足的发展，相继出现了机电设备招标公司、国际招标公司、设备成套公司等专业招标代理机构，这些机构的出色工作对保证招标质量，提高招标效益起到了有益的作用。

招标代理机构需依法登记设立，招标代理机构的设立不需有关行政机关的审批，但其从事有关招标代理业务的资格需要有关行政主管部门审查认定。招标代理机构的业务范围包括：从事招标代理业务，即接受招标人委托，组织招标活动。具体业务活动包括帮助招标人或受其委托拟定招标文件，依据招标文件的规定，审查投标人的资质，组织评标、定标等；提供与招标代理业务相关的服务即指提供与招标活动有关的咨询、代书及其他服务性工作。

3. 房地产评估

房地产评估，全称为房地产价格评估，是指专业估价人员根据估价目的，遵循估价原则，按照估价程序，选用适宜的估价方法，并在综合分析影响房地产价格因素的基础上，对房地产在估价时点的客观合理价格或价值进行估算和判定的一种活动。

房地产评估的常见情形有：

(1) 土地使用权出让和挂牌土地使用权的价格评估。

(2) 企业改制、上市、资产重组、联营、兼并、合并、破产清算等各种经济活动中涉及的房地产估价。

(3) 房地产抵押价值评估。

(4) 专业仲裁及司法诉讼中有关房地产价格评估。

(5) 征地和房屋拆迁补偿评估。

(6) 房地产转让价格评估。

(7) 房地产租赁价格评估。

(8) 房地产分割、合并估价。

(9) 房地产拍卖底价评估。

(10) 房地产课税价格评估。

(11) 房地产保险评估。

(12) 其他目的的房地产评估。

4. 房地产经纪

随着房地产交易量日益扩大，我国房地产经纪人从业人员队伍迅速发展成为一支数以十万计的职业大军，在房地产开发、销售、租赁、购买、投资、转让、抵押、置换及典当等各类经济活动过程中，以第三方的独立身份，从事顾问代理、信息处理、售后服务、前期准备和咨询策划等工作，而且其从事的职业活动也随社会经济发展而进一步拓展，从规划设计、建造运筹、经营促销到物业管理的咨询策划，全方位地融入房地产经营开发的全过程，对促进房地产业的正常发展日益发挥着巨大的作用。

房地产经纪人的主要工作内容包括：采集、核实和分析客户与房源等信息，设计与管理房号体系，填报和分析业务报表等；陪伴客户查看房屋，测算购房费用等；代理契约签证与契税缴纳及权证办理，咨询与代理各类房贷事宜，协理房屋验收与移交等；申办租售许可证，调研房地产市场，核算与评估房价，设计价格体系，编制宣传展示与管理图表文件，设计平面安排和处理面积误差等。

五、其他职业选择

除上述介绍的主要就业去向之外，工程管理专业的毕业生可能的就业去向还包括以下方面：

(1) 在政府建设管理部门工作。

(2) 在工程设计单位从事设计概算或设计驻场代表。

(3) 在工程项目管理公司从事项目管理工作。

(4) 在物业管理公司进行物业管理的相关工作。

(5) 与建筑业相关的研究所从事科研工作。

(6) 在银行做投资分析与评估工作。

(7) 在工程相关软件公司做软件开发、销售代表、售后服务等。

(8) 在高等院校及职业技术学校当工程管理专业教师。

(9) 其他领域的项目管理或工程管理工作。

总之，工程管理专业的就业领域比较广泛，涉及建筑工程、工程施工和控制管理、房地产经营以及金融、贸易等行业部门的管理工作，这一专业涉及的就业领域对人才的需求量较大。可以说，工程管理专业具有广泛的适应性和专业需求的多样性，就业前景十分广阔。

复习思考题

1. 以房地产企业为例，简述其资质等级的条件和承接项目范围。

2. 了解我校上三届工程管理专业毕业生的就业去向，并进行分类汇总。

3. 选择自己感兴趣的某类执业资格制度，查阅教材以外更多相关的资料。

4. 简述工程管理专业综合素质应包括哪些方面。

第六章　工程管理专业培养方案与教学体系

【本章提要】

本章主要介绍工程管理专业的国内外发展过程，工程管理专业的培养目标、专业方向，工程管理专业的课程体系与教学计划，工程管理专业主要课程介绍，对与工程管理相近的专业进行介绍，并对工程管理与工程造价两个专业的区别与联系进行了分析。

第一节　工程管理专业沿革与发展

一、国外工程管理专业概况

工程管理专业是以培养工程管理人才为目标的专业。尽管人类的工程建设已经历史悠久，工程管理的实践和认识也源远流长，但直到 20 世纪初期为止，工程管理尚未形成体系，主要在土木工程学科以及相关学科中存在。直至 20 世纪 30 年代，由于建筑工程管理的专业化要求，工程管理专业才逐渐发展起来。该时期，建筑领域出现了运用甘特图 (包括条线图)方法进行工程实施进度计划和控制，在一定意义上标志着现代工程管理开始萌芽。

对工程管理知识领域的研究和专业设置，世界上各个国家发展程度不一，其中研究最早、最具影响力的国家以美国和英国为典型。20 世纪 30 年代，美国佛罗里达大学率先开办工程管理专业，迈出了工程管理类专业历史性的第一步。早期工程管理的教育是土木工程专业教育的一部分，主要有施工管理、工程估价、工程经济分析、工程合同等方面的内容。

自 20 世纪 30 年代以来，工业发达国家在工程管理理论和方法上都得到了更加全面的发展，逐步把各种理论与工程建设的实际结合起来。与此相适应，(建筑)工程管理学科经历了半个多世纪的建设与发展历程，现已发展成为一个相对独立、稳定和成熟的学科。

到了 20 世纪中期，建筑工程管理专业研究生教育也开始在许多土木工程系中得到发展。建筑工程管理教育集中在建设工程的前期策划、设计、采购、建设、运营和维护全生命周期上。到 20 世纪末，美国已有八十余所院校设有独立于工商管理学院的建筑管理院系。

工程管理类专业人才的培养方向主要有两类。一类是面向建筑行业的工程管理 (Construction Management)，该类专业的学生培养目标定位为：通过全面而均衡的教育，使学生得到终身学习的能力，获得建筑领域专业知识、专业意识和领导能力，以便服务于建筑业和社会。从事此类人才培养的大学有路易斯安那州立大学(Louisiana Stat University)、Clemson大学(Clemson University)、州立南方理工大学(Southern Polytechnic Stat University)、佐治亚理工学院(Georgia institute of Technology)和佛罗里达大学(University of Florida)等。美国建设教育委员会(American Council for Construction Education，简称ACCE)对其国内该类专业的培养单位有指导与评估的职能。另一类则是面向其他特定行业的工程管理(Engineering Management)，该类专业的学生培养目标定位为具有组织与管理工程技术项目能力的复合型人才。美国工程管理学会(American Society for Engineering Management，简称ASEM)为其国内该类专业人才培养提供指导，同时该学会通过连续举办工程管理年会、出版工程管理手册等方式来提升工程管理的理论与方法。从事此类人才培养的学校包括Stevens技术学院(Stevens Institute of Technology)、美国军事专科学院(United States Military Academy)、罗拉密苏里大学(University of Missouri-Rolla)、Vermont大学(University of Vermont)、弗吉尼亚大(University of Virginia)和圣克劳得州立大学(St·Cloud State University)等院校。

美国工程与技术认证委员会(ABET)制定了新的对工程教育培养专业人才的11条评估标准。基于这一标准，工程管理专业毕业生的实践能力应满足以下要求：

① 兼具工程、管理、法律等多方面的知识。

② 具备计算机操作、英文写作及沟通的能力。

③ 具备根据需要编制工程文件、设计组织架构、解决技术问题的能力。

④ 具备接受多种训练的综合能力。

⑤ 具备验证，指导及解决工程实际问题的能力。

⑥ 具备基本的职业道德和社会责任感。

⑦ 具备良好的表达和沟通能力。

⑧ 具备在全球化背景下应对工程环境变革的能力。

⑨ 具备终身学习的能力。

⑩ 具备思想与认识随时代发展和技术进步不断更新的能力。

⑪ 具备应用各种技术和现代工程工具去解决实际问题的能力。

英国建筑工程管理专业培养目标兼顾专业技能和综合素质，将优秀管理者不可或缺的沟通、协调、领导能力的培养与专业教育并重，如英国里丁大学(University of Reading)在培养计划中提出自我调整技能(Transferable skills)，包括IT(文字处理、电子数据表、CAD、计划编制软件)技能、撰写报告、口头表达、团队合作、解决问题、信息收集、时间管理、商业意识和职业规划与管理等。通过不定期地组织研讨(Seminar)和参与实际工程项目等方式为学生创造锻炼机会，使其综合能力得到全面提升。

此外，英国的专业协会认可制度与高校专业教育有机结台。英国高校建筑工程管理专业接受教育部门和相关行业协会的双重评估。教育部门主要就培养目标、教学计划、师资力量、学校软硬件条件进行评估，而行业协会则将学校专业课程体系设置的合理性，以及人才培养目标是否适应社会需求等作为评价标准。英国开设建筑工程管理专业的学校必须通过行业协会，如英国皇家特许测量师学会(RICS)、英国皇家特许建造学会(CIOB)等的评估，否则学校毕业生不能得到社会承认，难以进入专业所对应的行业工作。英国建筑工程管理专业教育不仅是进入建筑管理行业的门槛，也为学生今后申请成为行业协会正式会员奠定必要的知识和学历基础。高等学校和专业协会共同完成建筑管理人员从初级人才到业内高级人才的培养，真正贯彻终身教育的理念，如图6-1所示。

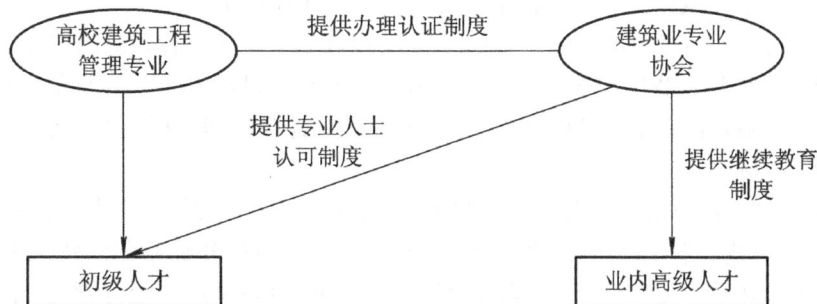

图6-1 英国建筑工程管理人才培养模式

英国建筑工程管理专业理论教学也是按照"基础课程—平台课程——方向课程"的模式安排。但英国教学计划的安排弹性很大，具体表现在专业选修课范围广、课程科目多、专业方向自主选择。以英国里丁大学为例，建筑工程管理学院本科专业开设了四个方向：建筑施工管理、建筑测量、工程管理与测量和工料测量。四个专业方向前两年开设的课程都相同，为基础课程和平台课程。第二学年结束，学生不受入学时申请的专业方向的限制，都可根据个人兴趣和职业发展规划重新选择专业方向。第三学年则集中精力于所选专业方向理论课程的学习。

在英国，工程管理专业不错的学校有 Warwick、Brunel、Aston、Nottingham、Sheffield Hallam 等。不同学校对相同专业课程设置也会有差异。

二、我国工程管理专业概况

1. 我国工程管理专业发展历程

我国的工程管理专业起步较晚，工程管理专业在我国是一个既传统同时又是新兴的专业。我国工程管理专业是教育部 1998 年颁布的《普通高等学校本科专业目录》中设置的一个新专业。但是从严格意义上讲，工程管理作为一个独立学科存在并非从 1998 年起，在此之前，我国开办的建筑领域的管理学科已历经了四五十年曲折的发展历程，该专业的名称也经过了多次变化。

受我国工程技术行业传统的"重技术轻管理"思想的影响，工程管理专业在较长时期内并未受到足够的认可和重视。新中国成立初期，国家处于百废待兴的状态，社会主义经济建设尤其是基础设施工程建设急需大量资金和大批人才。1952 年 12 月前苏联列宁格勒(现圣彼得堡)土木建筑学院土木系主任维·卡·萨多维奇来清华大学指导成立中国第一个与建筑施工技术与管理学科相关的教研机构，即清华大学土木系建筑施工技术与建筑机械教研组。以后全国设有土木系的高校均派进修教师到清华大学进修学习，以建立类似的教研组。当时所开课程主要有建筑施工技术、建筑机械、施工组织与规划、保安防火、结构架设等。

为适应大规模工程建设的需要，1956 年最早在同济大学开设了"建筑工程经济与组织"专业，率先明确和提升了工程管理专业在建筑行业中的层次和地位，为工程管理专业的后续发展奠定了基础。之后许多学校在"工业与民用建筑"以及相关专业中设有施工组织与管理、建筑工程概预算、建筑技术经济等方面的课程和研究方向。

1978 年，受"文革"影响中断的管理类专业陆续恢复，工程管理对国家经济建设的重要作用得到重新认识，我国许多高校如重庆建筑工程学院(现重庆大学)等高校相继创办了建筑管理工程专业，设立了"建筑管理工程"和"基本建设管理工程"本科专业，以及"建筑经济与管理"硕士点。

1979 年国内包括西安交通大学在内的 11 所院校开办了工程管理专业，1980 年原华中工学院(现华中科技大学)开始招收物资管理工程本科生，1981 年原哈尔滨建筑工程学院(现哈尔滨工业大学)招收了建筑管理工程本科生，此后相继开设房地产经营管理、国际工程管理等专业。1998 年教育部进行专业调整，颁布的《普通高等学校本科专业目录和专业介绍》中，将原有相关专业包括建筑管理工程、基本建设管理工程、管理工程(建筑管理工程方向)、房地产经营管理、涉外建筑工程建造与管理、国际工程管理等专业整合成工程管理专业，从此工程管理专业正式成为管理科学与工程一级学科下设专业，具有较强的综合性和较大的专业覆盖范围。

2012 年教育部再次进行专业调整，颁布了《普通高等学校本科专业目录(2012 年)》。此次调整将工程管理、房地产开发与管理、工程造价分设为管理科学与工程一级学科下并列的三个二级专业，工程管理专业范围较 1998 年版略有缩小。

近年来，伴随我国经济建设的持续高速发展，工程项目的大量实践助推工程管理在基础理论和技术方法等方面日趋完善，工程管理在社会经济发展中的重要地位和作用得到普遍的认同和高度的重视。高校工程管理专业教育、教学体系也逐步健全。工程管理专业成为改革开放以来我国高等教育发展最快、成效最好的专业之一。

2. 我国工程管理专业办学规模和培养层次

在办学规模方面，1999 年设置工程管理专业本科层次的院校有 70 所，2000 年新增 22 所，2001 年新增 15 所，2002 年新增 25 所，2003 年增至 255 所，2011 年增至 324 所，2012 年新增 17 所，达到 341 所。迄今为止，国内 39 所"985"高校全部开设了工程管理专业，并有 95%以上"211"高校开设了此专业。工程管理专业办学规模的迅速扩大和办学条件的不断改善，为我国近年来持续发展的工程建设提供了一大批从事工程管理及相关工作的专业人才。

在办学类型方面，目前设置工程管理类专业的院校主要分布在综合类院校、理工类院校、矿业类院校、电力类院校、财经类院校和职业技术院校。

在培养层次方面，工程管理专业的专科、本科、硕士、博士教育都得到了长足发展。

1) 清华大学

清华大学工程管理专业的前身是建筑施工专业，创建于 1952 年，1985 年恢复本科招生，2000 年成立了建设管理系，隶属于清华大学土木水利学院。建设管理系的师资主要来自于原土木系的建设管理教研组和原水利系的工程建设管理学科组，同时引进了国内外在项目管理方面的优秀师资和研究人才。

2) 同济大学

同济大学工程管理专业由原建筑管理工程和房地产经营与管理两专业合并而成。1956年，为总结我国基本建设经验并推进社会主义经济建设，同济大学率先创办了"建筑工程经济与组织专业"本科(五年制)，提出培养建筑施工企业管理人才的目标；1978年同济大学开始恢复管理专业，并全方位着手专业重建工作；1980年开始招收恢复高考后的第一届本科生，定名为"建筑经济与管理专业"，学制五年；1994年之后，为适应改革开放的需要，该专业改为以英语为第一外语的四年制本科，并定名为"建筑工程管理专业"。同济大学原房地产经营与管理专业的前身是土地管理专业；1988年在原国家教委(现教育部)和原国家土地管理局的大力支持下，开始招收和培养该专业的本科生；1990年在土地管理专业的基础上，招收房地产经营管理专科生；1992年被批准设置房地产经营与管理专业(本科)，这是我国最先创办该专业的五所院校之一。1998年将"建筑管理工程专业"和"房地产经营与管理专业"合并，设在经济与管理学院，1999年正式使用"工程管理专业"这一名称。

3) 东南大学

1996年，经原国家教委(现教育部)批准东南大学成立"建筑管理工程"本科专业，设在经济管理学院；1992年，该校将"建筑管理工程专业"与"工业与民用建筑专业"合并，在土木工程系内设立了"建筑工程专业"；1998年，该校按教育部新颁布的本科专业目录设立"工程管理专业"。

4) 天津大学

1981年，由原国家建委和天津大学创办了我国高等教育的第一个"基本建设管理工程专业"，设有本科和干部专修班两个层次；1993年，该专业更名为"管理工程"，同年，根据我国对外工程承包的需要，天津大学在全国率先建立了"国际工程管理专业"。1999年根据教育部专业目录调整，原专业合并为"工程管理专业"，包括投资与造价管理和国际工程管理两个方向。

5) 重庆大学

重庆大学建设管理与房地产学院工程管理专业从创立至今，历经了以下发展历程：1980年在土木工程系中设置建筑经济与管理专业；1981年成立建筑工程管理系，建筑经济与管理专业更名为建筑工程管理专业；1989年在建筑工程管理专业的基础上，设置了国际工程承包专业方向；1995年国际工程承包专业方向更名为国际企业管理专业；1998年，根据国家新的专业目录，设立工程管理专业，涵盖了原建筑工程管理专业、国际企业管理专业和房地产经营管理专业。随后，随建设市场和教学工作的需要，在工程管理专业的基础上确定了工程项目管理、房地产经营与管理、投资与造价管理、国际工程管理和物业管理五个专业方向。

6) 哈尔滨工业大学

哈尔滨工业大学是由原哈尔滨建筑大学和原哈尔滨工业大学于2000年合并而成。1955年哈尔滨建筑大学成立了工程经济系，是新中国高等工科院校中第一个建立工程经济方面的科系，为我国的工程经济教育与工业企业管理培养了大批师资和管理人才；1978年改名为管理工程系；1981 年开始招收建筑工程管理专业本科生；1999 年按国家新的专业目录招生。现在的"工程管理专业"设在哈尔滨工业大学管理学院营造与房地产系。

7）西安建筑科技大学

1956 年，该校设置"建筑工程经济组织与计划管理"专业，教学计划参照前苏联同类专业；1978 年，该专业恢复并改名为"建筑管理工程专业"；1981 年开始招收"建筑管理工程专业"本科生；1984 年获得"建筑经济与管理"硕士学位授予权，同年开始招收培养硕士研究生；1989 年起，先后设立了"基建投资与技术经济"和"国际工程承包与管理"两个专业方向以及"房地产开发与经营"等新专业；1998 年，相关专业合并后更名为"工程管理专业"。

三、现代工程管理学科特点

自 1998 年正式设立工程管理专业至今，经过十几年的建设，工程管理专业逐渐成熟起来，已成为一个重要的"大专业"。工程管理是研究工程技术活动中所涉及的计划、组织、资源配置、指挥与控制等管理问题的学科。在现代工程中，工程管理的任务是对整个工程系统的综合管理，担负协调各个相关工程专业的责任。现代工程管理必须有"大工程"的概念。工程管理专业与其他工程技术类专业不同，工程管理的专业面很宽、专业方向多、知识结构复杂、具有综合性。在专业性质上具有超专业特点，其区别于其他管理类学科的特征主要表现在以下方面。

1. 研究对象的行业性和综合性

工程管理学科的研究对象具有一定的行业特征。工程管理学科的研究对象是基于工程技术的管理规律和工程技术活动的管理问题，研究过程中需要解决两方面的问题：一是工程技术活动所遵循的工程规律，二是工程技术活动所涉及的管理规律。

现代社会中，工程的概念十分广泛，工程管理专业所涉及的工程系统也十分广泛，涉及各种工程领域，如土木建筑工程、水利工程、道路工程、化工工程、核电工程、林业工程等，而且涉及这些工程领域的各相关专业工程，如结构工程、电子工程、给排水工程、通风工程、自动控制工程、通信工程、智能工程、设备工程等，但不仅仅是传统意义上的土木工程，或者结构工程。所以，现代工程管理学科具有更大综合性，必须综合、归纳各个专业的理论和知识；要站在比各类具体工程专业(如土木工程专业)更高的层面上，从更宽的角度，更长的时间跨度(工程全生命期)思考、解决和处理工程问题。

2. 研究内容与方法的集成性

工程管理学科的研究方法是工程技术与管理理论的集成。工程建设不同于一般的商品生产，具有很强的计划性、法制性、程序性，对经济、社会、环境具有较大的影响，且影响具有滞后性。工程施工规律有别于一般生产规律，这些决定了其研究问题时需要综合研究对象所处行业的工程技术及相应的管理理论。工程管理专业教育强调技术课程的学习，工程管理专业其技术课程在全部课程中占有相当高的比例。同时，学生还必须参加配合技术课程教学所设置的各种实验、实习活动，以更好地了解工程对象，理解课堂所学的知识。在管理类课程中除基本平台课程外，主要开设与工程管理密切相关并带有极强专业技术性的交叉科目，如工程项目管理、建筑企业管理、国际工程索赔、工程估价与成本核算等。

3. 理论与实践的结合性强

工程管理学科从一开始就是为了解决管理工程技术活动的现实问题而诞生的，因此该专业特别要求理论与实际的紧密结合。工程管理是为了解决工程建设中的时间、成本、质量等实际问题，其理论与方法可以直接为控制项目的进度、降低建设成本、确保工程质量提供理论支持与策略指导。同时，工程实施过程中所进行的可行性研究、工程报价、招投标、施工组织等活动都是具有很强应用性、技能性和针对性的实际工作。另一方面，工程管理学科同样强调对工程技术活动所涉及的管理理论问题的研究。认真学习国外工程管理的成熟理论和先进技术，深入分析研究我国各类工程项目建设与运营中积累的经验和存在的问题，努力探寻适合我国国情的工程管理理论与技术方法，乃是我国工程管理学科研究人员的重要任务。

第二节　工程管理专业培养目标与专业方向

一、工程管理专业培养目标

工程管理专业是为我国工程建设领域培养专业化管理人才的专业。由于工程管理者对工程的作用重大，人们对该专业的从业人员的知识结构、能力和素质的要求也越来越高。按照工程和工程管理的特点，以学生第一职业定位确定培养目标及课程体系。

《高等学校工程管理本科专业规范》中指出："工程管理专业培养适应社会主义现代化建设需要，德、智、体、美全面发展，具备土木工程技术及与工程管理相关的管理、经济和法律等基本知识，全面获得工程师基本训练，同时具备较强的专业综合素质与能力，具备健康的个性和良好的社会适应能力，能够在国内外土木工程及其他工程领域从事全过程工程管理并初步具备相关行业与领域工程管理类(建设类)专业人员国家执业资格基础知识的高素质专门人才"。

二、工程管理专业设置方向

依据工程管理过程中不同环节上工作的侧重点，目前工程管理专业设置工程项目管理、房地产经营与管理、投资与造价管理、国际工程管理及物业管理等五个相关专业方向，其课程设置和教学侧重都有一定的差异。

1. 工程项目管理方向

工程项目管理方向的毕业生主要适合于从事工程项目的全过程管理工作。该方向毕业生初步具备进行工程项目可行性研究，一般土木工程设计，工程项目全过程的投资、进度、质量控制及合同管理、信息管理和组织协调的能力。

2. 房地产经营与管理方向

房地产经营与管理方向的毕业生主要适合于从事房地产开发与经营管理工作。该方向毕业生初步具备分析和解决房地产经济理论问题及房地产项目的开发与评估、房地产市场营销、房地产投资与融资、房地产估价、物业管理和房地产行政管理的能力。

3. 投资与造价管理方向

投资与造价管理方向的毕业生主要适合于从事项目投资与融资及工程造价全过程管理工作。该方向毕业生初步具备项目评估、工程造价管理的能力，编制招标、投标文件和投标书评定的能力，编制和审核工程项目估算、概算、预算和决算的能力。

4. 国际工程管理方向

国际工程管理方向的毕业生主要适合于从事国际工程项目管理工作。该方向毕业生初步具备国际工程项目招标与投标、合同管理、投资与融资等全过程国际工程项目管理的能力及较强的外语应用能力。

关于国际工程管理专业，在技术、经济、管理平台上与工程管理并没有太大的区别。对其专业性应该突出强调其面向国际建筑市场的特点，通过开设如 FIDIC 合同条件、国际工程项目管理、国际工程承包管理等课程可以突出其专业特点。

5. 物业管理方向

物业管理方向的毕业生主要适合于从事物业管理工作。该方向毕业生初步具备物业的资产管理和运行管理的能力，包括物业的财务管理、空间管理、设备管理和用户管理能力，以及物业维护管理及物业交易管理能力。

就教学工作实践和毕业生反馈的信息来看，目前工程管理在专业方向划分方面尚不够明晰和准确，客观上存在培养方向重叠、知识结构相似、就业领域交叉的状况。实现工程管理各相关专业的合理划分，加强专业建设的特色与优势，突出专业教育的特有知识面，强化各专业的就业竞争优势，关系到工程管理专业及其相关专业方向未来的发展。

建立明确的专业(专业方向)划分标准，解决目前工程管理相关专业(专业方向)培养目标重叠、就业领域交叉的问题，必须从专业人才培养循环链的源头寻找思路。要明确工程管理相关专业划分以及相应的专业知识体系的构架，必须明确工程管理各相关专业在项目建设全过程中的主要就业领域和工作内容。

另外，在考虑专业划分、突出专业特色时，应与行业的执业资格认证密切联系，并将执业资格考试测试的知识点纳入专业教育的核心知识体系中。

第三节　工程管理专业课程体系与教学计划

一、工程管理专业课程体系

工程管理以管理科学与工程、土木工程两大学科为依托。学生需要综合性的、广博的知识面，能够对所从事的工程迅速设计出解决问题的方法、程序，把握技术和实施过程。

工程管理本科专业课程体系总体框架由通识教育、专业教育、综合教育三部分的相关知识体系构成，如图 6-2 所示。

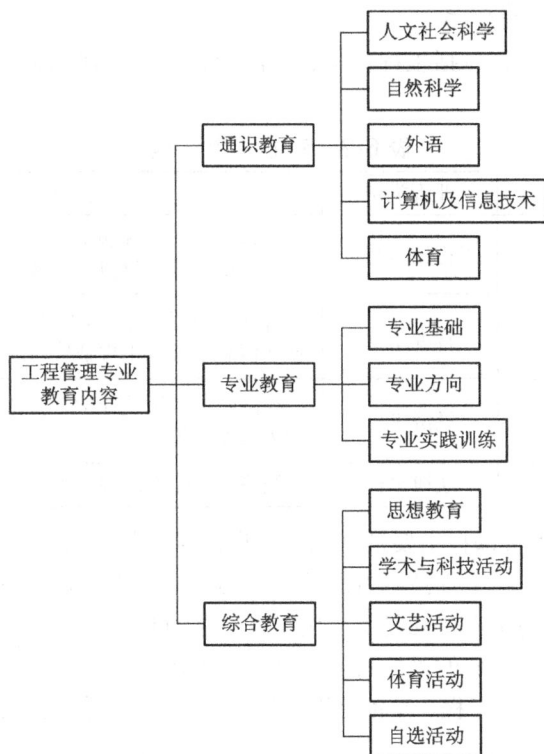

图 6-2　工程管理专业课程体系

1. 通识教育

通识教育大多在大学一、二年级开设，其作用除了使学生掌握必要的基础知识，为将来的专业平台课程和专业方向课程奠定基础外，更为重要的是帮助学生尽快完成由高中到大学学习模式的过渡和转型。内容主要包括：人文社会科学、自然科学基础、外语、计算机与信息技术应用等知识体系，主要课程如表 6-1 所示。

表 6-1　公共基础课程

能力与素质		课程类别	主　干　课　程
通识教育	人文社会科学	基础素质类课程	马克思主义基本原理、毛泽东思想和中国特色社会主义理论体系概论、大学生思想道德修养、法律基础
	自然科学基础		高等数学、线性代数、概率论与数理统计
	外语		大学英语
	计算机与信息技术		计算机文化基础、C 语言、数据库、计算机网络等
	体育		体育
	其他		工程管理学科导论、公共选修课

2. 专业教育

专业教育由工程管理相关的建筑与土木工程及其他工程技术、管理、经济、法律四个方面的专业基础知识和各方向的专业知识、专业实践训练等知识体系构成，其内容包括：

1) 专业平台课-专业基础课

工程管理专业平台课程包括工程技术、经济、管理、法律四大平台。各类平台课程如表6-2所示。

表6-2　专业平台课程

	能力与素质	课程类别	主　干　课　程
专业教育	工程技术知识与技能	工程技术平台	工程制图、工程测量、土木工程概论、工程力学、工程结构、建筑材料、建筑设备概论、工程施工
	管理知识与技能	管理平台	管理学原理、会计学原理、运筹学、工程项目管理、管理信息系统、工程估价与造价管理、财务管理等
	经济知识	经济平台	经济学、应用统计学、会计学原理、工程经济学、金融与保险等
	法律知识	法律平台	经济法、建设法规、工程合同法律制度等

表6-2中的工程技术类课程主要是以土木工程技术为基础的工程管理的技术平台课程。不同领域的工程管理专业在工程技术方面的教学内容可以不同，可以有自己的工程技术基础课程。工程管理专业的学生要立足工程施工，需要有比较扎实的技术基础，这对工程管理专业的学生在工程管理领域的可持续发展具有重要的影响。有时还要增加一些与工程相关的专业技术知识，如环境工程、设备工程、智能化系统、工程相关的工艺(如化工、核能、发电、污水处理等)专业知识。

管理平台课程中以工程项目管理为主体，还可以开设系统工程、组织行为学等；经济平台课程以工程经济学和工程估价为核心；法律平台课程主要包括经济法、建设法规、工程合同法律制度等。

2) 专业方向课

专业方向课程是工程管理专业为培养具有某一方向能力的学生而开设的课程。工程管理专业下设工程项目管理、房地产经营与管理、投资与造价管理、国际工程管理及物业管理等五个相关专业方向。各个专业方向均增设一定课时数的专业方向课程，如表6-3所示。

表6-3　专业方向课程

	专 业 方 向	主　干　课　程
专业教育	工程项目管理	工程项目管理、工程合同管理、建设项目评估
	房地产经营与管理	房地产经济学、房地产估价、房地产开发、房地产市场营销
	投资与造价管理	工程造价管理、项目投资与融资
	国际工程管理	国际工程承包、国际贸易与金融、国际经济合作法律基础、国际工程合同管理
	物业管理	物业资产管理、物业运行管理

3. 综合教育

综合教育内容包括：思想教育，学术与科技活动，文艺活动，体育活动，自选活动等知识体系。

从上述可见，工程管理专业培养的口径很宽，涵盖的知识面广，课程包含的内容多。这是综合素质的要求。

工程管理专业教育内容虽然涉及面广，包括技术、经济、管理、法律领域知识，但是各部分内容并不是独立存在的，而是相互联系的一个有机的整体，与工程项目建设过程紧密相连。因此，工程管理专业学生在学习专业知识的时候，应注重学习的整体性，有工程项目整体的和全局的观念，将工程管理专业的各方面知识有机联系起来。

二、工程管理专业实践教学环节设置

工程管理专业要根据不同年级、不同课程、不同教学环节的教学重点有针对性地开展实践教学活动，建立完善的、多层次的实践教学体系。工程管理专业的实践教学环节主要包括实习、课程设计、专业试验和毕业设计(论文)四类。建设部高等学校工程管理专业指导委员会(简称"专指委")推荐的工程管理专业指导性培养方案中规定的实践性教学环节如表6-4所示。

表6-4 工程管理专指委规定的实践性教学环节

实 习 内 容	周 数
工程测量实习	1 周
房屋建筑学课程设计	2 周
工程结构课程设计	2 周
建筑施工技术实习	1 周
建筑施工技术课程设计	1 周
各方向相关的课程设计与实习	不超过 6 周
认识与生产实习	4 周
毕业实习	4 周
毕业设计或毕业论文	10 周

1. 实习

实习分为课程实习、生产实习和毕业实习。

1) 课程实习

任课教师结合课程主要内容进行工程建设项目现场参观、现场讲解，辅之以教学录像。实习成绩根据学生的实习报告评定。

2) 认识实习

通过认识实习让学生了解工程、工程系统和工程管理的基本情况。

3) 生产实习和毕业实习

以学生自主联系实习单位的方式组织生产实习和毕业实习，目的是通过生产实习让学生将课堂上学到的各专业基础理论、原理、方法与实际工程相结合，以加深对课堂知识的掌握。实习完成后各专业学生进行生产实习和毕业实习答辩，实习成绩由实习报告和实习日记成绩、实习单位鉴定成绩及答辩成绩组成。

2. 课程设计

工程管理专业的所有核心专业课程和重要的土木工程类技术课程均设置了课程设计实践教学环节。学生根据课程设计教学大纲、课程设计任务书和指导书的要求进行课程设计，指导教师根据学生提交的课程设计作业评定成绩。所有课程设计均为独立的实践教学环节，单独计算成绩。各方向主要的课程设计有：房屋建筑学课程设计，工程结构课程设计，工程施工课程实习和设计，工程施工组织设计、工程估价课程设计、建设项目评估课程设计、招标投标模拟课程设计等。

3. 教学实验

工程管理专业目前开设的实验项目为设计性、综合性实验和极少量的验证性实验。学生按照教学实验大纲、实验指导书和实验报告格式的要求和规范完成实验报告，实验报告成绩按一定比例计入课程总成绩，实验成绩不合格的学生将丧失课程考试资格。如建筑材料、工程结构实验等。

4. 毕业设计

从综合运用知识、进行综合训练、培养动手能力的角度，工程管理专业的学生应做毕业设计，尽量不要做论文。本专业学生的毕业设计内容有效地覆盖了本科培养计划中设置的绝大部分专业基础课程和专业课程所涉及的相关知识和技术，时间安排较长，内容具有一定的深度和广度，对学生专业综合能力的训练强度大，能够较好地培养学生的实践能力、创新意识与能力和团队精神。

1）总体要求

工程管理专业所有方向可要求进行以真实的大中型工程建设项目或者房地产开发项目为背景的毕业设计。以大中型工程建设项目的招标或者投标文件的编制，大、中型房地产开发项目的全程策划为工程管理专业学生的毕业设计的主要内容。学生独立完成相关设计任务并提交设计报告(论文)。毕业设计的时间一般为14周。

2）毕业设计选题

工程管理专业学生的毕业设计可选择在建的或拟建的大、中型工程建设项目作为基础背景资料。通过更换项目所在地模拟国际工程建设项目作为国际工程管理专业方向学生的毕业设计课题。同时，每年应更换作为毕业设计课题基础背景资料的工程建设项目。

工程管理专业房地产经营管理专业方向的毕业设计课题一般只给出设计要求，从选择拟开发房地产项目的开发区位、资料获取、办理相关建设手续、开发项目定位策划、开发方案设计、营销策划等房地产开发的所有环节均由学生在教师指导下完成。

许多学校毕业设计选题具有多样性：房地产全程策划、工程规划、技术设计、施工方案设计；管理方面的选题包括：施工组织设计、项目管理策划、招标文件的编制和标底、监理规划大纲；对一个具体的工程进行估价及投标报价、项目评估或作可行性研究等。

综上所述，各实践(教学)环节的教学要求应按照教学实习工作规程及实习教学大纲、本科课程设计管理办法及课程设计教学大纲、任务书或指导书等文件，毕业设计(论文)管理办法及毕业设计(论文)相关教学指导性文件(包括任务书、指导书、开题报告等)的具体要求实施执行。另外，高校应安排一定数量的学时，聘请工程界、实业界有关专家进行专题讲座或与学生进行专题研讨，以增强学生对相关专业实际发展状况的了解。

三、工程管理专业教学计划

按照课程体系的要求，工程管理本科专业四年的课程设置及教学进程安排如表6-5所示。

表6-5 工程管理专业教学计划

教学体系	知识体系	课程性质	课程编号	课程名称	学分	总学时	理论	实验	上机	第二课堂	考核方式	1 16周	2 16周	3 16周	4 16周	5 16周	6 16周	7 16周	8 18周
通识教育	人文社会科学	必修	B2241010	马克思主义基本原理	3	42	42			6	考					3			
			B2242020	毛泽东思想和中国特色社会主义理论体系概论	5	64	64			16	考			2	2				
			B2242010	中国近现代史纲要	2	28	28			4		2							
			B2244010	思想道德修养与法律基础	2	32	32						2						
			B2210010	大学生心理健康教育	2	16	16			16		1							
		选修	B2235011	大学语文	2	32	32												
			B2242092	当代世界经济与政治	2	32	32					2							
			B2235020	中西方文化比较	2	32	32												
				小计	16	214	214	0	0	42		3	4	2	2	3	0	0	0
	自然科学基础	必修	A2011013	★高等数学A	12	192	192				考	6	6						
			B2011050	线性代数	2	36	36						2						
			B2011041	概率论与数理统计B	3	48	48				考			3					
		选修	C2039020	采矿概论	1	16	16												
			C2099060	地球科学概论	1	16	16												
			C2039030	安全工程概论	1	16	16					1							
			C2039040	环境保护概论	1	16	16												
				小计	18	292	292	0	0	0		6	7	2	3	0	0	0	0
	体育	必修	B2141010	体育	4	128	128					2	2	2	2				
				小计	4	128	128	0	0	0		2	2	2	2	0	0	0	0
	外语	必修	A2231010	★英语阅读	14	224	224				考	4	4	3	3				
			A2231020	★英语听力	2	64	64					1	1	1	1				
				小计	16	288	288	0	0	0		5	5	4	4				

续表一

教学体系	知识体系	课程性质	课程编号	课程名称	学分	总学时	理论	实验	上机	第二课堂	考核方式	1	2	3	4	5	6	7	8
												16周	16周	16周	16周	16周	16周	16周	18周
通识教育	计算机与信息技术	必修	B2085010	计算机文化基础	2	32	16		16			1							
		选修	B2210010	网络信息检索	1	16	8		8			1							
		选修	B2085060	数据库与管理信息系统	3	48	32		16		考		2						
			B2085030	VB语言程序设计	3	48	32		16		考		2						
			B2085020	C程序语言设计	3	48	32		16		考		2						
			B2084090	计算机网络基础与应用	3	48	32		16				2						
		小计			6	96	56	0	40	0									
		公共选修课			8	128	于2-7学期开设												
		合　计			68	1146	1106	0	40	42									
专业教育	学科基础	主干（必修）	A2024010	管理学	3	48	48				考	3							
			A2024020	微观经济学	4	64	64				考		4						
			A2024030	工程力学	4	58	48	10			考		3						
			A2024040	结构力学	3	48	48				考			3					
			A2024050	工程测量学	3	48	32	16						3					
			A2024060	建筑材料	2	32	32								2				
		非主干（必修）	B2024010	画法几何与建筑制图	4	64	56		8		考	2	1.5						
			B2024020	市场营销学	2	32	32						2						
			B2024030	工程经济学	3	48	48				考			3					
			B2024040	房屋建筑学	3	48	48				考			3					
			B2024050	建筑结构	3	48	48							3					
			B2024060	应用统计学	3	48	32		16		考				2				
			B2024070	会计学	2	32	32								2				
			B2024080	系统工程	3	48	48									3			
			B2024090	运筹学	3	48	40		8		考					2.5			
			B2024100	工程管理概论	2	32	32						2						
			B2024110	土木工程概论	1	16	16					1							
			B2024130	专业外语	4	64	64									2	2		
			B2024140	土力学与地基基础	3	48	48								3				
			B2024150	宏观经济学	2	32	32				考		2						
		选修	B2024160	金融学	2	32	32												
			B2024180	证券投资	2	32	32								2				
			B2024190	国际贸易	2	32	32												
		小计			59	938	880	26	32	0									

续表二

学科体系	知识体系	课程性质	课程编号	课程名称	学分	总学时	理论	实验	上机	第二课堂	考核方式	1 16周	2 16周	3 16周	4 16周	5 16周	6 16周	7 16周	8 18周
专业教育	专业体系	主干 必修	A2024070	工程估价与造价管理(1)	3	48	48				考					3			
		必修	A2024080	工程项目管理	3	48	48				考						3		
		非主干 必修	B2024200	施工技术	3	48	48				考					3			
			B2024210	合同管理	3	48	48				考						3		
		非主干 选修	B2024220	建设项目评估	3	48	48				考					3			
			B2024230	工程估价与造价管理(2)	2	32	32				考						2		
			B2024240	工程造价软件应用	2	32	8		24								0.5		
			B2024250	建设法规	2	32	32				考							2	
			B2024260	工程建设监理	2	32	32				考								
			B2024270	工程建设质量控制	2	32	32				考							2	
			B2024280	房地产开发与经营	2	32	32												
				以上3门课，至少选修4学分															
				小计	25	400	376	0	24	0									
				合计	84	1338	1256	26	56	0									
实践环节	集中性实践教学环节	必修	S2260010	入学教育	1	1周					√	√							
			S2210020	军训	2	2周					√	√							
			S2210030	军事理论	1	24					√	√							
			S2240040	思政课实践活动	2	32													
			S2260030	就业指导	1	16					√							√	
			S2240030	形势与政策教育	2	32					每学期4学时讲座								
			S2260020	毕业教育	1	1周					√								√
			S2221010	金工实习	1	1周					√		√						
			S2024110	市场调查	1	1周					√		√						
			S2101090	工程测量学实验	1	1周					√				√				
			S2024120	房屋建筑学课程设计	1	1周					√				√				
			S2024130	认识实习	1	1周					√				√				
			S2024140	工程估价课程设计	2	2周					√					√			
			S2024150	建筑结构课程设计	1	1周					√				√				

续表三

教学体系	知识体系	课程性质	课程编号	课程名称	学分	学时分配				第二课堂	考核方式	按学期分布							
						总学时	理论	实验	上机			1	2	3	4	5	6	7	8
												16周	16周	16周	16周	16周	16周	16周	18周
实践环节	集中性实践教学环节	必修	S2024160	生产实习	6	6周											√		
			S2024170	工程项目管理课程设计	2	2周											√		
			S2024180	招投标模拟课程设计	2	2周												√	
			S2024190	毕业实习与毕业设计(论文)	18	18周													√
		选修	S2230010	英语翻译与写作训练	1	1周								√					
			S2230020	英语听说训练	1	1周									√				
			S2025311	计算机基本技能训练	1	1周							√						
			S2010020	数学建模/实验	1	1周									√				
			S2024200	建设项目评估课程设计	1	1周											√		
			S2024210	科技论文写作	1	1周												√	
小计					50	44周													
总计					202	2484+44周													

教育层次	知识体系	课程性质	课程名称	最低学分	学期安排
第二课堂	思想道德	选修	公益活动	2	
			诚信教育		
			党团活动		
	科技创新	选修	学科竞赛	4	
			科技竞赛		
			学术活动		
			学术论文		第1~8学期分散进行
			科研获奖		
			国家专利		
	技能训练	选修	文体比赛	2	
			体质测试		
			文艺作品		
			技能训练(证书)		
	社会实践	选修	社会工作	2	
			社团活动		
			社会调查		
			其他		
合 计				10	

注：通识教育模块中标"★"课程为主干课程。思想道德、科技创新、技能训练、社会实践四个模块中选修学分≥10(根据课外学分考核办法评定)。

第四节　工程管理专业主要课程介绍

根据建设部高等学校工程管理专业指导委员会对于工程管理专业的课程设置方面的指导和建议，工程管理专业所开设课程主要分为工程技术类、管理类、经济类和法律类四大类，主要课程介绍如下。

一、技术类课程

工程管理实质上就是建筑产品的开发和生产的组织管理。从项目投资决策、设计到施工生产无不涉及技术问题。生产要素的优化配置首先是技术的优化配置，并且是针对每个具体项目(产品)来实现的，因此，管理者的技术素质是很重要的。

工程技术类课程包括土木工程概论、工程制图、工程测量、建筑材料、工程力学、房屋建筑学、工程结构、工程施工和建筑设备概论等。技术类课程开设先后顺序详见表 6-5 工程管理专业培养方案。

1. 土木工程概论(An Introduction to Civil Engineering)

1) 课程简介

本课程的目的是通过教学使学生在入学之初就全面地了解土木工程领域所涉及的内容、成就和发展情况，了解土木工程在国民经济建设中的地位和作用，了解土木工程有关的基本概念，获得有关土木工程的感性认识，建立对土木工程建设与管理事业的使命感和责任心。

本课程通过参观具有代表性的工程、组织现场教学增强学生对土木工程的感性认识。本课程的先修课程无特殊要求。总学时数一般为 32 学时。

2) 主要内容

主要教学内容包括：土木工程发展简介，土木工程的要素，土木工程设施，工程灾害和设防，土木工程的建设程序及管理，土木工程主要施工工种(土方工程，砌筑工程，钢筋混凝土，吊装工程，隧道施工工程，装饰工程)，土木工程中的经济、环境和法律问题、土木工程展望。

2. 画法几何与工程制图(Architectural Graphing &Engineering Drawing)

1) 课程简介

工程图样是表达设计思想的主要工具，也是进行生产制造或施工建造的重要依据。因此，工程图样在生产实践中起着表达和交流技术思想的作用，被认为是工程界的"技术语言"和"工程师的语言"，每个工程技术人员必须能够熟练地绘制和阅读工程图样。

本课程的目的是通过教学使学生掌握投影法的基本理论及其应用，具备对三维形状与相关位置的空间逻辑思维和形象思维能力、空间几何问题的图解能力、绘制和阅读土木建筑工程图样的初步能力和利用计算机生成图形的初步能力。本课程的实践环节包括制图作业，计算机绘图及图形生成上机实习。先修课程无特殊要求。总学时数一般为 64 学时(其中课堂讲授 40 学时，制图作业课 8 学时，上机实习 16 学时)。

2) 主要内容

主要教学内容包括：画法几何知识(点，直线，平面，直线与平面以及两平面的相对位置，投影变换，曲线、曲面和立体，平面、直线与立体相交，两立体相交，轴测投影，标高投影)，制图基础，组合体投影画法，土木建筑工程各专业图(钢筋混凝土构件图，钢结构构件图，房屋建筑施工图，房屋结构施工图，给水排水施工图，道路、桥梁、涵洞、隧道工程图)，计算机绘图基础及交互式计算机绘图软件(AutoCAD)。

3. 工程测量(Engineering Survey)

1) 课程简介

本课程的目的是通过教学使学生掌握工程测量的基础理论、基本技能，掌握常规测量仪器的操作技能和工程测量基本方法，了解测量新技术在土木工程施工测量中的应用并在测绘地形图、地形图应用和土木工程施工测量等方面得到系统的基础训练，具备正确使用常规测量仪器和工程测量的技术、方法进行土木工程施工测量的基本能力。

本课程的实践环节主要为开设实验课，进行水准测量、角度测量、距离丈量和直线定向、小地区控制测量、测设基本技术的实际测设实践。课程结束后，可集中安排 1~2 周的综合测量课程实习。本课程的先修课程为土木工程概论。建议总学时数为 48 学时(其中课堂讲授 32 学时、实验 16 学时)。

2) 主要内容

主要教学内容包括：水准测量(水准测量原理，水准仪的使用，水准点，水准路线，水准测量误差及注意事项)，水平角、竖直角等角度测量，经纬仪的使用，距离丈量与直线定向，测量误差的基本知识，地形图的基本知识，控制测量，大比例尺地形图的测绘，地形图应用，测设的基本工作及土木工程测量(水平角度和点高程及平面位置测设，建筑场地施工控制网的概念，民用建筑与工业厂房施工测量，高层建筑施工测量，建筑物沉降观测与倾斜观测，竣工总平面图的编绘)等。

4. 建筑材料(Building Materials)

1) 课程简介

建筑材料是建筑物的基本组成材料，材料是基础，材料决定了建筑形式和施工方法。新材料的出现可以促使建筑形式的变化、结构设计和施工技术的革新，其质量、性能的好坏，直接影响建筑物的质量和安全，一旦发生质量事故，补救和处理都很困难，甚至不可挽救。

本课程的目的是通过教学使学生掌握工程建设活动中常用建筑材料的基本组成、技术性能、质量检验程序及方法和使用方法，掌握合理选择和正确使用建筑材料的基本方法，具备根据工程建设项目的特点、要求合理选择和正确使用建筑材料的基本能力。本课程的先修课程为土木工程概论，建议总学时数为 48 学时。

2) 主要内容

主要教学内容包括：材料的基本性质，气硬性无机胶凝材料(石膏、石灰及其他气硬性材料的技术性质及应用)、水泥、混凝土、建筑砂浆、墙体材料和屋面材料、建筑钢材、木材、沥青材料及制品、建筑塑料、装饰材料、绝热及吸声、隔声材料等材料的种类及性能等。

5. 工程力学(Engineering Mechanics)

1) 课程简介

本课程的目的是通过教学使学生对力的平衡、杆基本变形情况下的应力与应变、强度、刚度及稳定性，疲劳与断裂破坏等问题建立明确的基本概念，具有必要的基本理论知识、分析能力、实验能力和比较熟练的计算能力。同时，培养科学思维方法，尤其是研究型思维方法。本课程的建议总学时数为 58 学时。

2) 主要内容

主要教学内容包括：力学与工程，刚体静力学基本概念与理论，静力平衡问题，变形体静力学基础，材料的力学性能，强度与连接件设计，流体力容器，圆轴的扭转，梁的平面弯曲，强度理论与组合变形，压杆的稳定，疲劳与断裂等。

6. 房屋建筑学(Building Architecture)

1) 课程简介

本课程的目的是通过教学使学生掌握建筑设计程序、建筑设计的基本原理与基本方法、建筑构造原理和构成建筑各组成部分的基础知识，具备进行一般民用房屋建筑设计的基本能力。同时，应结合工程管理专业的特点和培养要求，将建筑设计、建筑构造的基本原理、方法及应用与建筑设计活动的经济效益和建筑可持续发展有机结合起来，培养学生从更高的层次上对建筑设计活动进行管理、控制的基本能力。

本课程的实践环节主要是建筑施工图设计及建筑设计 CAD 技术的使用，要求在一个特定项目(民用住宅或公共建筑)初步设计的基础上，进行建筑施工图设计，包括绘制各层平面图、主要立面及侧面图和剖面图，编写设计说明。本课程的先修课程为工程制图和建筑材料，建议总学时数为 48 学时。

2) 主要内容

主要教学内容包括：建筑的分级与分类，建筑设计简论，民用建筑设计初步(建筑各组成部分的平面、立面及剖面设计及组合形式)，民用建筑构造概论，墙与基础，楼板面与地面，楼梯，屋面，门窗构造等。

7. 工程结构(Engineering Structure)

1) 课程简介

本课程的目的是通过学习使学生掌握建筑结构的组成及建筑材料(钢材、混凝土、砌体)的物理力学性质，运用规范公式对基本构件进行计算，掌握钢筋混凝土基本构件和砌体结构的构造要求，了解单层厂房的组成和结构构造及框架结构的结构构造，掌握砌体结构计算简图的确定、内力分析的方法及计算方案的选择。本课程的实践环节为现浇单向板肋梁楼盖设计，先修课程为房屋建筑学和工程力学，建议总学时数为 48 学时。

2) 主要内容

主要教学内容包括：绪论(混凝土结构、砌体结构的一般概念及特点，混凝土结构、砌体结构的发展简况及其应用)，钢筋混凝土材料的力学性能，混凝土结构的基本设计原则，轴心受力构件的承载力计算，受弯构件正截面的承载力计算，受弯构件斜截面的承载力计算，偏心受力构件的承载力计算，混凝土构件的变形及裂缝宽度验算，预应力混凝土构件计算，梁板结构设计，砌体结构设计(砌体的强度，砌体结构的构造措施，无筋砌体构件的承载力计算，配筋砌体构件的承载力计算，过梁、圈梁、墙梁、挑梁的设计和构造要求，砌块房屋的设计，混合结构房屋墙、柱的设计)，单层厂房结构设计，混凝土多高层房屋结构设计等。

8．工程施工(Construction Technology)

1) 课程简介

本课程的目的是通过教学使学生掌握建筑(土木)工程施工技术和施工组织的一般规律，掌握建筑(土木)工程中主要工种工程的施工技术和施工工艺原理、方法，掌握建筑(土木)工程施工的科学组织与管理、控制的模式、方法和手段，了解建筑(土木)工程施工中的新技术、新材料、新工艺的发展和应用，具备发现并有效处理建筑(土木)工程施工过程中的一般性技术问题的基本能力，具备科学、合理地组织、管理建筑(土木)工程施工的基本能力，具备根据建筑(土木)工程项目的主客观实际情况优选施工方案、施工方法及编制施工组织设计、施工进度计划的基本能力和有效组织、管理建筑施工安全生产的基本能力。

本课程的实践环节包括典型的综合性大、中型建筑(土木)工程项目的施工组织总设计和其中的单位工程施工组织设计案例分析，聘请项目管理专家或项目管理专业人员或工程技术人员结合典型的综合性大、中型建筑(土木)工程项目举办工程施工专题讲座。

先修课程为房屋建筑学、工程力学和工程结构，建议总学时数为 48 学时。

2) 主要内容

主要教学内容包括：土方工程，地基与基础工程，地下工程，砌筑工程，混凝土结构工程，预应力混凝土工程，结构安装工程，升滑法施工，防水工程，装饰工程，桥梁结构工程(选学内容)等工程施工方法与工艺、施工组织概论、单位施工组织设计及施工组织总设计等。

二、管理类课程

工程管理专业的管理类课程主要有：管理学原理、工程项目管理、财务管理、会计学原理、运筹学和工程估计与造价管理等。这六门课程所涉及的理论和技术方法构成了管理平台的知识"骨架"，是从事工程管理的人员必须学习和良好掌握的知识和技能，也是工程管理行业的核心控制要素。

1．管理学原理(Management Principles)

1) 课程简介

本课程的目的是通过教学使学生熟悉管理活动的一般规律、管理的基本原理和基本方法，了解人类管理思想的演进历史和发展动态，掌握从事各种管理活动所必备的理论基础和基本知识，初步具备运用管理的基本原理和方法有效进行工程建设项目全过程管理的综合能力和基本技巧。

本课程的实践环节主要为参观实习和专题讲座。先修课程无特殊要求。建议总学时数为 32 学时。

2) 主要内容

主要教学内容包括：导论(管理及其职能，管理的作用和地位，管理研究的对象和方法，管理理论)，企业管理，非营利组织和政府管理，战略管理理论，决策理论，计划与控制理论，组织理论，领导理论，管理行为等。

2. 工程项目管理(Engineering Project Management)

1) 课程简介

本课程的目的是通过教学使学生在学习技术、经济、管理等相关专业基础课程的基础上，掌握工程项目管理的基本理论和工程项目投资控制、进度控制、质量控制的基本方法，熟悉各种具体管理方法在工程项目上的应用特点，培养学生有效从事工程项目管理的基本能力。

本课程的实践环节主要包括工程项目管理案例分析，编写工程项目管理方案，计算机辅助项目管理(投资控制、进度控制等)软件的上机实习。先修课程为工程施工、工程估价和计算机基本理论，建议总学时数为 48 学时(其中课堂讲授 36 学时，实践环节 12 学时)。

2) 主要内容

主要教学内容包括：概论，工程项目管理的组织，工程项目策划与决策管理，工程项目计划管理，工程项目进度管理，工程项目成本管理，工程项目质量管理，工程项目采购管理，工程项目风险管理，工程项目风险管理等。

3. 会计学原理(Accounting Principle)

1) 课程简介

本课程遵循我国现行的会计法规体系，以实务为重点，站在项目业主和承包商两个角度来阐述会计基础知识、会计基本技术和方法。本课程的目的是通过教学使学生掌握会计基本理论、基本核算模式，使学生具备在掌握会计基础理论的基础上进行工程管理过程中相关会计核算和解决相关会计问题的基本能力。

本课程的实践环节主要包括结合工程管理相关会计业务实务介绍其会计核算方法，并结合有关软件的使用安排学生上机实习。先修课程为管理学、经济学、经济法，建议总学时数为 48 学时。

2) 主要内容

主要教学内容包括：会计总论，企业会计制度，会计要素和会计等式，设置账户和复式记账，会计凭证，会计账簿，资产核算，负债核算，所有者权益核算，成本和费用的核算，营业收入和利润的核算，财务会计报告编制，会计账户分类，会计核算形式等。

4. 财务管理(Financial Control)

1) 课程简介

本课程的目的是通过教学使学生了解财务管理的基本理论，建立资金时间价值、风险价值及报酬等财务观念，掌握财务分析、财务预测、财务决策及财务协调和控制的基本方法，具备将财务管理的理论和方法运用于工程管理实际的基本能力。本课程的实践环节为大量的案例教学，如财务分析、投资决策、融资决策、财务计划、财务控制等部分内容。先修课程应为管理学、会计学、经济学和金融与保险，建议总学时数为 48 学时。

2）主要内容

主要教学内容包括：财务管理概述，财务分析，投资决策方法，融资决策方法，利润分配决策方法，流动资金管理，财务计划的编制，财务控制方法等内容。

5. 工程估价与造价管理(Project Cost Estimate & Management)

1）课程简介

工程估价与造价管理分为工程估价和工程造价管理两大部分，是指在工程建设项目开工前，对所需的各种人力、物力资源及其资金需用量的预先计算，工程实施过程中的工程结算及工程竣工结算等工程计价与控制等工作。本课程的目的是通过教学使学生了解工程造价的基础知识，掌握工程造价的基本原理和方法，具备工程计价与控制的基本能力。

本课程的实践环节为编制土建工程施工图预算文件。先修课程为房屋建筑学、工程结构、建筑材料和工程施工。建议总学时数为 64 学时，可分两学期开设。

2）主要内容

主要教学内容包括：工程造价基础知识，工程费用结构，工程造价计价依据，工程计量，投资估算，设计概算，施工图预算，招投标与合同价确定，工程结算与竣工决算等。

6. 运筹学(Operational Research)

1）课程简介

本课程的目的是通过本课程的教学使学生树立系统优化的观点，具备系统优化分析的基本能力。掌握常用的系统优化方法，具备对工程管理有关问题进行定量优化分析并为　决策者提供系统优化的量化决策依据的基本能力。

实践环节为结合工程管理中的一个较简单的实际问题，例如在一定资金、劳动力、时间等方面条件限制下，寻求利润最大的房地产开发计划或建立线性规划模型或运输问题模型并利用计算机求解，或者编写一个求解线性规划问题的计算机程序。先修课程为高等数学、线性代数和概率论。建议总学时数为 48 学时。

2）主要内容

主要教学内容包括：运筹学概论，线性规划建模，线性规划解的分析，特殊的线性规划运输问题，动态规划，简单的图论知识，多目标决策等。

三、经济类课程

工程管理专业经济类课程有经济学、工程经济学、金融与保险和应用统计学等。通过这几门课程的学习可以使学生对工程管理行业所需的经济学知识有较为全面、深入的认识和了解，能够利用所学的经济学知识和技术方法分析、处理工程管理中的经济问题。

1. 经济学(Economics)

1）课程简介

本课程的目的是通过教学使学生掌握市场经济背景下微观经济与宏观经济的基本概

念、基本原理和基本分析方法，熟悉微观经济与宏观经济运行的基本规律，具备运用上述基本原理和基本分析方法分析、认识、解释微观经济与宏观经济现象和问题的基本能力。

本课程的实践环节包括案例分析和专题讲座。有的经管类院校将经济学分开设微观经济学和宏观经济学两门课程。建议总学时数为 48 学时。

2）主要内容

主要教学内容包括：经济学导论，需求、供给与均衡价格，消费者行为分析，生产与成本，市场与厂商决策，收入分配分析，国民收入核算，国民收入决定的简单模型和扩大模型，总供给与总需求的均衡，经济周期与经济增长理论等。

2．工程经济学(Engineering Economics)

1）课程简介

工程经济学是工程学和经济学的交叉学科，是利用经济学的理论和方法，研究如何有效利用资源，提高经济效益，使生产和建设活动中技术因素和经济因素实现最佳结合。本课程的目的是通过教学使学生了解工程技术与经济效果之间的关系，熟悉工程技术方案选优的基本过程，全面掌握工程经济的基本原理和方法，具备进行工程经济分析的基本能力。

本课程的实践环节为针对一个实际的工程建设项目进行可行性分析研究。先修课程为经济学，建议总学时数为 48 学时。

2）主要内容

主要教学内容包括：工程经济学的基本原理，现金流量的构成与资金时间价值理论，投资、成本与利润等要素分析，工程技术方案经济效果评价方法，不确定性分析，项目资金的筹集与运用，项目的财务评价，设备更新与选择，价值工程与价值分析，项目后评价等。

3．金融与保险(Finance and Insurance)

1）课程简介

本课程的目的是通过教学使学生在了解货币、信用、经济的相互关系以及保险学基本原理的基础上，具备对国内外金融现象进行分析和预测的基本能力，理解并掌握主要的国内、国际融资方式以及与工程建设活动有关的主要保险险别。

本课程的实践环节包括模拟工程保险和项目融资方案策划。先修课程为工程经济学和经济法，建议总学时为 32 学时。

2）主要内容

主要教学内容包括：货币与信用货币的产生，金融市场与金融机构，货币供求与货币政策，外汇与外汇风险，国内及国际主要融资方式，保险原理及保险原则，与工程建设活动有关的主要保险险别等。

4．应用统计学(Statistics)

1）课程简介

本课程的目的是通过教学使学生掌握统计学的基本原理和基本的统计方法，培养学生合理运用统计方法进行工程管理有关实际统计工作的基本能力和有效利用统计信息掌握工程建设活动的实际运行状况并进行有效的工程管理决策的基本能力。

实践环节为运用计算机软件建立一元线性回归模型、多元线性回归模型并进行预测分析，先修课程为高等数学和概率论，建议总学时数为48学时。

2）主要内容

主要教学内容包括：统计资料定义及统计资料的构成要素，统计资料的整理，统计资料的综合，统计抽样和抽样分布，参数估计，统计假设检验，一元线性回归，多元线性回归，时间序列和指数等。

四、法律类课程

工程管理专业的法律平台由三门主干课程构成，分别是经济法、工程合同法律制度和建设法规。这三门课程囊括了工程管理涉及的主要法律法规内容，能够为工程管理从业人员正确处理工作中的法律法规问题提供帮助。

1．经济法(Economic Laws)

1）课程简介

本课程的目的是通过教学使学生初步掌握经济法的基本理论，熟悉经济法的内容体系、我国市场经济活动的法律环境以及有关法律制度和规定，具备运用经济法知识有效地解决工程建设项目全过程管理中的有关经济法律问题的初步能力。

本课程的实践环节主要为旁听经济案件的法庭审理，模拟法庭审判活动。先修课程为法律基础，建议总学时数为32学时。

2）主要内容

主要教学内容包括：经济法概论，企业法律制度(全民所有制工业企业法、公司法、企业破产法律制度)，工业产权法律制度(专利法、商标法)，反不正当竞争法律制度，保险法律制度，税收法律制度，经济纠纷的解决等。

2．工程合同法律制度(Engineering Contract Legal System)

1）概述

本课程的目的是通过教学使学生对合同有一定认识，熟悉与合同相关的法律知识，理解和掌握工程建设领域涉及的合同种类及其法律特征、法律性质和主要内容，具备在工程建设实践中依法签订合同、审查合同和正确履行合同的基本能力。

实践环节包括编制合同文件，审查合同，旁听合同纠纷处理的法庭审理。先修课程为法律基础、经济法，建议总学时数为32学时。

2）主要内容

主要教学内容包括：合同概述，合同的订立，合同的效力，合同的履行，合同的担保，合同的转让、变更与解除，违约责任，合同争议的防范及处理，工程合同概述，工程咨询合同，工程建设施工合同，工程建设物资采购合同，国际工程承包合同，FIDIC 合同条件等。

3. 建设法规(Construction Laws and Regulations)

1) 课程简介

本课程的目的是通过教学使学生掌握建设法律、法规基本知识，培养学生的工程建设法律意识，使学生具备运用所学建设法律、法规基本知识解决工程建设中相关法律问题的基本能力。

实践环节包括模拟法庭，案例分析，参加庭审活动。先修课程为法律基础、经济法，建议总学时数为 32 学时。

2) 主要内容

主要教学内容包括：建设法规概述，城市规划法律制度，土地管理法律制度，工程咨询法律制度，工程建设标准法律制度，建筑法律制度，城乡建设法律制度，房地产法律制度，风景名胜保护法律制度，环境保护法律制度，企业权利保护法律制度，国外及港澳台地区建设法律简介等。

第五节　工程管理相近专业介绍

一、工程造价专业

1. 培养目标

工程造价专业培养适应社会主义市场经济和社会发展的需要，德、智、体等全面发展，具备管理学、经济学和土木工程技术的基本知识，掌握现代工程造价管理科学的理论、方法和手段，获得造价工程师、咨询(投资)工程师的基本训练，熟悉投资项目前期决策可行性研究报告编制方法，掌握建设项目投资估算的编制，掌握工程概、预、结(决)算、标底价、投标报价的编审，具有工程建设项目投资决策和全过程各阶段工程造价管理能力，有实践能力和创新精神的应用型高级工程造价管理人才。

2. 培养规格及要求

1) 培养规格

具备管理学和土木工程技术基本知识，掌握现代经济理论和方法，熟悉建设领域的相关法规，具备一定的外语水平和计算机应用能力，具有较强的识读各类工程图纸的能力，具有建筑工程、安装工程和装饰工程预(结)算的编制能力，具有一般建筑工程、安装工程和装饰工程投标报价的能力。

2) 毕业生应具有的知识结构

毕业生的知识结构由基础理论知识、专业基础知识、专业知识、相关知识和拓宽知识构成。

(1) 基础理论知识。掌握马克思主义基本理论，了解社会科学基础知识，具有人文素质理论知识和修养。掌握本专业所必需的有关应用数学的基本理论与分析方法；掌握建筑经济、建筑技术经济学的基本理论与建筑企业财务会计分析方法；了解法学的基本原理，了解有关建筑法规；掌握建筑力学的基本原理和分析方法；掌握结构设计基本原理；掌建筑构造，了解建筑设计的基本原理；掌握一门外国语言，掌握计算机操作原理和计算机软件应用。

(2) 专业基础知识。了解建设领域内的各种法律和法规；掌握基本经济理论与分析问题的方法；掌握工程管理中的统计学、会计学的基本知识和方法；掌握工程结构的特点；掌握土木工程施工技术及编制施工组织设计的基本方法；了解建筑给水排水、供热通风与空调、建筑电气等房地产基础配套设施的相关知识；掌握必要的建筑识图、制图知识；熟悉施工现场的定位、放线、抄平等测量工作；掌握建筑工程、安装工程和装饰工程计价定额的基本理论及具体应用；掌握建设项目投资估算的编制方法、审核及项目经济评价；掌握工程变更及合同价款的调整和索赔费用的计算；掌握建设项目各阶段工程造价的确定、控制与分析的基本知识。

(3) 专业知识。了解国内外工程造价的发展动态，掌握工程造价的基本理论和方法；掌握投资经济的基本理论和基本知识；掌握土木工程技术知识和具有运用计算机辅助解决管理问题的能力；具有编制工程预算、决算的能力，具有一般建筑工程、安装工程和装饰工程投标报价的能力。

(4) 相关知识。物业管理、建筑企业管理、房地产法规、工程项目融资、工程项目管理、房地产经营管理。

(5) 拓宽知识。公共关系学、市场营销、管理心理学、会计及财务管理、工程招投标与合同管理。

3) 毕业生应具有的能力结构

(1) 自学能力。具有本专业文献检索、获取信息、了解本专业及相关学科最新动态、不断提高自己业务水平的能力。

(2) 业务能力。具有较强的识读各类工程图纸的能力；具有建筑工程、安装工程和装饰工程预(结)算的编制能力；具有一般建筑工程、安装工程和装饰工程投标报价的能力；具有企业经营与管理的初步能力，如文字与口头表达能力；熟练掌握计算机操作的基本技能，具有计算机在本专业的一般应用能力；能正确选择和使用建筑材料；具有一定的语言文字表达能力和社交能力；具有良好的职业道德和一定的创新意识及创业能力；具有良好的身心素质和一般的审美能力；具有运用马克思主义基本原理分析、解决实际问题的初步能力。

(3) 科研开发能力。具有参与现代建筑工程造价、施工技术的研究和开发及施工项目管理的初步能力。

3. 标准学制和授予学位

标准学制：四年。

授予学位：管理学或工学学士学位。

4. 主干学科与主要课程

主干学科：管理学、经济学、土木工程。

主要课程：高等数学、外语、线性代数、画法几何与工程制图、计算机文化基础、毛泽东思想、邓小平理论和"三个代表"重要思想概论、工程结构、房屋建筑学、管理学、工程项目管理、工程招投标与合同管理、工程经济学、建设法规、土木工程施工技术、建筑电气与施工、建筑给排水与施工、建筑工程计量与计价、安装工程计量与计价、工程造价管理等课程以及课程设计，工程施工实习和毕业实习与毕业设计等实践环节。

5．就业方向

学生毕业后能够在工程(造价)咨询公司、建筑施工企业、建筑装潢装饰工程公司、工程建设监理公司、房地产开发企业、设计院、会计审计事务所、政府部门企事业单位基建部门等企事业单位，从事工程造价招标代理、建设项目投融资和投资控制、工程造价确定与控制、投标报价决策、合同管理、工程预(结)决算、工程成本分析、工程咨询、工程监理以及工程造价管理相关软件的开发应用和技术支持等工作。

6．工程管理与工程造价专业关系与区别

由于工程管理专业与工程造价专业非常接近，在此专门对这两个专业之间的关系与区别进行分析。

1) 工程管理与工程造价的关系

工程管理是从宏观方面为实现项目目标而从质量、进度、成本等方面对工程实施的全过程进行管理。具体工作包括：投资机会研究、可行性研究、勘察设计、招标、采购、施工、试运行、竣工验收、投产使用等的管理。工程管理主要工作可以概括为：质量控制、成本控制、进度控制、信息管理、合同管理、安全文明施工管理和组织协调。而成本控制是要通过工程造价来实现。工程造价是属于工程管理工作的一部分，比工程管理更具体、更专业，两者又有相通的地方。

工程管理和工程造价的关系可以从以下几个方面来分析。

(1) 工程质量管理与工程造价。工程质量在很大程度上取决于要素投入，人、材、机等质量要素均达到质量控制标准，最终的产品质量才有可能达到满意的程度。而各要素的质量水平，在开放的市场中总是与该要素的价格一致。因此，工程项目的质量与其价格息息相关。

(2) 工程工期管理与工程造价。一般认为，在造价工期曲线中，有一个合理的匹配区域。在这个区域中，价格比较低，工期才能被接受。通常，称此区域为"合理工期"。在这种描述下，工期是主动因素，价格是因变量，由于工期不合理，导致了直接费用或间接费用的上升，从而引起价格上升，这种描述在理论上是正确的。但是，在实际建筑市场上，很多现象是理论曲线无法解释的，甚至完全相反，很难用简单的一条曲线来描述造价与工期的关系，但无论如何，可以肯定的是，造价与工期之间有着非常密切的相互关系。

(3) 工程合同管理与工程造价。在合同管理中，价格条款是合同执行的核心，我国《经济合同法》规定经济合同必备的五类主要条款之一就是价格。《建筑法》第十八条也明确规定："建筑工程造价应当按照国家有关规定，由发包单位与承包单位在合同中约定"。"发包单位应当按照合同约定，及时拨付工程价款"。可见造价管理对工程合同管理的重要性，造价管好了，计价方式得当，款额合理，拨付及时，就会少一些合同纠纷，少一些合同索赔，合同管理就会更有效。

(4) 组织协调与工程造价。控制造价是项目管理中做好组织协调工作的目的，同时也是手段。组织协调是项目管理的手段，而造价控制是项目管理的目标之一。因此，有序、合理的造价管理是组织协调工作的目的之一。同时，项目参与各方靠合同联结在一起，他

们的最终目的都是为了实现各自的经济利益。因此，调动各方的积极性，组织各方共同围绕同一项目尽职尽责。协调各方关系的准绳是合同，而联系各参与方的纽带则是经济利益。经济利益最终靠价格的确定、调整和支付来实现，所以，有效的造价管理，包括合理计价、合理调整、公正地处理索赔、依约支付，成为组织协调工作的最为有效的手段。

由上述可见，工程管理的各项活动都与工程造价有着十分密切的关系。

2）工程造价与工程管理的相同点

（1）实施阶段相同。工程造价和工程管理均是伴随着工程的整个寿命周期。从项目可行性研究到竣工验收交付使用，一个项目的成功实现离不开工程管理和工程造价。工程管理和工程造价工作贯穿于项目的始终，是依附于工程项目而产生的，也是依附于工程项目而一直存在的。

（2）目标相同。工程造价和工程管理虽然所涉及的具体工作内容不同，但是两者的目标一致，均是要保证项目质量、进度、成本三大目标的成功实现。

（3）起源相同。工程造价和工程管理都起源于项目这一个大的系统工程，为实现这个系统的有效运转而进行不同的工作。工程管理就是要对这一个大的系统工程进行有效管理，从而保证其目标的实现，工程造价是保证系统有效运转的一个重要手段，是为保证项目目标实现而采取的措施。

（4）主体相同。在项目进行过程中，项目参与各方，包括建设单位、设计单位、施工单位、监理单位等均要进行工程管理工作，从而保证项目的顺利进行，同样也都要进行工程造价工作，从而保证费用目标的实现，因而两者的实施主体相同。

3）工程造价与工程管理的不同点

（1）工作范围不同。工程管理是针对一个工程项目，从项目立项到竣工验收交付使用整个阶段所进行的管理工作。包括资金、进度、风险、质量、安全、人员、信息、环境等相对独立且相互制约的各个环节。通过管理工作使其相互协调平衡，使项目目标得以实现。工程造价包括整个项目实施过程中所进行的投资估算、设计概算、修正概算、施工图预算、招投标价、施工预算、竣工结算、竣工决算等工作，从而保证项目各方费用目标的实现。因此，工程管理工作范围较宽，工程造价工作范围较窄。

（2）工作方式不同。工程管理是对工程项目的质量、成本、进度等的实际进展情况进行有效控制，综合管理。当工程进展出现问题的时候，管理人员必须能够提出有针对性的、行之有效的解决方案。这就要求工程管理人员必须具有丰富的实际工程经验。因而，工程管理工作地点多在现场，尤其是刚从工程管理专业毕业的大学生，大多从事的是基层管理工作。在工程现场积累施工技术知识、施工管理经验是向更高层次发展的必经之路。

工程造价工作包括建设单位的投资估算、投资控制、招标控制价计算、竣工决算；设计单位的设计概算、修正概算；施工单位的投标报价计算、施工图预算、施工预算、成本控制、进度款计算、结算工作等。虽然看来仅仅是个算钱的工作，其实涉及的领域很多。从事工程造价工作没有想象中的简单，并不单单是掌握计算的方法。一个好的造价人员不仅要掌握计量计价的方法，同时还要积累工程材料、施工工艺、房屋构造、合同管理、经济学、法律法规等相关知识。而这些知识不只是从课本获得，更重要的是从实际的工作中积累而来。因此，工程造价人员同样需要现场工作经验。懂施工、懂管理、懂经济、懂法律的造价人员必定会成为这一行的高端人才。

工程造价和工程管理的工作方式的区别在于做造价并不需要像做管理一样每天都去现场，工作场所就在现场。而是偶尔去现场转转，学习施工方法、工艺、材料方面的知识，从而使造价做得更准确，但主要的工作还是要在办公室用计算机，通过算量软件、计价软件来完成。因此，工程管理和工程造价的工作方式有些区别。

4) 工程管理专业和工程造价专业的比较

(1) 学科性质方面。工程管理专业是新兴的工程技术与管理交叉复合性学科，是教育部 1998 年颁布的《普通高等学校本科专业目录》中设置的一个新专业。该专业要求学生具有管理学、经济学、土木工程技术、计算机管理和外语的综合知识，能在国内外工程建设领域，从事项目决策和全过程管理的复合型、外向型、开拓型的高级管理人才。

工程造价专业是 2012 版的本科专业目录中从工程管理中独立出来的一个专业，也是工程管理专业进行硕士研究的一个方向。这两个专业在课程设置上大部分相同，工程管理专业所学知识相对宽泛，工程造价专业更具有针对性。

(2) 就业领域方面。工程管理专业的就业领域涉及建筑工程、工程施工和控制管理、房地产经营以及金融、宾馆、贸易等行业部门的管理工作。这一专业涉及的就业领域对人才的大量需求现象比较普遍。从银行证券到酒店宾馆，从建筑企业到房地产开发公司都急需补充大量的工程管理及相关专业的人才，因此人才市场上对该专业人才的需求量很大。工程造价专业学生毕业后能够在工程咨询公司、建筑施工企业、建筑装潢装饰公司、工程建设监理公司、房地产开发企业、设计院、会计审计事务所、政府部门企事业单位基建部门等，从事工程造价招标代理、建设项目投融资和投资控制、工程造价确定与控制、投标报价决策、合同管理、工程预(结)决算、工程成本分析、工程咨询、工程监理以及工程造价管理相关软件的开发应用和技术支持等工作。

(3) 培养方式方面。工程管理是一项综合性的工作，要求管理人员必须具备管理学的知识、经济学的知识、组织行为学的知识，以及土木工程方面的专业知识。有些学校把工程管理专业归于管理学院，也有的归类于建筑工程学院，因其学校的专业特色不同，所开设的课程也有所不同。从事工程管理也要学习工程造价方面的知识，学校一般开设一门工程造价方面的课程，如工程计量与计价，课时相对较少。工程管理专业着重于培养学生的管理能力，致力于培养综合型人才。

工程造价要求从业人员掌握深厚的造价知识，具备熟练的造价能力。因此，其培养方式更加专一。在校期间同样开设土木工程方面的专业课程，但重点在于培养学生做好造价的能力，一般要开设多门造价方面的课程，如工程计量与计价、工程定额原理、工程造价管理等，且课时分配较多，有利于使学生具备扎实的理论功底。

从工程管理和工程造价专业的课程设置和培养计划可以看出这两个专业的关系和区别。两个专业所开设的课程大部分相同，因为像工程材料、建筑构造、施工技术、招标投标与合同管理等专业知识，不论是进行工程管理还是进行工程造价都是不可或缺的，并且这两个专业起源相同，都是依附于工程而存在的，因此所需知识必定会有相同的部分。但是两者也各有侧重点。工程管理专业是一个综合性较高的专业，属于交叉学科，不仅需要土木工程方面的知识，还需要经济学、管理学方面的知识，因此所开设的课程覆盖面比较宽泛，要求学生的知识面宽。工程造价专业是专门培养造价人才的一个专业，因此在培养方式上，除了辅助基础专业知识外，要求学生必须将工程造价方面的知识学深、学透，因而培养的是专业性质的人才。

通过对工程管理专业和工程造价专业的了解，学生可根据自己的兴趣爱好和性格特征确定就业方向，在校期间制定一个有针对性的学习计划，甚至是职业规划，从而使在校期间的学习做到有的放矢，事半功倍。

二、房地产开发与管理专业

1．培养目标

房地产开发与管理专业培养德、智、体、美全面发展，具有管理学、经济学和土木工程技术的基础知识，掌握现代管理科学的理论、方法和手段，能在国内外房地产开发领域从事项目决策、与土地和房地产行政管理、住房保障、房地产金融、房地产投资、房地产资产经营管理、房地产价格评估等相关的实务工作以及房地产项目全过程管理的复合型高级管理人才。

2．培养规格及要求

1）培养规格

具有房地产经营管理的理论研究和应用能力，具有房地产项目开发、策划、咨询，项目方案可行性论证的能力，具有较强的外语及计算机能力。

2）毕业生应具有的知识结构

毕业生的知识结构由基础理论知识、专业基础知识、专业知识、相关知识和拓宽知识构成。

(1) 基础理论知识。掌握马克思理论主义基本理论，了解社会科学基础知识，具有人文素质理论知识和修养；掌握本专业所必需的高等数学及有关应用数学的基本理论与分析方法，熟练运用数学手段解决本专业的管理与技术问题；掌握房地产经济、工程经济学的基本理论与房地产企业财务会计分析方法；了解法学的基本原理，了解有关房地产法规；掌握现代管理基本原理与管理方法；掌握建筑力学的基本原理和分析方法；掌握结构设计基本原理；掌握建筑构造，了解建筑设计的基本原理；掌握一门外国语言；掌握计算机操作原理和计算机软件应用。

(2) 专业基础知识。了解房地产企业与工程项目建设的基本经济规律和各种经济活动，掌握房地产经济理论与分析问题的方法；掌握工程经济分析的基本原理和方法；掌握房地产统计、房地产会计的基本知识和方法；掌握房地产开发项目管理的理论与方法；掌握房地产企业经营管理的基本知识和基本方法；掌握土木工程施工技术及编制施工组织设计的基本方法；掌握房地产估价的理论与应用；了解建筑给水排水、供热通风与空调、建筑电气等房地产基础配套设施的相关知识。

(3) 专业知识。了解国内外房地产经营管理的发展动态，掌握房地产开发与经营管理的基本理论和方法；掌握投资经济的基本理论和基本知识；掌握土木工程技术知识；具有运用计算机辅助解决管理问题的能力；具有从事房地产开发项目决策与全过程管理、中介咨询的能力。

(4) 相关知识。物业管理、建筑企业管理、建设法、工程项目融资、国际工程管理。

(5) 拓宽知识。市场营销、管理心理学、房地产会计及财务管理。

3) 毕业生应具有的能力结构

(1) 自学能力。毕业生应具有本专业文献检索、获取信息、了解本专业及相关学科最新动态、不断提高自己业务水平的能力。

(2) 业务能力。毕业生应具有从事房地产项目可行性研究及评估的基本能力；具有从事房地产企业经营管理和生产管理的基本能力；具有进行施工项目管理的能力；具有工程造价估算的能力；具有从事工程项目招标、投标、合同拟订的基本能力；具有进行企业统计分析的基本能力和理财的初步能力；具有从事建设监理的基本能力；具有运用计算机处理本专业业务的能力；具有顺利阅读本专业外文书刊、技术资料和听、说、译的基本能力；具有调查分析问题和应用文写作能力；具有一定的社会交往、组织协调和公关能力。

(3) 科研开发能力。毕业生应具有参与现代房地产经营管理的研究和开发的初步能力。

3. 标准学制和授予学位

标准学制：四年。

授予学位：管理学学士学位。

4. 主干学科与主要课程

主干学科：管理学、经济学、土木工程。

主要课程：高等数学、外语、线性代数、画法几何与制图、计算机文化基础、毛泽东思想、邓小平理论和"三个代表"重要思想概论、工程结构、管理学、房地产项目管理、经济学、工程经济学、房地产会计学、财务管理、招投标与合同管理、房地产估价、工程估价、房地产营销、房地产经营与管理、房地产投资分析、房地产法学、物业管理等。

5. 就业方向

房地产开发与管理专业学生毕业后可在政府机关等行政事业单位、银行等各类金融机构、房地产经营与开发公司、房地产估价事务所、房地产投资咨询公司、房地产经纪公司、物业管理公司等从事房地产投资与经济分析、房地产管理、房地产估价、房地产营销、房地产经营与开发项目管理等工作。

复习思考题

1. 了解工程管理专业的国内外发展历程。

2. 了解工程管理专业的培养目标和专业设置。

3. 结合第四章工程管理领域执业资格制度，了解工程管理专业的方向设置及其内涵。

4. 简述工程管理专业的平台课程体系以及专业方向课程体系。

5. 简述工程管理专业的实践教学环节。

6. 学习了解本学校的工程管理专业教学计划。

第七章　工程管理专业教育与教学改革

【本章提要】

本章主要介绍了工程管理专业教育理念，面向工作过程的工程管理专业教育模式，工程管理专业教育保障体系，以及工程管理专业近些年的教育教学改革。

第一节　工程管理专业教育理念

工程管理专业的教育理念是：追求卓越，追求最好，把工程管理专业的学生培养成既懂工程技术又懂经济管理的复合型、应用型人才。

工程管理专业在我国是一门新兴的交叉复合性学科。1998 年教育部颁布的《普通高等学校本科专业目录》新增了一个学科门类：管理学门类。工程管理被划分到管理类，成为管理科学与工程门类下的一个专业。根据近几年全国工程管理专业系主任会议的调查资料显示，在全国开设该专业的 340 多所高校中，以建筑工程为技术背景的学校占到了 80 %以上。工程管理专业横跨管理学和土木工程两大学科，兼有工科和管理学科的特点，将工程技术和经济管理紧密结合。

工程管理专业担负着培养建筑、房地产、工程咨询等行业管理人才的使命。随着社会节奏的加快和市场竞争的激烈，用人单位越来越要求工程管理专业毕业生"上手快"，在招聘时大多要求有专业实践经验。工程管理专业的毕业生既要从事专业技术工作，又要参与项目开发和企业经营管理，因此企业要求工程管理专业的学生掌握工程造价、工程咨询、工程监理、施工组织设计以及房地产经营管理等方面的专业知识，并能将这些专业知识灵活地运用于生产实践当中，同时要求具备技术素质、管理素质、经济素质、法律素质以及社会交往能力等。

然而目前高校工程管理专业教育，在实践教育方面存在很多问题，难以适应社会需要，培养具有实践能力的工程管理专业人才，这些问题与工程管理专业的教学理念和教学模式是密不可分的。现在有越来越多的学者考虑研究一种有价值的学习情景式教学模式，许多研究者注意到了工作过程导向学习的优势。他们发现，在工作过程导向学习中，由于有机会立即应用知识，因此，学生的学习兴趣得到了提高，真实情境中的工作任务也具备了整合理论与实践的特殊功能。

因此，将工程管理专业的教育建立在以工作过程为导向的基础上，能够使工程管理专业的学生从入学就对所学专业的内容和工作环境有感性的认识，获得与工作岗位和工作过程相关的基础知识，进而学习专业知识；学生获取知识的过程始终都与具体的专业实践相对应，技术和理论不再抽象；同时实践教学使学校与企业之间的联系更加密切，促进了双方在教学科研生产上的全面合作，真正做到了双向参与、优势互补，克服了传统教育"理论脱离实际"的弊端，为工程管理专业向社会输送知识结构合理、有实践经验的专业技术人员提供了富有价值的平台。

第二节　面向工作过程的工程管理专业教育模式

一、传统实践教学模式的弊端

1. 以教师为主

传统教学具有"五中心"的特点，即教学活动以教师为中心、教学过程以课堂为中心、课堂教学以讲解为中心、教师讲解以教材为中心、教学价值以应试为中心。"五中心"导致师生之间形成了一种单向传输的关系，学生被培养成了"知识存储器"或"技能机器人"，致使学生自学能力、生活自理能力、思想自律能力缺乏，主体缺失。另外，传统的教学模式过分强调教学的社会价值而忽视其促进个人发展的价值，教学活动被看作为社会生产人才"标准件"的流水线，按照固定的模式，把千差万别的学生经过反复的打磨，最后塑造成一个标准"产品"，学生没有真正被看做是学习的主体。

现代社会，信息爆炸催化一次性学习向终身学习跃迁，竞争机制迫使终身职业向多种职业嬗变，因此以培养兼顾专业技能和综合素质的应用型高级管理人才的专业教育，尤其要重视学生学习方式的转变，倡导学生积极主动地参与教学过程，进而培养学生学会学习、学会合作、学会创新，提高学习的有效性。

2. 过分重视本位学习

传统的教学模式由于过分重视学校的本位学习，对实践教育重视不够，一定程度上存在着"重理论，轻实践；重课堂，轻课外"的倾向，导致了学生实际工作能力的缺乏，同时，在缺乏与实际工作过程相联系的条件下，学生往往对学校本位学习不感兴趣，如此往复，造成了学生在步入社会后，理论知识与实际工作脱节，大部分专业知识都要在工作中从头摸索，重复学习。学生在实践过程中，由于工作压力，往往导致根据工作的要求而不是学习的需要来学习，另外，特定的工作情境也把学生的专业知识过于局限于某些特定的情境，而不能获得具有更为广泛的多种情境的专业知识。

3. 知能脱节

传统教学为实现较高的智育目标，一直比较强调学习者对知识最终形态的掌握水平，反映在教学方法上是重接受、轻探究；重用脑、轻动手；重记忆、轻应用；重结果、轻过程，使得知识只能以孤立的形态而不是以相互联系的形态为学生所接受。

二、面向工作过程的教育模式

工程管理专业人才培养与工商管理、企业管理等其他专业相比，教学要求独特。由于工程管理专业服务于建筑业、房地产业，面向工程建设全过程，要求掌握工程全过程管理、工程造价基本理论和方法，土木工程技术与计量基本知识，具有从事工程项目管理、工程造价分析以及从事工程项目可行性研究和决策等的基本能力。除了有其科学性的一面外，还有其艺术的一面，它和个人的体验、经验直接关联，更复杂，也更缺少结构化。所以从工程项目的一次性、环境的多变性、知识的复杂性、技能的经验性、团体的合作性角度看，隐性知识的掌握在管理过程中具有十分重要的地位，而在工程管理专业教育中引入"以工作过程为导向的职业教育理论"则可以提供这样的练习与实践的机会。

以工作过程为导向的职业教育是德国 20 世纪 90 年代以来针对传统的职业教育与真实的工作世界相脱离的弊端以及企业对生产一线技术型、技能型人才提出的"不仅要具有适应工作世界的能力，而且要具有从经济的、社会的和生态的负责的角度建构或参与建构工作世界的能力"的要求，它是由德国著名的职业教育学者 Rauner 教授和他的团队——德国不来梅大学技术与教育研究所的同事们，在一系列研究成果的基础上形成的职业教育理论。

面向工作过程的工程管理专业教育模式，不是以传授学科知识为目的，而是向学生传授工作过程知识，培养学生参与工作的能力，促进学生职业能力的形成。因此，在设置工程管理专业的教学内容时，根据从初学者到专家的职业能力发展的五个阶段，把教学内容归为四个学习范畴：入门和概念性知识、职业关联性知识、具体知识和功能性知识，以及以经验为基础的专业系统化知识。通过这四个范畴的知识，让学生从入学时的初级人才逐渐转变成毕业以后的业内高端人才。

1. 入门和概念性知识

让学生了解工程管理专业的学生毕业以后的主要工作内容是什么。

在学习之初，学生首先要对工程管理专业及其职业领域内的工作范围有一个定向性的认识。为此，学生不仅要认识和理解本职业的地位、本职业与其他职业在内容上关联性以及职业领域内的工作范围，而且还要认识和理解劳动分工结构中的工作过程，比如，建筑和施工、装配和安装以及维修和保养等。通过收集和了解有关工作岗位的结构、重点和内容的信息来理解其他的与职业紧密相关的，乃至跨职业的工作任务范围和日常活动内容。进行职业领域范围内的入门和概念性知识的教育是获取职业行为能力和设计能力所必需的。

因此，工程管理专业的学生在入学伊始，就请在校生、毕业生以及专业教师为新生进行入学引导，通过在校生对学习方法的介绍、毕业生对就业方向的介绍以及专业教师对专业知识的介绍，使学生了解自己专业的发展动向，了解自己步入社会后的工作职责，同时，通过以《工程管理概论》为教材的课程学习，使学生对大学四年在校期间应具备的专业素质，应学到的主要课程以及学习方法、学习技巧等有所了解和掌握。

2. 职业关联性知识

让学生了解和掌握与工程管理专业相关的理论知识，以及这些理论知识在建筑业、房地产业的应用。

了解了自己的专业及将来从事职业的概况并获得了学习本专业所需掌握的重要的方法、技巧及相关专业知识的职业高级初学者要进入第二个学习范畴，从事系统的工作任务以掌握职业关联性知识，系统性的工作任务就是指学习者在考虑前后关联、生产技术和劳动组织的系统结构的情况下完成的工作任务。这一系统范畴主要体现在对学生专业基础课的教育上。

建筑领域的工作内容越来越系统，越来越专业，各环节之间相互作用、相互联系，并作为一个整体在运行。因此这不但要求学生要充分掌握如建筑力学、建筑材料、建筑设备、地基基础、城市规划、工程测量、建设法规、项目融资、工程经济等相关专业知识，还要了解这些专业知识在实际工作中是如何运用的。这就要求工程管理专业教师在理论授课的同时，通过多媒体演示、模拟教学、现场观摩、课程设计、课程实验等方式将专业知识融入实际工作中。

3．具体知识和功能性知识

让学生了解具体的工作为什么是这样的，它是怎样运作的。

学生在学习了职业入门和概念性知识及相关性知识并掌握了完成系统的工作任务的能力以后，就进入了第三个学习范畴：解决伴有问题的特殊工作任务。这一学习范畴体现在对学生进行专业课的教育上。如工程项目管理、施工技术、工程监理、工程估价、房地产估价、房地产开发投资等。以第二阶段所掌握的专业知识与实践知识强化学生对将来具体从事工作性质的理解。这一阶段，教师在授课过程中，需要大量引入教学案例，使每一个知识点都能与今后的工作环节挂钩，每学期专业课理论授课结束后，专业教师要安排并带领学生到施工现场、房地产开发企业等地参观实习，并要求学生勤动手、勤用眼、勤用心，了解为什么具体的工作是这样的以及它是怎样运作的，等将来自己从事该项工作时应该如何来做，以此来强化学生对专业知识的感性认识。

4．以经验为基础的专业系统化知识

让学生掌握如何专业系统化地解释和解决具体问题。

这一学习范畴主要体现在专业实践上。以上三个范畴的学习，都是以解决常规问题为背景的，学生如果想在毕业后真正成为"上手快"的毕业生，就必须通过接触非常规的情境和问题来积累经验。由于不可预见的工作任务往往比较复杂，而在常规的工作情境中一般不进行完整深入的分析，要解决这些非常规问题也并非轻而易举的事情，对于熟悉各种专业知识并具有大量解决常规问题能力的学生来说，要成为有能力的尤其是业内高端人才是一个很大的挑战。这里的能力包括用来解决相类似问题的知识、对问题发展的预先判断、高水平的专业理论知识和实践能力以及前期工作经验积累的直觉。各种问题都需要在具体情境中得到综合处理，而并非各自独立地按照自身的条件去一一解决。

专业实践为学生能成为真正"上手快"、有综合处各种问题能力的毕业生提供了必要的条件。第六学期结束后，学生便进入建筑、房地产、工程咨询等企业进行专业实践，届时，学校会拟定一份提供实习工作职位的公司名单供学生选择，并为每名学生配备校内指导教师和校外指导教师，使学生在学校和企业的双重指导下进行实践，确保实践质量。这一阶段一般以生产实习的形式进行，学生要以一名真正的工作者身份从事具体工作，用专业知识解释工作过程，以工作过程印证专业知识，并及时记录工作中遇到的问题，及时向校内校外指导教师寻求解决方案。实习结束之后，学生回到学校参加答辩，对自己实习工作内容和工作收获进行总结，并回答答辩老师提出的与工作内容有关的综合问题，以鉴别学生是否掌握了系统化知识，是否具备了解决实际问题的能力。答辩通过后，安排为期一

周的答疑时间，给予学生将实践中遇到的问题以专业知识进行解答的机会，真正做到课堂教学与具体工作的优势互补。

第三节　工程管理专业教育保障体系

一、师资建设

1. 对教师的要求

(1) 作为工程管理专业的教师，前面所提出的对学生的知识、能力和职业道德的要求教师首先都应该做到，并在教学中实践，为人师表。以此来影响学生，影响本领域的社会风气。

(2) 工程管理专业的教师应该有工程实践经验，应该对现在工程管理的实务十分了解。本专业的教师最好也能获得工程管理领域的执业资质。

(3) 教师应对工程管理相关专业课程融会贯通，是具有工程管理领域综合性知识的人才。

按照本专业的培养目标，要求学生具有广博的、全面的和综合性知识。首先我们教师应该具有综合性知识。工程管理专业有技术、经济、管理、法律四个平台，涉及几十门课程。这些课程都是互相联系的，是一个有机的整体。所以，教工程合同管理的教师必须懂得工程项目管理、工程估价、工程经济学等。而且在教学中应该体现它们之间的联系，使学生接受的是整体的知识，而不是支离破碎的知识点。

所以，一个年轻教师刚进入本专业教学时，应该将工程管理专业的主干课程(包括工程项目管理、工程经济学、工程合同管理、工程估价、建设法规等)都教学一遍。这样对教师的知识整合，搞好教学很有好处，而且也会有益于教师在本领域的科研，能更好地为工程界服务。

2. 师资建设途径

(1) 设计一套针对工作过程化实践教学的全新师资培训方案，改变传统的知识点培训的路子。

(2) 工程管理专业与业界建立起广泛的联系，使企业参与到工程管理人才培养的过程中，参与培养方案的修订和教学评估，形成大学与产业界之间的良性循环，为学生的学习和就业提供良好的条件。

(3) 现有专业教师要定期到建筑及房产等企业实习，地方和学校要为教师的企业实践创造必要的条件，通过校企合作，不断更新专业教师的专业知识和技能、提高教师的实践能力，达到实践教学的效果。

二、教材建设

目前，工程管理专业教材内容偏简单，教材建设有待加强。与工程技术类课程不同，人们常常觉得工程管理的许多专业课程的教材难度不大，浅显易懂。甚至认为，本专业的教材就应该是通俗化的、容易自学的。

有人举例说，国外的许多工程管理的教材都通俗易懂。实际上情况并非如此。一方面，许多同行们接触的是国外的畅销书，这些书常常是针对一般读者的，并不是真正的专业教科书，国外的工程管理的专业教材还是有很大的难度；另外国外许多教师教学中都要补充许多教学内容，并非仅按照教材讲课。

现在许多工程类专业(如土木工程专业)的学生也增加了学习工程管理方面的课程。如果在教材内容上不增加工程管理专业核心课程的技术含量，不把工程管理的工作技能教给学生，那么工程管理专业与土木工程专业相比就没有了优势，这样该专业教育出来的学生也就没有了竞争力。

此外，工程管理课程要有自己的理论体系和方法体系，应对研究对象的原理、规律性进行科学把握，应体现工程管理的思维方式。但现在许多课程内容过于偏向注重现有工作程序、规定、做法的介绍，而不是注重工程理念、原理、规律性和科学方法的把握，如果课程仅仅是一些规定的过程的解释和做法的组合，那么这样的学科是肤浅的、没有底蕴的。

所以，加强工程管理专业核心课程的建设，加强在工程项目管理、工程估价、工程经济学、工程合同管理、工程法律和法规等方面的理论和应用研究，依然是工程管理学术界和教育界的长期的任务。

三、实习基地建设

工程管理是应用型专业，学生必须具备过硬的动手能力。因此，学校应十分注重实习基地建设。本科教学实习基地是指具有一定实习规模并相对稳定的本科生校内外实习和社会实践的重要场所。

1. 校内实习基地

开设工程管理专业的学校应在校内建立实习基地，以供教师在进行理论授课的同时，带领学生在实习基地内进行实验教学，边教学边实践，以此提高学生的实践能力。如：综合实验室、建筑设计室、投资咨询公司、房地产估价所、工程监理公司、房地产研究所等。基地的主要业务骨干是正在讲台上的现任教师，而其他业务人员则可以是工程管理专业在读的学生。学生在校内实习基地，可以多方面接触与自己专业相关的各种工作，也可以将理论授课的知识转化成实践去应用、理解。以"房地产开发与管理"课程为例，主讲教师带领学生从搜集资料开始，然后进入市场调查、确定投资方案到提出可行性分析报告，实实在在地做一个项目。这样，学生能对该课程教学有更深的印象，教学效果也好。

2. 校外实习基地

除了校内实习基地，校外实习基地更能为学生提供实践的机会。开设工程管理专业的学校应该与建筑企业、房地产开发企业、监理公司、设计院、咨询公司等建立长期的合作联系，为学生提供各种实践教学岗位，每年定期组织学生到校外实习基地实习，甚至带薪实习。学生有机会深入到有关企业，而这些企业又能够根据社会的实际需要培养学生，调动了企业在培养人才方面的积极性，充分发挥了社会在培养人才方面的作用。同时，还可以邀请企业中有经验的管理人员到校参与教学、举办讲座、指导学生的实践；学校还可征求企业的建议，调整部分课程的设置和授课内容。

四、注重案例教学

工程管理专业的课程具有很强的实用性，教学中既要让学生掌握理论，又要让学生学会应用，保证理论与实践结合。这就需要教师在教学过程中注重案例教学的应用，有条件的学校可以建立案例库，从中遴选实践性强、综合性强、趣味性强、挑战性强的工程案例，让学生从实践活动中求经验、求学问，即"做中学"，强调理论在实践中的运用，强调对学生思考与动手能力的培养。

在案例教学中，教师要创建有利于学生对所学内容进行意义建构的学习环境。通过教师与学生之间、学生与学生之间的协作，学习小组成员之间商讨如何完成规定学习任务的计划，搜集与分析学习资料、提出与验证假设，实现教学过程的最终目标——意义建构。教师要在学习过程中帮助学生建构意义。学生通过不断地解决疑难问题，从而完成对知识的意义建构，最终达到学习知识的目的。

第四节　工程管理专业教育教学改革

一、工程管理专业学科地位现状

人类文明的发展史在一定程度上就是一部工程发展史，而工程发展史在一定意义上又是一部工程管理史。古往今来，金字塔、万里长城等工程举世瞩目，工程管理的著名实践不胜枚举。工程管理实践起源早，对人类文明发展贡献大、也很直接。工程管理的发展积淀了人类数千年的工程智慧。

尽管如此，工程管理的学科建设却相对滞后。1997年，国务院学位委员会和原国家教委联合修订、下发《授予博士、硕士学位和培养研究生的学科、专业目录》。目录中规定，我国教育科研的各个领域分为哲学、经济学、法学、教育学、文学、历史学、理学、工学、农学、医学、军事学、管理学等12个学科门类。每个学科门类被划分为若干一级学科，而一级学科又根据实际学科的内涵被划分为若干二级学科或专业。其中管理学门类中包含了管理科学与工程、工商管理、公共管理、农业经济管理和图书档案学五个一级学科，如图7-1所示，并明确规定"管理科学与工程"一级学科下不再分设二级学科，工程管理就只能作为其下的专业或研究方向存在。

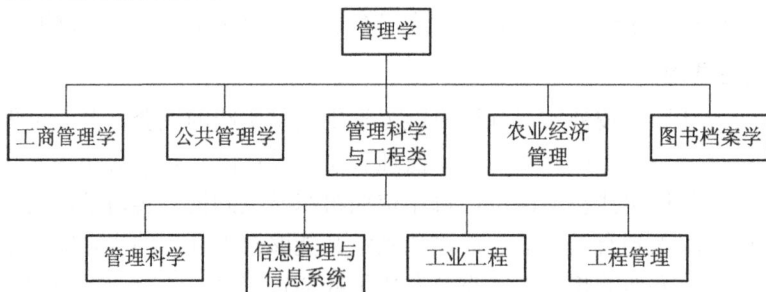

图 7-1　我国现行管理学学科体系设置

　　工程管理专业现有的学科地位，未能客观反映工程管理学科现有状况和工程管理在社会经济发展中的地位和作用，导致了工程管理专业、学科归属难以确定，导致科研申报立项较为困难和人才培养与使用受到限制等方面问题的出现。

　　首先，根据我国高等教育学科体系建设的相关规定和教学、科研工作的实际需要，现行设置的所有专业应该也必须在一级学科、二级学科的体系中找到确定的归属。而工程管理专业由于其具有相对独立、完备的理论基础及技术方法体系和广泛的适用性，使其在现有学科体系中既难以归属于某一确定的学科，又难在若干一、二级学科内找到自身的位置。因此，在开设工程管理专业的数百所高校中，工程管理专业分别归属于管理科学与工程、工商管理、土木工程、水利工程、机械工程、石油与天然气工程、交通运输工程和矿业工程等不同的一级学科之下。普遍存在工程管理专业归属的不确定现象，这必将导致学科发展规划制定、课程设置、专业评估等诸多方面的歧义和困难。

　　其次，目前在我国教学、科研管理机制之下，重点学科、重点研究基地的申报和建设以及国家自然科学基金、社会科学基金等课题的申报均需要以学科背景为基础，其申报渠道、审批程序和验收评估等强调学科体系和归属管理，即实行的是"学科户籍制度"。由于工程管理学科地位的缺失和游离，导致其在课题申报、重点学科和研究基地建设等方面缺乏相应的渠道和途径，制约了工程管理学科科研工作的有效开展，影响了工程管理专业学术地位的进一步提升。

　　最后，目前我国高校的学院设置大多以一级学科为基础。学科地位的缺失导致工程管理难以独立建立学院，归属于其他院系之中受知识体系、办学思想、师资结构等影响，工程管理学科的系统性和完整性难以维持，学生的知识结构和技能培养受到制约，其适应工程管理实践需要的能力也降低。另一方面，归属于土木工程、工商管理等不同学科体系的工程管理专业和亦工亦管或亦工亦商的工程管理毕业生，极易引起用人单位对毕业生实际能力的怀疑和对其适宜工作岗位定位的失准，给毕业生学以致用造成人为障碍。

　　工程管理学科地位的缺失和游离，凸现出我国学科体系设置的滞后与不足。学科设置理应反映学科的固有属性和发展态势，有利于推动工程管理行业及学科发展，完善教学体系建设；有利于工程管理人才培养，为我国经济建设提供强有力的学科支撑；有利于加快我国新型工业进程，全面增强综合国力。

二、对我国过去工程管理教学的反思

　　我国的工程管理主要是从施工管理(建筑业的生产管理)发展起来的，传统工程管理的理论、方法主要集中在以下几个方面：基于网络计划技术的进度计划、成本计划、优化和控制；工程造价方面主要是定额、概预算，质量管理体系等。

　　传统的工程管理教学内容存在如下问题：

　　(1) 整个工程管理以工程项目建设阶段为对象，以建设实施期的工期、投资 (成本)、质量为三大目标，由三大目标引导出三大控制。这样的工程管理往往将视角仅局限于工程施工阶段，过于现实，视角较低。

　　(2) 以管理方法、手段为主体，理论意义较少，好像掌握这些工程管理方法，就可以胜任工程管理工作。

(3) 工程管理的许多理论和方法都是从其他领域引入的，不是工程管理独有的。所以工程管理缺少自己独特的理论体系和方法论。

这些问题都会对工程管理的专业地位和整个学科体系产生影响。

20 世纪 80 年代以后，工程管理出现许多新的内容，如工程项目组织行为、沟通、工程合同管理、工程全生命期管理、集成化管理、与环境协调(如 ISO14000)、健康和安全管理、工程项目的可持续发展、伙伴关系等。但我们并没有将这些新的东西融入工程管理的学科体系中，它们并没有与工程管理学科体系形成一个有机的系统。这些理念在工程管理领域的作用目前还未显现。

近几年来，党中央提出了健康发展观、可持续发展、环境保护、循环经济、以人为本、建立和谐社会和资源节约型社会等号召。作为我国社会主义建设总的指导思想和方针，它们如何在工程管理中具体体现出来？工程管理必须能够吸收这些新的理念，作为自己的指导思想，以提升整个学科体系。工程管理如果不以这些理念作为指导则导致方向不明。

同样，我国的工程建设作为社会和经济发展的动力，需要消耗大量的社会资源和自然资源，如果上述这些理念不能在工程建设和管理中落实和应用，赋予它们实质性的意义，它们可能仅仅成为一个口号。

现在国内工程管理学术界正积极努力促成工程管理一级学科的成立，这将对我国工程管理学科的发展有重大意义。但作为一级学科，必须有自己独特的学科体系。而且这个学科体系应该是厚重的，应有自己独特的价值体系、理论和方法体系。

三、工程管理专业教学改革与创新

1. 课程体系设置改革

1) 强化工程管理人才培养"知识融合"的理念，设置综合的课程体系

我国工程管理专业课程的设置以"块"设置为特点，即技术类课程是一块，经济类课程是一块，管理类课程又是一块，法律类课程又是一块，而块与块之间的联系却少有介绍。"知识融合"的理念注重各学科知识的有机融合，这可以提高学生对专业知识整体把握和融会贯通的能力，增强学生的综合竞争力。英国皇家特许建造学会(CIOB)设置了许多块与块之间的边缘课程，如商业环境、信息与决策、建筑生产管理及合同前期研究等。这使我们想到今后应该多设置一些不同类的综合应用课程，以加强学生知识结构中块与块之间的联系，从而使知识更好地融合，增强其应用性。

2) 构建基于工程管理全过程的一体化课程体系

工程管理专业毕业生应当是能够对工程项目全过程进行控制与管理的专门人才，应具备综合运用工程技术、管理、经济和法律知识从事工程管理活动的基本能力。工程管理教学中应以项目建设程序为主线，将相关课程设置、课程设计、课程实验、教材编写集成为一体化的课程体系，确保课程内容之间形成有机整体，建立从知识型向能力型转变，从单一型向复合型转变的课程体系与教学内容。

3) 开创独特的专业实验教学体系

借鉴高校理工科专业实验模式，开创工程管理本科专业课程实验教学体系。实验首先针对单门课程，以设计型综合型实验项目为对象展开，再通过集成感知实验室，实现对项

目建设全过程的模拟，做到课程知识的系统集成化。

2. 工程管理专业教学模式改革

1) 创建渐进式一体化的教学模式

渐进式一体化的教学模式以课程精选与教材建设为基础，积极推行课程整合，强化课程设计与课程实验，通过综合实习与毕业设计，最终实现知识的深度融合和学生综合培养质量的飞跃。

2) 创立新型实习教学模式

开展高校与企业合作，由企业派出经验丰富的工程技术人员和管理人员，作为校外导师，通过实际工作中的工程实例分析，解决学习难点和行业热点问题；企业提供实习岗位，赋予真实职权，使学生能力得到全方位提升，并为国内工程管理专业实习教学探索新模式。

安排尽可能多的环节，聘请工程界、实业界有关专家和专业技术人员来校举行专题讲座或兼任毕业设计指导教师，以增强学生对相关专业及发展方向的了解，强化实践环节，使学校教学更贴近社会实际。

3. 工程管理专业教学方法改革

1) 互动参与式教学

互动参与式教学大大缩短了教与学双方的距离，诸多参与式课程，如团队合作的精神、非理性思维向理性思维的转化、现场销售能力演练、即兴式命题演讲的思维联想、沟通技巧、营销策略、礼仪与公共关系等，能启迪参与者的强烈个人意识，从而自主地积极投入其中。互动参与式教学的方法不但对于工程管理类的学生适用，而且适用于所有的本科专业的学生。

2) 案例教学法

案例教学法是指在教学中，通过分析和研究现有的案例，解释内容并推动内容的发展与完善的一种辅助性教学方法。案例教学法具有以下显著特点：

(1) 案例教学法有多种表现形式。在教学过程的不同阶段，适时地运用现有案例解释和研究问题，其具体形式包括课堂讲授理论课时增加评析案例、专门组织案例分析、模拟案例、旁听案例处理、课堂讨论等。

(2) 案例教学可以充分发挥教师的主导性，学生参与的主体性。不仅可以使理论讲授变得生动活泼，具有启发性，而且有利于学生尽快掌握抽象的知识原理，并能灵活运用、举一反三，达到理想的教学效果。

(3) 案例教学法在教学过程中，一方面用来解释知识内容，另一方面通过对典型案例的分析可以从中发现问题，进而针对问题寻求解决方法，以推动学习的发展与完善，因此，通过案例教学既可以把握知识内容的精髓，也能够增强分析、解决问题的实际能力。

3) 建立有效的考核机制

在教学过程中，要改革传统的课堂讲授教学模式，变为课堂讲授、实验室教学、网络教学相结合的教学模式，将灌输式为主的教学改变为"探索—思考—实践—认识再实践—再认识"，这一更加符合认识规律的教学方法。改革工程管理人才培养的评价模式，建立科学、合理的考核制度，使考试真正成为检验学生知识水平及能力的重要手段。从考试内容上讲，要注重应用性，综合化。从考试方式上讲，要多样化，不拘一格。从技能考核上讲，结合国家职业工种技能鉴定的教学要求，确定技能考核内容，建立以能力考核为主的技能考核标准，实行以能力为主的定量考核办法，要求学生毕业时取得"双证"，即毕业证和至少一门职业技能资格证。从考试时机上讲，要强调全程化，注重对教学全过程的考核，这样有利于克服"平时不用功，考前下苦功"的现象，保证学生学习热情的连续性、持续性，以利于学生知识的巩固和能力的提高。

4) 重视学生研究能力的培养

CIOB 鼓励学生进行研究，并用学分加以计量。而在我国通常认为研究能力的培养仅是针对研究生的，与本、专科生无关。其实早在 1998 年 Ernest L.Boyer 研究型大学本科教育委员会就提出了 21 世纪一流大学的本科生教育应该是面向研究、面向未来的。所以我们也应把培养学生研究能力作为一项主要内容。

研究能力培养主要面向优秀学生，可以以课题小组的形式实施。教师在授课过程中要引导学生把研究作为自己的学习目标，多为他们提供研究和展现其创造能力的机会。应鼓励工程管理的学生进行跨学科选课和研究，如可以将工程管理专业与土木工程、环境工程、材料工程、信息工程、交通工程等专业相结合，进行跨学科研究。

复习思考题

1. 了解工程管理专业教育理念。
2. 了解工程管理专业的教育保障体系。
3. 工程管理专业近些年来的教育教学改革成果。

第八章　工程管理专业学习方法

【本章提要】

本章主要介绍了在大学学习的任务、学习观与过程，针对工程管理专业特点提出了学习该专业的方法建议。

第一节　大学学习任务与原理

一、理工科大学生的学习任务

大学生是一个充满生机和活力的群体，是民族的希望、国家未来的栋梁。大学生在校期间不仅仅要获得科学、技术和文化方面的知识及技能，还应该从更广泛的意义上认识自己的学习任务。理工科大学生的学习任务有以下五个方面：

(1) 实现德、智、体、美及个性特征的全面而充分的发展。

(2) 扎实地学习基础理论知识，刻苦钻研有关专业工程技术知识，广泛地学习相应科学文化知识。

(3) 积极参加各种科学实践、工程实践和社会实践活动，如实验、设计、学习、劳动操作、社会调查等，勇于探索实践中的未知领域。

(4) 培养良好的道德情操(具有社会主义的荣辱观、工程师的道德观)、科学的世界观、高级的情感(爱国感、责任感、美感等)、严谨的学风、坚实的工程意识、健全的心理和体魄，以及为我国四个现代化工程建设服务的坚定意志。

(5) 在学习知识和实践训练中发展智力、培养能力、掌握技能、提高综合创新能力。

这五个方面的学习任务，包含了理工科大学生培养目标的三个侧面：知识能力方面的目标、情感方面的目标和意志方面的目标。高等学校要为实现这三个培养目标制定最好的教育制度，创造最好的教育环境；高等学校的教师则要为学生完成这些学习任务组织最佳的教学过程，提供最佳的知识技能结构。

二、理工科大学生应具备的学习观

在明确了学习任务以后，理工科大学生还要对应具备的学习观有一个总体认识。

1. 以敏锐丰富的智力为学习的基础

学生的学习水平和学生认识事物的智力密切相关，因为智力是人认识事物形成各种能力的总和。这些能力包括：

(1) 观察力。指直接、全面、深入、准确认识事物的心理过程，它是智力的门户。理工科大学生在学习期间对知识技能的钻研，以及毕业后对社会的认识、融入和对事业的发展、创新，都首先要以敏锐深刻的观察力为基础。

(2) 记忆力。指识别、联系、储存、再现事物的心理过程，它是智力的仓库。它对理工科大学生尤其重要。因为工程是一个综合决断的过程，要随时识别对比和联系兼容科技、经济、政策、社会、人文的各个方面，就需要有良好的记忆力。

(3) 想象力。指在直觉、感性、形象认识事物的基础上构成新形象的心理过程，它是智力的翅膀。理工科大学生负有在社会建设和科技进步中开拓创新的重任，没有丰富的想象力是难以高质量的完成任务的。

(4) 思维力。指人脑对事物进行分析与综合、抽象与概括、判断与推理的心理过程，它是智力的核心。理工科大学生必须发展自己的逻辑思维、辩证思维和创新思维，才能在错综复杂的社会形态和与时俱进的科技发展中，找到自己前进的方向。

大学生的智力水平，不是这些"力"的简单相加，而是它们的有机结合。

2. 以养成高质量的素质为学习目标

对理工科大学生的人才素质要求如表 8-1 所示。

表 8-1　理工科大学生的人才素质要求

素质方面	在素质中的地位	素质的主要内涵
品德(思想、政治、道德品质)	方向	世界观、人生观、价值观，个人与自然、社会、他人的关系，政治信仰和信念，对事物的情感和责任心
学识(科学、技术、文化)	根本	对知识的深刻理解——学问，对事物的洞察见解——见识，宽广的知识面，不断追求新知，严谨、勤奋、求实、创新的学风
才能(信息、应用、心智、组织)	核心	娴熟的写、说、算、绘、计算机应用、实验技能，很强的自主性学习、获得信息的技能，成熟地提出问题、分析问题、解决问题的能力，敢于实践、勇于创新，具有创造的能力，宣传群众、组织群众，处理好公共关系的能力
身心(体质、心理、意志、精神)	基础	健康的体魄，稳定的心理，坚毅的意志，活泼的精神，良好的学风，清雅的气质

3. 以建立自主性学习机制为学习模式

根据大学生的知、情、意、行水平，使他们有条件在教师的指导下发挥自己的学习主动性，把自己调整到学习的最佳状态。自主性学习不仅是"自学"，它包括：

(1) 自我识别，即在经常解剖、鉴别自己学习状态的基础上，建立学习目标。

(2) 自我选择，即在完成教学计划规定基本学习任务的基础上，有选择地扩充知识技能。

(3) 自我培养，即"自学"：包括端正动机、充实内容、改进方法、提高效率等方面。

(4) 自我评价，即对自己的学习目标、过程、方法、效果、态度等方面进行判断和评价。

(5) 自我调整，即在自我评价的基础上，调整自己的学习目标、内容、方法和心态。

4. 以严谨、勤奋的学风为学习风格

学风，就是长期在学习实践中形成的在治学方面的综合特征。常规的性质和效力，是学习行为的准则。学风通常指：① 勤奋和进取的精神；② 严谨和求实的态度；③ 活泼和开阔的视野；④ 科学和实效的方法；⑤ 创新的信念和意志。

大学生良好学风的形成受教育环境的强烈影响，也与本人在学习过程中能否自觉地接受这些影响有关。

5. 以科学学习、劳逸结合为学习观念

在日常学习中，大学生应该致力于建立科学的学习观念：

(1) 要努力学习科学的知识技能和方法，对于学习中遇到的"经验"成分，要善于将它提升到科学理论的高度上来。

(2) 要不断"向实践学习"，课堂教学以外的科技活动、社会活动、公益劳动以及生活中遇到的事物都是学习的好材料，善于在实践中学到知识，永远是重要的学习观念。

(3) 要树立"创造性学习"的观念，就要在学习过程中善于发表自己的见解，创造性地完成设计和实验作业，阅读参考文献、参加科技活动、形成观念点并写出和发表自己的论文都是有效的方法。

(4) 要讲究学习方法，一个好的学习方法为学习铺平道路，找到捷径，就能收到事半功倍的效果，为学习增添了翅膀。

(5) 要"全面地学习"，既要在学习过程中增长知识，更要通过学习学会为人处世、建立高级感情、培养工程意识、锻炼强健体魄。

此外，还要记住劳逸结合、生动活泼是学习的润滑剂；记住只有具备健康的体魄和愉快的心情，才能有效地学习。以上几方面的意识是相互作用、相互促进的。认识了这些，有利于教师和学生自觉地在教学和学习活动中去培养和促进大学生的健康成长。

三、大学生学习的过程

学习过程就是学生主动探索新知识、掌握新技能的过程，是学生行为和价值观形成的过程。从学生认知心理的角度分析，也是激发、感知、理解、巩固和应用的过程。在大学里的学习过程与以往中学、小学的学习过程有所不同，这不仅表现在学习目的、学习方法方面，也表现在学习应用方面。

1. 大学生学习过程的基本阶段

所谓"活到老，学到老"，社会在发展，个人要进步，在人生的不同阶段，我们都在进行不同的学习，从童年时期学习说话、走路、吃饭、穿衣等基本的生活技能开始，到少年时期学习科学文化基础知识和基本道德规范，再到青年时期接受高等教育学习专业知识、社会规范。在大学时期，个体发展的能动性很大，决定了大学的学习过程是一个丰富、长期且复杂的过程，它是由许多不同阶段组成。

1) 形成动机阶段

学习动机是与学习活动相联系的一种特殊形式的动机，是直接推动学生进行自主学习

的一种内部动力，是激励和指引学生进行主导学习的一种需要。教学的第一要务就是要激发出学生的学习动机，从心理品质方面建立学习的主动性。

2) 组织信息阶段

组织信息对于学习者的学习来说是至关重要的，它制约着学习者的学习方式。信息的组织、存储、呈现、传递的变化，都会对学习者的学习产生一定的影响。

所学知识和技能都有它自身横向的和纵向的联系。大学生在组织信息时要做到：

(1) 善于把新信息和旧知识联系起来，这样既可为新信息提供参考，又便于对新信息的理解。

(2) 善于将新信息用直观的和文字概括的方式表达出来，并将感性认识提高到理性认识。

(3) 善于将认识的结果用模型进行特征描述，以综合集中知识片段。

3) 学习应用阶段(学以致用阶段)

这个阶段就是一个将理论与实践相结合的阶段。学习最基本的目的就只有一个字——用。两者关系很简单，即学以致用——学习正是为了能在生活中使用学到的知识。大学生在学校应该通过学习和训练掌握理论基础知识，然后又通过创造性活动，通过实践来检验、补充、丰富和发展理论，并最终将理论运用于实践，取得事业的成功，实现其成才目标。学习应用阶段通过以下过程展开：

(1) 通过参与和所学知识的相互作用，进入角色，如概括所学内容，用所学知识做作业、做实验。

(2) 通过实践对所学内容进一步深入学习，如参加实验、进行设计、实际操作。

(3) 看到自己应用后的成果，并进行讨论、总结。

4) 重复巩固阶段

在初步应用后，必须对基本的学习内容进行重复、强化学习，才能达到巩固的目的。重复巩固阶段的要素有：

(1) 熟练。对基本的学习内容达到熟练程度，对初步应用时遇到的知识进行提炼，获得初步记忆。

(2) 强化。每隔一段时间对一些重要的概念、原理、方法再次复习和应用。

(3) 常规。熟练和强化所学内容所期望的效果是使获得的知识在运用时能达到常规化的程度。

5) 迁移综合阶段

学习过程最终目标是将所学知识灵活地运用到不同的、所需的问题上，即对所学知识的迁移综合运用。因此，要做到：

(1) 用自己的理解归纳出重要的概念、原理和方法。

(2) 将这些自己归纳的概念、原理和方法迁移到本学习范围以外的领域中应用。

(3) 把已学习和再应用后的概念、原理和方法综合到一个新的体系中，进行新一轮的学习和应用。

大学生学习过程基本阶段循环图如图 8-1 所示。

感受—分辨—目标

形成动机阶段

归纳—迁移—综合　迁移综合阶段　←→　学习环境　←→　组织信息阶段　联系—表达—模型

发觉—理解—认识

重复巩固阶段　　　　　　　　　学习应用阶段

熟练—强化—常规　　　　　　　　参与—经历—成果

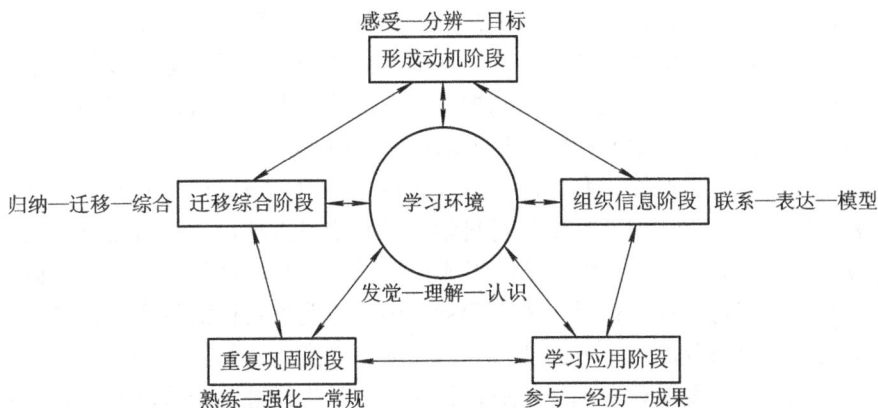

图 8-1　大学生学习过程基本阶段循环图

以上学习过程的后一阶段既是前一阶段的发展，同时，又会反作用于前一阶段。前一轮学习过程的第五阶段还会发展成为后一轮学习过程的第一阶段。此外，五个基本阶段的各自三个要素(或成分)中的第一个要素是该阶段的"促进过程"，第二个要素是"认识过程"，第三个要素是"获得效果"。它们之间是相互联系的，如图 8-2 所示。

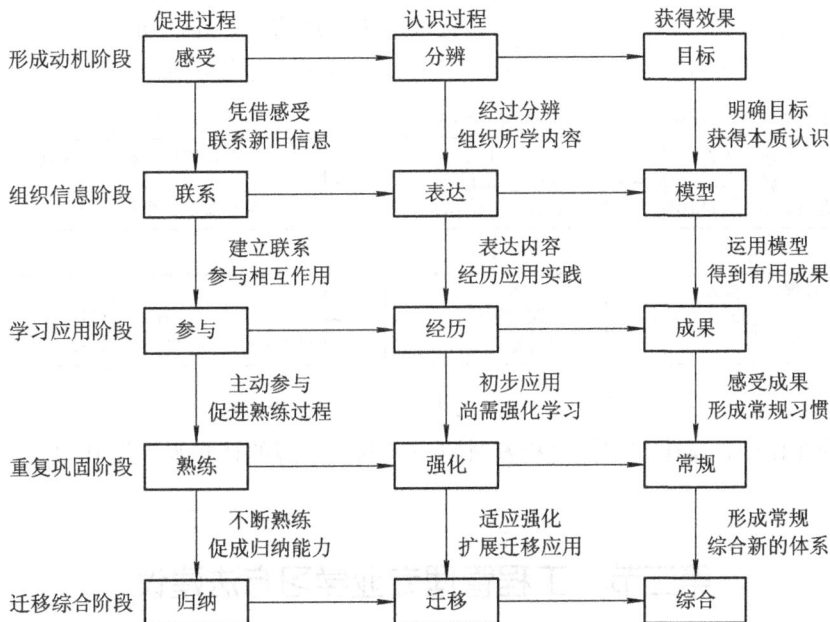

	促进过程	认识过程	获得效果
形成动机阶段	感受 →	分辨 →	目标
	凭借感受 联系新旧信息	经过分辨 组织所学内容	明确目标 获得本质认识
组织信息阶段	联系 →	表达 →	模型
	建立联系 参与相互作用	表达内容 经历应用实践	运用模型 得到有用成果
学习应用阶段	参与	经历	成果
	主动参与 促进熟练过程	初步应用 尚需强化学习	感受成果 形成常规习惯
重复巩固阶段	熟练	强化	常规
	不断熟练 促成归纳能力	适应强化 扩展迁移应用	形成常规 综合新的体系
迁移综合阶段	归纳	迁移 →	综合

图 8-2　学习过程中五个基本阶段各要素之间的相互关系

2．大学生学习过程的层次

除了学习过程的五个基本阶段外，大学生在校学习还要经历从大到小两个不同层次的学习过程。

1) 第一层次学习过程——从入学到毕业

一般来说，一年级上学期学生往往表现出种种不适应(学习内容、学习方法和学习生活等多方面的不适应)，这就要求各门课的教师在学习内容、学习方法和学风的养成上帮助和指导学生度过这个适应期。

一、二年级是大学学习活动最紧张的阶段，学生在这个阶段要接受基础科学和技术科学知识、技能及体育课体能的训练。而且，许多教育和教学形式都会比较集中地反映在这个时期的课程中。大一的专业概论课起到把学生引向接受专业教育，懂得当前学习和今后从事职业的联系，调动学生学习积极性和主动性的作用。

三年级是开始学习专业知识和技能的阶段，也是应用、巩固所学基础和技术科学知识技能，发展学生专业工程意识，使学生对科学技术有浓厚兴趣，并对自己未来发展有模糊意向的阶段。在这以后，学生个性特征的形成往往受到专业教育和教学因素的制约。

四年级是学生即将毕业，也是对未来职业逐渐形成明确目标的阶段。在这个阶段，每个学生的学习目标有所分流：一方面要按照自己的专业意向选修各类必修课和选修课；另一方面还要按照自己的发展意向选择毕业设计课题。学生经过这个阶段的培养，知识、能力、素质都会有一个较大的提高，而且会出现许多与前途、家庭、工作地点等实际问题有关联的新的思考内容。

2) 第二层次学习过程——从一门课程的开始到结束

在这个过程中，学生的认知水平要经历三个阶梯，如图 8-3 所示。图中认知水平的三个阶梯很明显地表明：从第一阶梯认知水平到第二阶梯认知水平的变化是学生自行阅读参考文献，自己进行学习总结，并积极参加课堂讨论；从第二阶梯认知水平到第三阶梯认知水平的变化是参与各种实践环节的训练，应用理论知识解决实际问题。

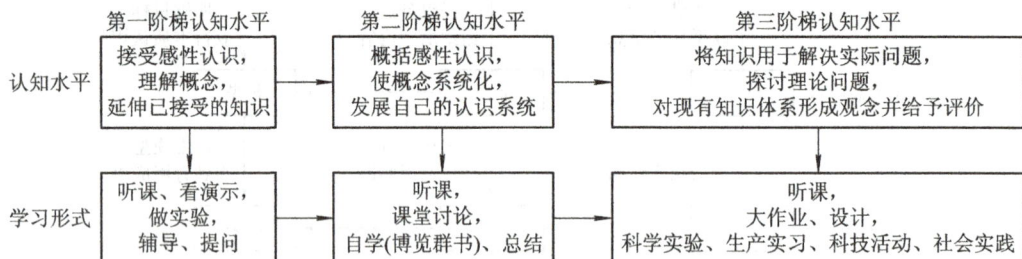

	第一阶梯认知水平	第二阶梯认知水平	第三阶梯认知水平
认知水平	接受感性认识，理解概念，延伸已接受的知识	概括感性认识，使概念系统化，发展自己的认识系统	将知识用于解决实际问题，探讨理论问题，对现有知识体系形成观念并给予评价
学习形式	听课、看演示，做实验，辅导、提问	听课，课堂讨论，自学(博览群书)、总结	听课，大作业、设计，科学实验、生产实习、科技活动、社会实践

图 8-3　课堂学习中认知水平的三个阶梯

在这些变化中，学生要把握时机及时将自己从低一级的认知水平提升到高一级的认知水平。

第二节　工程管理专业学习方法建议

为适应工程管理系统性、综合性、严谨性等特点，要求学生在大学阶段掌握良好的基础理论知识和技术方法，通过严谨、完善的执业资格认证考试而成为工程管理从业人员，形成运用所学知识、方法，分析、解决工程管理实践问题的能力。认真学好基础课程，加强实践技能培养，注重知识的融会贯通和锻炼综合技能，是学生努力学好工程管理相关知识和技术方法的基本要求。

一、认真学好基础课程

工程管理专业本科基础课程包括公共基础课与专业基础课两部分。公共基础课、专业基础课是高等教育的"基石"，极其重要，不可或缺，因此必须充分重视。"拓宽专业，加强基础"是我国高等教育改革的两个重要内容，而且紧密相关。世界上许多教育发达的国家都认为"宽口径，厚基础"是大学教育比较成功的模式。如果将一个人取得的成就比作宝塔上的明珠，那么专业知识则是宝塔的塔身，而基础知识则是宝塔的基础。充分重视基础课程的学习，不仅能使我们获得丰富的基础知识，同时可逐步培养出我们的探索精神和勤于学习、善于学习的习惯，使我们能够多视角地认识自身和周边世界，从而至少能在一个知识领域中进行专门、集中和持续学习并取得良好的成效，能够享受到终身学习的乐趣并形成适应环境变化的能力。

1. 公共基础课程

公共基础课是高等学校各专业或者一定类别专业的学生所必须学习的基础课程，"公共性"是其基本属性。公共基础课一般对一年级大学生开设，在高校教学中处于重要地位。公共基础课教学在学生专业学习及其终身发展中发挥着重要作用。

高等数学、大学英语和计算机信息基础等课程对于工程管理专业学生十分重要，学好这些课程对今后的学习和工作都很有帮助。

1) 高等数学

数学是一门逻辑性很强的学科。逻辑思维能力是高素质人才应具备的一种重要能力。它通常包括抽象与概括的能力、分析与综合的能力、归纳与演绎的能力。高等数学是教育部指定的理工科各专业及经济、管理等学科专业的核心课程之一，也是学生所应掌握又较难掌握的基础课之一。它不仅是提高学生文化素养的基础课，还为学习专业课提供必需的数学工具。

工程实施伴随着诸多风险和不确定性因素。作为一名优秀的工程管理者，必须具有较强的数理分析能力，善于从问题的定性描述逐步过渡到定量的分析和计算，并通过对结果的数理统计推理来检验并说明结论的准确性和可信性。即能够根据实际问题的已知条件，将一个复杂的工程实际问题抽象简化为数学问题，建立数学模型并利用数理统计方法进行参数检验和回归分析。

随着经济社会的发展，国家实施的重大工程越来越多。在这些工程的实施过程中工程管理者必将遇到更多的技术、资金难题。因此学生必须通过在校期间学好高等数学这门基础课程，掌握基本的数学理论和方法，形成良好的逻辑思维与形象思维能力，才能在今后工程实践中用正确的理论和方法化解面临的问题。

2) 大学英语

大学英语的教学目标是培养学生的综合英语应用能力，特别是听说能力。通过教学使学生在今后的实际工作和社会交往中能用英语有效地进行口头和书面的信息交流。同时培养学生自主学习能力，提高学生综合文化素养，以适应我国社会发展和国际交流的需要。

我国工程建设企业走向国际工程承包和咨询市场已近三十载。随着经济全球化的迅速发展和我国"走出去"战略的实施，中国对外承包工程规模日益扩大，市场多元化已经形成，合作领域不断拓宽。按照商务部合作司的统计数据，整个"十一五"计划期间，我国对外工程承包企业的完成营业额的年均增长率达到 32.5%，新签合同额的年均增长率也达到了 20%，合同额及营业额均翻了一番以上。2012 年我国对外承包工程共完成营业额 1166

亿美元，同比增长 12.7%，新签合同额 1565.3 亿美元，同比增长 10%。截至 2012 年底，累计签订合同额 9981 亿美元，完成营业额 6556 亿美元。

目前，我国已成为全球工程承包大国，并开始进入快速、良性的发展轨道。未来的几年，是中国大力发展对外承包工程的重要战略机遇期，随着企业对外承包工程能力的不断增强和外部环境的优化，中国对外承包工程面临着广阔的发展前景。

国际工程合作日益加大的趋势既是机遇，同时又对我国工程管理行业的外语交流能力提出了更高的要求。合作的各方必须按照国际规则办事，这就要求我们除了具有熟练的外语听说、阅读和较好的信函、合同书写能力外，还应熟悉和理解国际通用的工程管理专业用语、行业规则、运行方式和法律文本等。

3) 计算机信息基础

信息化是当今国际社会发展的趋势之一，是人类继农业革命、城镇化和工业化后进入新的发展时期的重要标志。如今，工程管理信息化已由探索、试点逐步发展到较为广泛地得以采用，计算机和软件已经成为工程管理极为重要的方法和手段。工程管理的水平、效率的进一步提高也将很大程度取决于信息技术的发展和工程管理软件的开发速度。工程管理信息资源的开发和利用，可以帮助工程管理者吸取类似工程正反两方面的经验和教训，这些有价值的信息将有助于工程项目决策阶段多方案的选择、实施阶段的目标控制和建成后的运行管理。目前，经济发达国家的一些工程管理公司已经在项目管理中较为普遍地运用了计算机网络技术，开始探索工程管理的网络化和虚拟化。国内越来越多的工程管理工作者也开始大量使用工程管理软件进行工程造价等专项工作，工程管理实用软件的开发研究工作也不断有所进展。信息技术的飞速发展，必将进一步提升工程管理的效率和水平。

21 世纪是知识和信息经济时代。信息技术已经成为经济发展的助推器，越来越深刻地影响和改变着企业的经营、管理和销售模式。党的十五届五中全会指出："信息化是当今世界经济和社会发展的大趋势，电是我国产业优化升级和实现工业化、现代化的关键环节。"努力学习和良好掌握计算机和信息技术，对于推动工程管理信息化具有十分重要的意义。

目前在我国应用比较普遍的神机妙算、广联达等造价软件，利用其内部的数据库，可以实现灵活的换算功能，如标准换算、自动换算、类别换算等；还可直接修改人、材、机的单价，软件自动反算人、材、机的工程量；实时汇总工程量清单表、工料分析表、费用表等。另外，许许多多的房地产项目工程管理软件、电力水利工程管理软件、公路项目工程管理软件、石油化工工程管理软件及 AutoCAD 等专业制图软件，都在工程的各个阶段得以广泛的应用。各种软件及功能已在第四章进行了详细介绍，此处不再赘述。

可以说，目前各个工程领域以及各个阶段都离不开各种软件的应用。而这些软件产品都是利用计算机技术开发出来的。要学会使用这些软件，除了掌握基本的专业知识之外，还必须掌握一些计算机的基本原理和操作，因此，必须充分重视计算机基础课程的学习。

2. 专业基础课程

专业基础课是学生在已掌握一定公共基础课程知识的前提下，为适应专业课程学习的需要而设置的。在整个工程管理专业课程结构中，专业基础课处于承前启后的地位。

学好专业基础课有助于提高学生的认知水平和解决问题的能力，从而为学习专业课和从事专业工作提供理论基础和技术准备。

从专业基础课的内容属性看，大多具有理论性和实践性强、新概念多、分析较为深入的特点。在理论方面上，专业基础课注重运用课程中的基本理论去解释、分析专业现象和问题，引导学生深入学习新理论、新技术，促使学生顺利地踏上专业课学习的轨道；在内容设置上，专业基础课兼顾后续专业课的需要，大幅度地增加相关专业的知识并有一定的深度和难度。因此，在学习这些课程时，要勤于思考、积极进取，充分开发自身的智力，及时消化课程中出现的新概念，必要时还可以找机会去工程现场获取感性认识，帮助消化学习过程中遇到的问题。

自学能力是指获得新知识的能力。在专业基础课程学习中，要注意对学习方法的掌握。部分学生不注重探索、思考和总结正确的学习方法，不愿意多看书，不善于有效看书，看了书也归纳不了问题，理不出头绪，抓不住关键，找不出内在联系，形成不了整体概念，这些都是缺乏自学能力的表现。学生应该努力形成适合自己的学习方法，在学习过程中能够提纲挈领、明确主次、分清层次、弄清概念，从而准确有效地获得完整的专业基础知识。

专业基础课程的学习过程是学生培养分析能力的重要环节。分析能力是指在正确掌握知识的基础上，运用所学知识，分析、解决实际问题的能力。具备一定分析能力的人，能透过事物的复杂表象，明确事物本质，洞察问题关键，抓住矛盾所在，从而准确迅速地解决问题。掌握知识是为了在实际中运用知识，否则就是死知识。缺乏分析能力，就会在具体复杂的事物面前束手无策，或者分析、判断错误，得出错误结论。分析问题，就是根据事物现象或具体任务，观察或检验问题的表现特征，摸清问题的性质特点，分析事物的可能原因，初步得出解决的几种方案，经过比较判断后确定可行的解决方法，进而着手解决。分析能力的形成有赖于对事物内在的客观规律和观察分析事物有效方法的良好掌握，这需要在学习和工作实践中不断积累。

学习专业基础课是学生用基础理论知识去分析专业现象和问题的初步尝试，是学生强化理论与实践相结合的开端，也是学生由学习者向从业者转化的起点。专业基础课的承上启下作用主要体现学生将由抽象思维为主向形象思维为主过渡，开始尝试用所学的较为抽象的基础理论知识去观察、思考和理解较具体、形象的专业现象和问题。因此，实践性教学是专业基础课的重要教学环节。要使书本知识真正转化为实际工作能力，即能运用理论知识独立地去分析、解决问题，必须借助实际运用能力的培养训练过程，帮助学生从本质上感知、认识和理解学过的知识，进而形成运用知识去观察、分析和解决工程实际问题的能力。

下面，以画法几何与工程制图课程学习为例，介绍专业基础课程学习应掌握的一般方法。

画法几何与工程制图课程任务之一是将三维空间的几何体转化为二维空间的平面图形，即把工程上很难用语言和文字表达清楚的物体(如地面、建筑物等)形状、大小、位置等在平面图纸上用图形表达出来；任务之二是将二维空间的平面图形转化为三维空间的几何体，即第一种情况的逆向过程。学习工程制图等抽象思维能力要求高，实践性、严谨性强的专业基础课，学生必须注意研究、掌握正确的学习方法，努力提高学习效率。

首先，必须熟练地掌握正投影理论和制图基本知识。工程图是工程界通用的"语言"，而画法几何则是这种"语言"的"语法"。只有理解制图的基本原理和基本步骤，掌握相关制图基本知识，才能正确地绘制和读识各种工程图样，为系统全面地掌握工程制图课程知识奠定基础。

其次，必须掌握读图方法。读图既是本课程的重点又是难点，它是一个十分复杂的思维过程，没有一个固定的模式，但也并非没有任何规律。只要我们充分掌握图形的各种信息，以及各种立体的投影特点，就可以破解各种复杂的图形，做到得心应手，融会贯通。对于空间思维能力比较弱的同学，应深入工程实践，多观察立体模型和实物，熟悉各种立体的结构；同时还要将模型和实物同投影体系联系起来，在头脑中构思立体的形状。从二维的平面想象出三维形体的形状，这是多数初学制图者的一道难关。同学们开始时可以借助于一些模型，加强图物对照的感性认识，但不能过分依赖这种对照实物制图的手法，要下工夫培养空间想象能力及解体能力，逐步减少使用模型，直至可以完全依靠自己的空间想象能力，将二维和三维图形准确地联系起来。

第三，在上述学习过程中必须认真对待每次动手实践的机会，按时、按质、按量完成一系列的绘图、识图作业，这是巩固课堂知识和能力形成的必要环节。工程图纸(机械图纸、化工图纸、建筑图纸等)是施工的根据，图纸上一条线的疏忽或一个数字的差错，都可能造成"差之毫厘，失之千里"的后果，轻者返工重修，导致工期延长，成本增加，重者可能留下难以预料的工程隐患，后果难以设想。学生必须从初学制图开始严格要求自己，养成认真负责、一丝不苟的工作态度和遵守规范、细致严谨的职业习惯。

二、强化实践技能培养

1. 本专业实践教学的重要性

工程管理以具体的工程项目为对象，具有鲜明的务实性和精确性。工程管理行业需要的是有专业技术功底和实际操作能力的管理者。因此，我们在掌握扎实的基础理论的同时，还必须注重通过各种形式的实践活动培养、锻炼自身的实践技能，做到理论知识与工作实践的良好结合，不断提高解决工程实际问题的能力。

在学校，工程管理专业的学生实际工作能力的培养主要是通过实践环节实现的。实践教学有利于学生掌握工程应用技术、管理理论和方法，有利于知识的消化和拓展，有利于提高学生分析和解决问题的能力，提高人才培养质量。这些都是用人单位十分关注的。

(1) 工程管理专业人才培养的目标是既掌握相关工程技术又掌握经济管理理论和方法的复合型、应用型人才，因此必然要求大力开展工程管理实践教育。因为只有在工程管理的实践中，才能得到知识的综合应用的训练。

(2) 随着人才市场的竞争越来越激烈，用人单位越来越要求工程管理专业毕业生"上手快"，在招聘时就要求学生有专业实践经验。

(3) 通过实践，能够调动学生专业学习的积极性，有助于培养创新型、个性化、具有自主学习的意识和能力、具备合作精神和能力的人才。

(4) 使理论与实践高度结合，有助于培养学生工程管理所需的职业道德；有助于学生了解国情、熟悉社会，预先做好工程管理的执业准备。

2. 开展丰富多彩的工程管理专业实践教学形式

为有利于学生掌握专业技术和方法，通过实验、实习加深对基础理论的理解，促进学生对知识的消化和拓展，工程管理专业教育十分重视实践教学环节，并在教学中开展丰富多彩的工程管理专业实践教学形式。如利用工程管理实验室进行专业基础课和部分专业必修课的模拟实习；利用计算机网络、虚拟工厂进行部分主要专业课的课程实习；利用校外实习基地进行现场实习，加强产学研合作。利用企业的设备、技术优势和高校的人才、科技优势，加强产学研结合，构建学生实践创新的平台；鼓励学生参加老师的科研课题组，参加科研实践，自主设计实验；开展形式多样的业余实践活动，组织各种兴趣小组，参加假期社会实践活动，进行社会调查；让学生自我组织开展活动，以培养领导小组工作的能力；经常举办研讨会，培养学生的演讲能力。

此外，还可以聘请工程界、实业界有关专家进行专题讲座或与学生进行专题研讨，以增强学生对相关专业实际发展状况的了解。

目前，实践教学环节主要有认识实习、课程实习、生产实习、毕业实习、实验、课程设计、毕业设计等。

1) 认识实习

刚刚进入大学的大部分学生对"工程施工"不甚了解或知之甚少，通过认识实习这一环节，能够帮助学生初步了解施工现场现状和管理过程，形成对工程项目管理活动的初步认识，从而激发学生对本专业的学习兴趣，为后续课程的学习增加施工现场的感性认识。

通过认识实习活动，可以锻炼学生观察、理解实际问题的初步能力，培养学生认真、严谨的学习和工作态度。

在认识实习过程中，学生应严格按指导教师的安排，认真听取施工现场安全管理人员的入场教育，做好安全防范措施；主动与工程技术人员和工人师傅沟通，在技术人员或现场指导人员的辅导下熟悉工程概况和工地情况；认真观察工人师傅从事的砌砖、浇筑钢筋混凝土、装修等现场劳动，了解手工操作的基本技能。学生应仔细观察各种现象，认真听取现场介绍并做好现场参观的记录，通过撰写实习报告对参加认识实习的体会、收获进行总结。

2) 课程实习

作为课程教学内容的重要组成部分，课程实习与课程理论教学相配合而进行。如工程测量实习，在学完工程测量书本上的基本理论知识后，学校在学期末统一组织学生进行测量实习。工程测量课程实习由5～8人组成小组，通过实际的测量实习，掌握主要测量仪器与工具(水准仪、经纬仪等)的实际操作，学会依据测量数据绘制地形图的基本方法，使所学的相对分散、抽象的测量知识通过综合应用而形成完整、系统的实际能力。同时，通过课程实习还有助于培养学生组织、协调和合作共事的能力。

学生良好完成课程实习任务，需要认真学好相关课程的理论知识，虚心接受实习老师的指导，同时要充分发挥团体合作精神。某些课程实习内容多、时间紧，单靠一个人的力量难以高质量地完成，只有小组的合作和团结才能有效提高实习的效果，按时完成实习任务。

3) 生产实习

生产实习是教学计划的一个重要组成部分，是应用和检验学生所学理论知识的重要手段，是认识社会、提高实践能力和动手能力、培养学生综合素质的有效方法，是学生进入社会的纽带和桥梁。

例如，通过生产实习，同学们可以应用学过的专业知识，编制实习工程的施工组织流程，与现场的施工组织流程相比较，找出二者的差异，分析各自的优缺点。

另外，还可以深入了解现场施工组织与管理方法，学习施工现场先进的管理经验，为以后的实际工作积累经验。通过生产实习可以较全面地了解国内目前工程管理行业的发展水平，结合自己学过的专业知识，分析、研究工程管理实践中具有一般规律性的现象和问题，形成从事工程管理工作的初步能力。

学生在生产实习中应注意杜绝三种倾向。一是漫不经心、不以为然。部分学生认为所参与的工程实践过程无非是挖土方、砌砖块、拌水泥等简单劳动，与课程知识联系不多，实习价值不大。殊不知再宏大的工程也是由若干貌似简单的细小环节构成，"细节决定成败"，大量实践表明工程管理行业中项目管理者如果不注重细节，将难以成为合格的从业人员。二是脱离实际、照本宣科。部分学生在实习过程中不注意对工程特定的条件全面、系统地把握和分析，对所参与、观察和了解到的现象机械地与曾经"学过"的课本内容相对照，轻易做出对、错、优、劣的结论。必须认识到课本内容是若干工程实践共性经验的抽象反映，对每一项确定的工程实践并非句句适用、字字有效。理论对实践的指导作用并非一定是某一固定的"说法"，而是对千差万别的工程实际问题的"规定"。三是浅尝辄止、不求甚解。还有部分学生在实习中接触工程实践后，片面地形成了工程管理只需要实际操作技能的观念，忽略了扎实的理论基础、系统的思维方法和全面的知识结构，而这些是指导实际操作，提高工作效率及水平的根本。缺乏完备的知识结构和良好的理论基础，或许能从事一时、一事的工程管理工作，但很难获得长时间、多领域和高层次的持续发展。正确的学习态度是，注重生产实习中所参与和观察到的每一细节，深入了解其产生、形成、发展的实际背景和客观条件，并结合所学的理论知识和技术方法对其进行认真的归纳、总结和分析，从而逐步提高自身对基础理论、技术方法的正确理解和运用能力。

工程管理专业实践教学环节的内容要求及学习方法建议见表 8-2。

表 8-2 实践教学环节学习方法与要求

活动内容 / 活动阶段	学习要求	实验课	设计课	实习课	课外科技活动
实践课前	复习已学理论	基本概念、基本原理、基本方法、主要构造做法			
	弄清实践目的	实验目的(验证或观察或研究)	设计目标和设计阶段(方案设计或施工图设计)	实习目的(认识或操作或岗位训练)	课题内涵及其目标
	搜集信息资料	以往的实验报告，与本实验有关的资料，与本实验有关的仪器设备	社会需求，自然及环境条件，材料、技术、制造条件，经济、市场条件，以往的设计资料	以往的实习报告，操作规程，岗位职责，现场生产的一般情况	阅读有关文献，参阅相近的研究报告，材料、设备、资金情况

续表

活动内容 / 活动阶段	学习要求	实验课	设计课	实习课	课外科技活动
实践课初	自拟方案计划	实验方案、计划、仪器设备	设计方案、计划	个人实习计划	科技活动方案、计划
实践课间	完成技能训练	熟悉仪器设备，掌握实验技能(安装、测试、记录、校正等)	查阅技术标准，掌握设计技能(运算、上机、校核、绘图等)	操作技能，处理技术问题	调查研究，实验，统计分析等
实践课间	勤观察，多思考	观察实验现象，了解事物本质	从综合比较分析中寻找最佳方案	观察思考生产过程中的技术和管理问题	科学技术事实及其概括，直觉、灵感与科学发现
实践课间	锻炼创新能力	创新的思想意识、创新的认知风格、创新的处置方法、创新的工作态度			
实践课间	解决实际问题	描述实验现象，统计分析实验数据，得到实验结论	按照设计目标完成设计任务，满足各项设计指标	记录实际生产过程，解决若干生产中遇到的实际问题	完成课题
实践课末	做好文字总结	实验报告	设计说明书，计算书	实习报告	科技小论文

三、培养综合技能

1. 查阅参考文献的技能

文献，是记录、存储、传递知识的载体，也是与某一学科有关的图书资料。利用、吸收前人或他人的知识需要阅读和研究文献。文献的形式有三大类：

1) 图书

图书主要包括：

(1) 教科书。它是按照教学要求和学生认识规律编写而成，着重于系统和基本的理论和方法，大体上反映某门具体学科体系的全貌，知识内容比较成熟和稳定，如《高等数学》。

(2) 专著。它是某一领域的学术性著作，是研究成果最集中的体现，其理论观点比较全面，提供的知识比较系统、成熟、可靠，且信息量大，如《钢筋混凝土结构理论》。

(3) 论文集。它是研究人员的专题研究成果或阶段研究成果的汇编，往往先发表于报刊，再由编者筛选而成，具有较高的学术研究参考价值，如《工程管理论文集》。

(4) 工具书。它是一种供人们查阅、当做参考工具使用的图书，知识内容广泛，便于查考使用，如《百科全书》。

(5) 国家标准。它是对重复性事物和概念所作的统一规定，以科学、技术和实践经验的综合成果为基础，经有关方面协商一致，由主管机构批准，以特定形式发布，作为共同遵守的准则和依据，如《十的分类标准》。

(6) 技术规程。它主要对具体技术要求或实验程序作统一规定，所涉及的内容比较具体、单一、专用性强，如《钢筋混凝土梁设计规程》。

(7) 技术规范。它是对技术要求、方法所作的系列规定，所涉及的范围一般很广较系统、通用性强，是国家标准的一种形式，如《钢结构设计规范》。

2) 报刊

报刊主要包括：

(1) 报纸。指连续性出版物，以新闻报道为主，信息量大，现实感强，但理论价值较小。

(2) 期刊杂志。指有出版规律、每期载有不同作者至少两篇以上的连续出版物。其体裁庞杂、多样、内容多是未经重新组织的研究成果，却具有相当大的参考价值，如《建筑经济》。

3) 非报刊文献

非报刊文献包括：

(1) 学术会议论文。这种文献专业性强，可基本反映某一学科进展状况，以及新成就、新发现、新问题。

(2) 科技报告。它作为一种科研或革新成果的正式报告，或研究试验过程中的阶段进展情况实录，具有较高的使用价值。

(3) 政府出版物(行政法令、规章制度、会议决策等)。

(4) 技术档案(讲义、图片、照片、技术资料等)。

查阅文献的基本途径有两种：检索和记读书笔记。

文献检索是从众多文献中查找出符合特定需要的文献或某一个问题解答的过程。检索方法有手工检索和计算机检索两种。

手工检索是利用各种目录、索引、文摘等检索工具和辞典、百科全书等参考工具书，用手工来查找文献的方式。手工检索的基本手段有：卡片检索、附录检索、期刊检索、书本检索。卡片检索是将文献按书名、作者名或学科分类体系以一定顺序编成卡片供查询；附录检索是将文献名单附录于图书或文章之后作为参考文献书目；期刊检索是将本学科有关近期文献编入期刊，定期连续出版供查询；书本检索是以书本形式出现，收录文献的范围较齐全。

计算机检索由计算机在检索系统的数据库中查找文献、或在互联网上查找文献。检索系统的数据库指一组计算机可读的相关文献集合，这些文献可能摘自图书、期刊或非报刊文献。一个检索系统通常由一个或多个数据库组成；每一数据库由许多文献记录组成，每一个文献记录了该文献的题目、作者、内容简介、文献出处等字段。计算机检索必须将所收集的文献按固定格式编成计算机可读的文献记录；而且应该组成专业性、地区性、全国性，甚至国际性的计算机情报检索系统，采用人机交互式对话的联机系统，以便大大提高检索的效率和质量。

以下是一个利用计算机检索的实例：

例如要在 CNKI 数据库中查阅 2007-2012 年这 5 年中的"工程项目管理"文献，我们该如何操作呢？

步骤如下：

(1) 打开浏览器，在地址栏输入 http//www.cnki.net 后按"Enter"键。(校内用户可直接通过图书馆网站登录，然后点"CNKI 中国知网")，如图 8-4 所示。

图 8-4　图书馆登录界面

(2) 选择所需要查询的数据库类型，如期刊、博硕士学位论文、会议或报纸资料等。不选择具体数据库则默认在全部数据库中搜索，如图 8-5 所示。

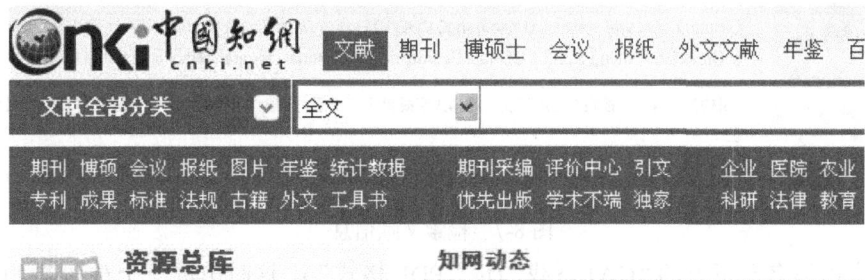

图 8-5　数据库选择

(3) 在"数据库登录"窗口中，输入账号、密码，点击"登录"(校内用户不必登录，直接进入步骤(4)。

(4) 在"字段"选项的下拉菜单中选择"关键词"(也可以选择篇名、主题、作者机构、中文摘要等项目，视个人需要而定)。

(5) 在"检索词"选项中输入"工程项目管理"字样，在要查找的年份处，输入"2007"到"2012"。

(6) 在"请选择查询范围"中，选择"全部期刊"。

(7) 点击"检索"。这时页面下方出现的是检中的文章。可以看到，根据刚才输入的条件，共检得文章 3527 篇，如图 8-6 所示。

图 8-6　检索界面及结果

(8) 点击所需文章的篇名，页面下部显示该文的基本信息(作者、刊名、机构)和摘要，如图 8-7 所示。

图 8-7　检索文献信息

(9) 点击篇名左下方的"CAJ 下载"(或"PDF 格式")，这时出现一个对话框，选择"直接打开"或"将该文件保存到磁盘"，如图 8-8 所示。

图 8-8　下载文档界面

如此重复第(8)、(9)步，将所有符合需要的文档保存，完成检索过程。

查阅参考文献应该结合记读书笔记同时进行。记读书笔记的方法有三种，它们是：摘录式笔记、批注式笔记和评注式笔记，如图 8-9 所示。

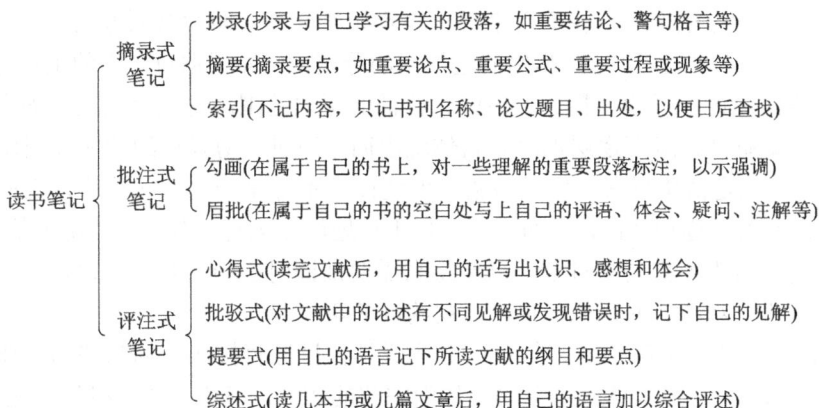

读书笔记
- 摘录式笔记
  - 抄录(抄录与自己学习有关的段落，如重要结论、警句格言等)
  - 摘要(摘录要点，如重要论点、重要公式、重要过程或现象等)
  - 索引(不记内容，只记书刊名称、论文题目、出处，以便日后查找)
- 批注式笔记
  - 勾画(在属于自己的书上，对一些理解的重要段落标注，以示强调)
  - 眉批(在属于自己的书的空白处写上自己的评语、体会、疑问、注解等)
- 评注式笔记
  - 心得式(读完文献后，用自己的话写出认识、感想和体会)
  - 批驳式(对文献中的论述有不同见解或发现错误时，记下自己的见解)
  - 提要式(用自己的语言记下所读文献的纲目和要点)
  - 综述式(读几本书或几篇文章后，用自己的语言加以综合评述)

图 8-9　记读书笔记的方法

2．自学的技能

大学生在校期间，每周上课不超过 25 学时，平均每天只上 5 学时，8 小时内还剩 3 小时，再加晚自习 2 小时，每人还有 5 小时自学时间，与上课时间正好为 1∶1。可见，大学生在校期间，绝大多数时间是课外自学时间。某高校文艺学教授说："在一定条件下，一个人学问的大小和他掌握书籍的多少成正比。"因此，掌握正确的读书方法对于课外自学就显得特别重要。

读什么书？怎样读书？取决于每个人对不同的知识结构的需要。而确立什么样的知识结构，又取决于每个人不同的志向目标和兴趣爱好。但也有共性，那就是博专统一、一专多能的知识结构。

读书贵在能烂熟、记住，才能进一步灵活应用。因此，加强记忆的方法，则是读书诸法中最基本最重要的方法，主要包括以下几种：

(1) 利用最佳时段加强记忆心理学实验表明，记忆的最佳时段是学习的开头时段、刚结束时段和具有醒目效果的时段。例如读书、上课、听报告、看演出等活动，如果连续几小时，常常是活动的开头阶段和刚结束时候记忆的印象最深刻。因此，教育家主张把学习再细分若干时段，来增加更多的开头、结尾最佳记忆时段。同时设法突出醒目效果，如提炼有意味的彩色标题，用红笔在书上圈画点线，来突出视觉上的醒目效果，以此来帮助记忆。

(2) 用朗读与默读相结合来加强记忆。虽然朗读可以通过视听双重感官向大脑皮质输送信息，但是心理实验发现：记忆外语单词，默读数遍之后再进行朗读，效果更佳。

(3) 高度集中注意力最容易记忆，注意力是指发觉一件事物或现象后，把意识固定在该事物或现象上。如果达到"意识焦点化"，就最容易强化记忆。在这个意义上可以说，记忆力等于注意力。但是，要想高度集中注意力，就必须保证身心健康。

(4) 复习可以提高记忆维持率，经验表明：如果只学习一次，即使当时觉得记得很熟，但 9 小时后可能忘记殆尽。但如果不断复习，却可以大幅度减少遗忘。根据教育心理学家们的研究,复习时间安排的最佳效果是:第一次学习 45 分钟的内容,10 分钟后复习 5 分钟,1 天后再复习 5 分钟,1 星期后再复习 3 分钟,半年后再复习 3 分钟。这样复习多次后,再回忆就很容易了。

知道了记忆的方法之后,我们再来进一步看如何读书,即读书的方法,在这给大家介绍一种"五层塔形读书法",它是指纵向进层式的分层次,即根据每个人的主攻方向、理想志趣而分别确定泛读、通读、精读、熟读、背诵的层次范围。这五个层次形如宝塔,范围逐渐缩小;又如打井,难度逐层加深。它体现出循序渐进、博以返约的内在规律。

(1) 泛读。就是博览群书,广泛涉猎。但泛读并不都是一字一句地读,而应分别轻重缓急:有的需要逐行逐句地读,有的可以一目十行地浏览大意,有的只需挑选某些章节读,有的甚至暂时只看内容提要和目录,以便将来需要细读时心中有数。可以说,泛读是在知识海洋中一次走马观花式的巡礼,也是博观约取的第一步。

(2) 通读。在泛读中确定的、与自己专业或具体目标直接相关的那些书,要逐页逐行地一本一本地读完,并通晓大意,获得大体而完整的印象,但还不要字斟句酌地仔细推敲。通读对于泛读,是线与面的关系;而对于精读,又是面与线的关系。

(3) 精读。它是在通读中遴选出来的重点部分,再反复精细地读。不仅要落实字词句,而且对全篇的基本内容(或中心论点)和基本特征,都要准确把握。

(4) 熟读。把精读部分再加筛选,将其中某些篇章或段落再进一步反复诵读,达到烂熟于心的程度。熟读的方法要放声朗读,这样才能声心交感,凝神专注,记得快而又牢;还要反复朗读,所谓"读书千遍,其义自见",说明熟读不但能够温故知新,不断加深理解,而且有利于提高写作能力。熟读之于通读、精读是点与面、线的关系,点、线、面相结合是最合理的知识结构。

(5) 背诵。读书虽不必死记硬背,但在融会贯通的基础上,努力背诵一些基本的、常用的、精彩的东西,却是十分必要的。背诵要注意两点:一是要选择,对于那些与自己专业或目标无关的或关系不大的,都不需要强记硬背;二是要注意方法,选择适合自己的时间和方法背诵。比如,对于工程计量的一些计算规则,可以把它们抄在小纸片上,装在衣袋里,走路、坐公交车时都可以默背,并随时掏出来对照。

上述五层阅读法内容,并不局限于某个专业范围之内,可根据兴趣和需要,跨学科专业应用。例如你是学工科的,但你在泛读中发现经济学著作中某一篇文章很经典,也可列入精读或熟读范围。其他学科专业都可依此类推。

3. 解决疑难问题的技能

大学生在学习过程中会遇到各种疑难问题,这时,只靠听教师讲授和自己勤奋学习是不够的,还要靠勤于发问,且发问并没有什么好坏之分。刚刚学习提问的时候,不必抱着"发问要有水准"的心态,完全可以从小处的疑问开始,且不要怕同学们笑话。不懂就是不懂,千万别装懂。

疑问有两种类型:一是涉及学习重点的疑问。例如,对某一个公式的演变不甚了解,就会产生"怎么从那个公式演变成这个公式"的疑问。对于这类问题,只要找出理由便解决了。二是迷宫式的疑问。例如,"往天空上升的过程中,会碰到什么?如果继续往上升,还会碰到什么?最后又会碰到的是什么?"这称之为"无穷尽探求型"疑问。这一类的问题，都属于无法立刻解决的。如果一直耿耿于怀，非弄个水落石出不可，反而会使你的学习成绩下降。所以应该培养自己提出与学习主体有关联的疑问的能力，切忌脱离太远。否则，大量与学习主体无关的疑问，反而会使你的思路越来越杂乱，最终一无所获。

高校的学习特点和人才培养模式，要求学生自己要善于发现问题，并学会自己解决问题。很多疑难问题的解决，首先要由自己借助图书馆来寻找答案，因为它的查询功能方便、快捷，而且大学生要培养自己独立学习、独立思考的能力。对确实靠自己无法解决的问题，再找老师咨询解决。向老师发问，应该限于实在想不明白的问题。其他的小问题，完全可以在上课之前和下课之后与同学们讨论解决。其实向同学请教的好处甚多，既可以从同学那里学到不少知识，又可以将自己知道的知识教给同学，还可对所讨论的问题加深理解，这就是所谓的教学相长。

当然，在上课的时候，也应该用心听其他同学的发问，并认真思考。因为对于一般学生来说，课本中关键性的问题是大致相同的。

4．正确对待考试的技能

虽然久经考场，从千百次的考试中走过来了，但大学生们面对考试，压力仍然很大。有的总觉着获得的成绩和努力不成正比。有的则因考试而丧失信心，产生自卑；有的则对考试过分焦虑，甚至出现了强迫症症状；还有的为分数而作弊，更有的自暴自弃。本来考试作为一种手段和尺度，主要是用来衡量学习和知识掌握的程度。如果大学生不能正确对待它，则会因考试而引起心理障碍，如焦虑、失眠、抑郁症、强迫症等。正确、积极地对待考试方法有以下三条。

(1) 正确认识和看待考试。有的大学生把考试看做是和别人竞争的一种手段，认为要超过别人，就必须在考试上胜人一筹。于是精神总是处于高度紧张之中。从而引起失眠、健忘等症状，有的甚至发展到强迫症状，严重影响正常的工作和学习。其实大学生都明白考试的含义，但是心里总是放不下、摆不正，不能坦然面对。因此我们说，不要将考试当做学习的唯一目的，更不要过分看重分数的高低，关键还是自己知识的真实掌握程度，更切忌将考试作为竞争或达到某种目的的手段，人为地给自己增加心理压力。

(2) 注意考试中的心理卫生，减少过度的考试焦虑和考试怯场。考试焦虑是指担心考试失败有损自尊的一种负面情绪反应。表现为考试前后精神紧张、心烦意乱、失眠、健忘、注意力难集中、思维迟钝、记忆力下降等，并出现多汗、腹泻、感冒、眩晕等身体不适。考试怯场是焦虑情绪在考场上的反应，常常表现为心跳加快、情绪紧张、思维迟钝、恶心、烦躁、出汗、头晕等症状。这两种症状都会使考生的注意力分散、水平难以正常发挥及回忆困难，且熟悉的东西也会变得生疏；有时脑中一片空白，影响正常的发挥，严重者还引起焦虑症和强迫症。因此自己应该注意并加以调节，平时树立自信心、勤奋学习，制订合理的学习和复习计划，做到心中有数；加强体育锻炼和营养，保证充足的睡眠和精力来参加考试。学会放松自己，尤其是平时在学习和考场上，要运用深呼吸法或心理暗示法放松自己。

(3) 寻求心理咨询。目前学习压力与学习障碍已成为大学生最常见的心理问题之一。这种现象有一定的客观原因，但主要和大学生个体的心理素质和学习目的、学习动机及需求有关。大学生当面临巨大的考试压力和考试焦虑，自己又难以从根本上调节的情况下，应注意及时寻求心理咨询的帮助，在咨询员的指导下，通过训练，及早摆脱考试给心理带来的重负和紧张。

复习思考题

1. 了解大学生学习的主要任务。
2. 树立正确的大学学习观，对自己未来四年大学生活进行一个合理规划。
3. 了解工程管理专业的学习方法。

第九章　工程管理发展展望

【本章提要】

　　本章主要阐述了未来社会对工程的需求，未来工程涉及的主要领域，以及工程项目管理的主要发展趋势，并对工程项目集成管理、工程项目管理模式、工程项目管理的信息化与虚拟化等方面进行了重点介绍。

第一节　工程未来需求及涉及领域

一、未来社会对工程需求的总体分析

　　我国社会要持续发展，经济要腾飞仍然要依赖各种工程。2012 年 1~12 月份，全国固定资产投资(不含农户)364 835 亿元，同比名义增长 20.6%(扣除价格因素实际增长 19.3%)，增速比 1~11 月份回落 0.1 个百分点，比 2011 年回落 3.4 个百分点。从环比看，12 月份固定资产投资(不含农户)增长 1.53%。基于如下因素，我国的固定资产投资规模在相当长时期内仍然保持了高速增长，这是工程建设快速发展的最为重要的保证。

　　(1) 目前，我国还处于经济高速发展时期，即使按照这种发展速度，到 2050 年才达到中等发达国家水平。按照我国国民经济和社会发展计划，各行各业仍然有很大的发展空间。以基础设施为主的各类土木工程的发展也是方兴未艾。因此可以预计，未来几十年，仍将是我国工程行业发展的大好时机。

　　(2) 国家投资力度不减，地方投资能力增强、积极性高涨。长期以来，我国政府以投资拉动经济政策还会在一段时间内继续；另外各级地方政府形象工程和政绩工程的需求。这些都会促进固定资产投资规模高速度的增加，使得工程建设依然有很大的需求。

　　(3) 城市化进程加快。当前，中国社会科学院社会学研究所、社会科学文献出版社发布《2012 年社会蓝皮书》指出，2011 年中国城镇人口占总人口的比重，数千年来首次超过农业人口，达到 50% 以上。这是中国城市化发展史上具有里程碑意义的一年，标志着我国开始进入以城市社会为主的新成长阶段。继工业化、市场化之后，城市化成为推动中国经济社会发展的巨大引擎。城市化的进程必然带动大规模的城市基础设施、住宅、商业、学校、医院等生活配套设施的建设，必然伴随着工程建设的高潮。

　　即使目前已经被认为是实现了城市化的地方，也还存在着基础设施的大量欠账，还需要进行继续建设。我国的基础设施，包括公路、铁路、机场等交通设施人均占有数量仍然

大大低于发达国家的水平。

(4) 民间投资潜力巨大,正在释放。我国私有经济正高速发展,现在国家开放企业投资的门槛,在基础设施领域,民间投资开始启动。同时,外商投资势头不减,在东中西部全面铺开;我国发达地区的资金也在与西部的资源、技术、廉价土地和劳动力结合,进行各种产业的投资和开发。这都将有力地促进工程建设的发展。

(5) 我国幅员辽阔,长三角、珠三角、环渤海湾区域建设仍然是最为繁荣的建筑市场,同时西部大开发、中部崛起、东北工业区振兴也为工程建设提供新的机遇。

(6) 我国工程"大建—大拆—大建"的循环还会继续,这样客观上扩大了工程的需求。

我国近些年来,特别是 20 世纪 80 年代以来建设的许多工程,由于规划、建造水平、节能、抗震等方面问题,使许多工程没有进一步使用或保留的价值,要被拆掉,或者要大规模的投入来进行更新改造。近年来许多地方进行工程爆破证实了这一点。

二、我国未来工程的主要领域

1. 房地产

2012 年,全国房地产开发投资 71 804 亿元,比上年名义增长 16.2%(扣除价格因素实际增长 14.9%),增速比 1~11 月份回落 0.5 个百分点,比 2011 年回落 11.9 个百分点。其中,住宅投资 49 374 亿元,增长 11.4%,增速比 1~11 月份回落 0.5 个百分点,占房地产开发投资的比重为 68.8%。

2012 年,房地产开发企业房屋施工面积 573 418 万平方米,比上年增长 13.2%,增速比 1~11 月份回落 0.1 个百分点;其中,住宅施工面积 428 964 万平方米,增长 10.6%。房屋新开工面积 177 334 万平方米,下降 7.3%,降幅比 1~11 月份扩大 0.1 个百分点;其中,住宅新开工面积 130 695 万平方米,下降 11.2%。房屋竣工面积 99 425 万平方米,增长 7.3%,增速比 1~11 月份回落 6.8 个百分点;其中,住宅竣工面积 79 043 万平方米,增长 6.4%。

2012 年,房地产开发企业土地购置面积 35 667 万平方米,比上年下降 19.5%,降幅比 1~11 月份扩大 4.7 个百分点;土地成交价款 7410 亿元,下降 16.7%,降幅扩大 6.4 个百分点,这样就有一个十分庞大的住宅市场需求量。

2. 城市基础设施

我国城乡基础设施,包括铁路、公路、供水、供电、供气、供热、污水处理、城市道路仍然处于短缺状态,而且总体缺口较大,基础设施的建设高潮仍将持续。

1) 城市轨道交通工程

随着我国城市地面交通的拥挤、城市建设要求和人民防空要求等问题的出现,发展地铁交通是我国许多城市解决交通问题的主要策略。有一些大城市、特大城市只能向地下空间发展。

2012 年中国地铁总里程为 1512 公里,但 2015 年将飞速发展至 4012 公里,2020 年可达 6776 公里。2011—2015 年,复合年增长率可达 21.6%。

地铁建设投资大,大约 1 公里需要 4~6 亿人民币,并且它的建设期较长。

在经济发达地区,如珠江三角洲地区、长江三角洲地区正在酝酿建设区域内的轨道交通系统,建设的前期工作已开始启动。

2) 公路工程

交通运输部新闻发言人何建中2011年3月23日在新闻发布会上透露,截至2010年底,全国公路网总里程达到398.4万公里,其中高速公路通车里程达到7.4万公里,农村公路通车里程达到345万公里,极大促进和保障了我国经济社会的发展。

按照交通部已经确定的公路水路交通发展 2020 年以前的目标和本世纪中期的战略目标,到2020年,公路基本形成由国道主干线和国家重点公路组成的骨架公路网,建成东、中部地区高速公路网和西部地区八条省际公路通道,45 个公路主枢纽和 96 个国家公路枢纽。到2020年,全国高速公路达到 10 万公里以上。

3) 港口工程

港口工程是我国交通运输业的重要组成部分。2012 年世界集装箱港口排名中,前十位分别为:上海 3253 万 TEU(国际标准箱单位)、新加坡 3166 万 TEU、香港 2311 万 TEU、深圳 2294 万 TEU、釜山 1703 万 TEU、宁波-舟山 1683 万 TEU、广州 1450 万 TEU、青岛 1450 万 TEU、迪拜 1327 万 TEU、天津 1230 万 TEU。我国已经成为全球海运需求增长的主要动力来源,2012 年全球海运贸易新增运量的 80%来自中国。近几年港口业平均利润率一直保持较高水平,并且稳定增长,成为投资的热点领域。大连、天津、青岛、南通、宁波、舟山、茂名、湛江等沿海城市,纷纷将发展港口,特别是建设大型油品泊位作为其城市发展战略的重要组成部分,石油战略储备库建设将使油品运输成为港口新的利润增长点。

4) 水务业

水务业是一个以投资大、周期长、回报率低而稳定为特征的行业,可细分为水的生产与供应、污水处理两个子行业。在这个行业投资获利来于用水量的增加、水价和污水处理费的调升。据国家经济发展权威部门预测,水务市场从中长期来看,年增长率将维持在15%左右,投资回报率高于其他行业平均水平,极富投资价值。

截至 2012 年 9 月底,全国设市城市、县累计建成城镇污水处理厂 3272 座,处理能力达到 1.40 亿立方米/日。目前在建的污水处理厂的数目已超过投入运行的污水处理厂,而且未来十年每年将有一大批污水处理厂投入使用。

5) 城市地下管道系统

长期以来人们一直不重视城市地下管道系统的建设,所以问题很多,如许多城市地下系统混乱、没有统一规划,各领域各自为政,包括给排水系统、能源系统、各种通讯和电力线路系统等。作为向历史负责任的政府应该逐步解决这些问题。

3. 铁路和高速铁路建设需求

2012 年安排铁路固定资产投资 5000 亿元,其中基本建设投资 4000 亿元,新线投产 6366公里 。我国交通运输发展的目标是以铁路、高速公路为主骨架的综合运输体系。目前我国铁路仍处于大规模建设的高峰期。2010 年全国铁路营业里程达到 9 万公里,复线和电气化比例分别达到 45%以上,基本实现了技术装备现代化。

我国投入运营的高速铁路已达到 6552 营业公里。其中,新建时速 250～350 公里的高速铁路有 3676 营业公里;既有线提速达到时速 200～250 公里的高速铁路有 2876 营业公里。我国高速铁路运营里程居世界第一位。正在建设之中的高速铁路有 1 万多公里。

现在总投资达 1400 亿元的京沪高速铁路项目已建成运营。将来我国还要新建许多高速铁路，将需要巨额的投资。

4. 环境保护与节能工程

我国环境形势十分严峻，要解决环境的困境必须加强对相关工程的投资。目前我国还有 160 个城市的生活垃圾无害化处理率为零，大部分中小城市环境基础设施建设落后。

我国在环境治理方面已经做了许多工作，但效果并不显著。例如，到 2004 年，淮河污水治理已经 10 年，国家总共花了 193 亿人民币。如果算上社会成本，大致达到 600 亿人民币，但治理效果并不理想。由于环境保护带来的工程拉动效应，环境保护不仅要求大量的污染专项治理设施投入，以及城市污水处理、垃圾处理和大江大河的处理设施投入，而且会带来工业结构调整要求和新的投资要求。

现在国家提出资源节约型、环境友好型社会的建设要求，这会促进工业生产技术进步、产品更新、工艺更新、产业升级，由此也带来工程投资的需求。

2010 年发布的《国务院关于确保实现十一五节能减排目标通知》提出：到 2010 年底，全国城镇新建建筑执行节能强制性标准比例达到 95% 以上。近年来我国提高了建筑节能标准，2005 年到 2010 年全面启动建筑节能和推广绿色建筑，平均节能率达到 50%；2010 年到 2020 年，将进一步提高建筑节能标准，平均节能率要达到 65%。然而根据有关调查显示，我国目前建筑能耗比例已占到全国总能耗的 27.6% 左右，而新建建筑不节能的占 95%，甚至有的建筑中不节能的比例高达 99%。我国建筑业已成为耗能最多的行业，建筑高能耗日益成为制约可持续发展的顽疾。可见，我国建筑节能的潜力巨大，比如在新建建筑节能标准执行、可再生能源在建筑中应用、大型公共建筑节能改造和绿色建筑示范推广等方面。

5. 工业建设

今后对于工业建设的需求主要集中在能源，包括核能、火电、水电、石油化工、汽车等新型制造业方面。

(1) 资源开发、能源生产等建设投资呈大幅度增长趋势，如煤炭开采，电力、热力的生产与供应，石油和天然气开采投资还会增加。

(2) 新型制造业的快速发展。随着民间资本的增加，经济发达地区的高新工业投资，中部资源和能源富集区，沿海、东北的重、化工业投资，乡镇的轻工业投资等都呈现快速发展的势头，促进了建筑业的发展。

6. 新农村建设

《中共中央国务院关于推进社会主义新农村建设的若干意见》要求，按照科学发展观的要求和城乡统筹的思路，加强农村基础设施建设，加强村庄规划和人居环境治理，加强宅基地规划和管理，大力节约村庄建设用地，向农民免费提供经济安全适用、节地节能节材的住宅设计图样。

新农村基础设施包括农业生产基础设施、农民生活基础设施以及农村社会事业基础设施等多方面内容，主要包括以下三个方面：

(1) 基本生产、生活基础设施，主要是水、路、气、电。具体项目包括基本农田水利、安全饮水、村村通公路、村内道路硬化、沼气等清洁燃料、电网、村村通广播电视、文化站(或图书室)等。

(2) 基础教育和基本医疗设施。具体项目包括村医疗室、乡镇卫生院、幼儿园、中小学教室等。

(3) 村级环境整治。具体项目包括改厨、改厕、改圈、排水沟、沟渠硬化、河塘清淤、垃圾收集、污水处理等。

据有关部门调查估计，新农村建设投资需求达到 8 万亿元以上，相当于近一年的国内生产总值和近 3 年的全国财政收入。

7. 水利建设

"十一五"时期，我国水利建设投入达 7000 多亿元，是"十五"时期的 1.93 倍。期间一大批重点水利工程建成投入运行，水利基础设施建设实现了重大跨越。"十二五"时期是我国大幅度增加水利投入，从根本上扭转水利建设明显滞后局面的关键时期。水利部总规划师兼规划计划司司长周学文透露，经初步测算，"十二五"期间，全国水利建设总投资规模约 2 万亿元，其中中央投资 1 万亿元左右。

周学文 2011 年 6 月在福州举行的全国水利规划计划工作会议指出，"十二五"时期，随着大规模水利建设的全面展开，要把加强水利薄弱环节建设、不断完善水利基础设施建设体系作为战略重点，把完善水利规划体系、加快项目前期工作、扩大投资规模作为主攻方向，把强化规划计划管理、加强队伍建设作为重要支撑，为新一轮大规模建设提供有力保障。

8. 其他领域

近几年来，教育基础设施投资是固定资产投资的一个亮点，除此以外，各种新兴产业也促使新的工程类型的发展，延伸了工程的应用领域。

(1) 新型建筑材料。新型建筑材料是建材工业中的新兴产业，主要包括：新型墙体材料、新型防水密封材料和新型建筑装饰装修材料等。从"十一五"规划建议中所强调的"节能降耗"角度出发，我们基本可以把握该行业的发展机会所在。建筑要实现节能不仅是门窗要实现节能，墙体实现节能也是十分关键的。

(2) 信息产业中的集成电路、软件等核心产业。数字化音视频、新一代移动通信、高性能计算机及网络设备，以及宽带通信网、数字电视网和下一代互联网等信息技术的推广需要相应的信息基础设施建设。

(3) 新能源开发利用。可再生能源发电有巨大的发展空间：未来 5 年，每年至少需要发展 100 多万千瓦装机容量可再生能源发电系统；到 2050 年，尚有 7.2 亿千瓦缺口需要可再生能源发电来满足。另外，太阳能、风能、水能、垃圾能、地热能、海洋能等"可再生能源"有成本优势，如风电建设投资成本已与核电大致相当，未来可能低至 500 美元/千瓦以下；在光伏发电方面，目前国内光伏电池的效率和售价与国际水平接近。因而，可再生能源发电将是大规模发展的方向，相关的发电、储能及运输均面临更高的要求，相关的应用研究、技术开发与产品开发投资会带动相应的工程投资。

(4) 航空航天领域工程的发展。迄今为止，我国几代航天人已自主研制成功多系列战略战术导弹，"长征"系列运载火箭已进行八十八次发射，共发射七十余颗国产卫星和二十八颗外国卫星。我国卫星研制已经基本实现卫星系列化、平台公用化、型谱化，正在从试验验证型向业务应用型转化。

另外我国的载人航天计划、登月计划也正在进行中，这会带来相关的基地和平台建设工程的发展。

第二节　工程项目管理未来发展趋势

一、工程项目管理的主要发展趋势

随着工程项目管理理论及知识体系的逐渐完善，工程项目管理发展趋势主要有：

(1) 项目管理的国际化趋势。随着我国改革开放的进一步加快，中国经济日益深刻地融入全球市场，企业走出国门在海外投资和经营的项目也在增加，许多项目要通过国际招标、咨询或 BOT 方式运作，项目管理的国际化正形成趋势和潮流。特别是我国加入 WTO 后，行业壁垒下降，国内市场国际化，国内外市场全面融合，面对日益激烈的市场竞争，我国的企业必须以市场为导向，转换经营模式，增强应变能力，勇于进取，在竞争中学会生存，在拼搏中寻求发展。

(2) 工程项目全寿命管理趋势。所谓全寿命管理即为建设一个满足功能需求和经济上可行的工程项目，对其从工程项目前期策划，直至工程项目拆除的项目全寿命的全过程进行策划、协调和控制，以使该项目在预定的建设期限内、在计划投资范围内顺利完成建设任务，并达到所要求的工程质量标准，满足投资商、项目经营者以及最终用户的需求；在项目运营期进行物业的财务管理、空间管理、用户管理和运营维护管理，以使该项目创造尽可能大的有形和无形的效益。

(3) 项目管理专业化、社会化和市场化趋势。项目管理专业化、社会化、市场化是建设工程领域生产力发展到一定阶段的产物。随着建筑工程科学和技术的不断发展，各种新结构、新材料、新工艺、新技术不断涌现，工程规模日益扩大，结构形式多样化、技术与管理复杂化，使得原始的业主自行管理模式不能适应建筑工程发展的要求，只有通过专业化、社会化的项目管理队伍的项目工作，才能有效地利用专家的知识和项目管理经验进行质量控制、进度控制和造价控制，从而保证工程质量和提高投资效益。因此工业发达国家在 20 世纪早期就出现了项目管理工作的专业化和社会化趋势，并在最近 20 年表现得更加突出，项目管理工作已成为西方发达国家的工程咨询业的重要组成部分。这种模式除了能有效地保证工程质量和提高投资效益外，还可以使得投资者将大量的精力由原来的生产管理转移到经营管理和资本管理工作中来，因而受到西方发达国家投资者的普遍欢迎和认同。项目管理专业化和社会化促进了项目管理咨询市场的形成。

(4) 工程项目管理的集成化趋势。所谓工程项目管理的集成化就是利用项目管理的系统方法、模型、工具对工程项目相关资源进行系统整合，并达到工程项目设定的具体目标和投资效益最大化的过程。例如"SIPOC"工程项目管理模型将工程项目的过程简单描述为：S—供应商，I—工程项目输入，P—工程项目的系统处理过程，O—输出，C—客户。它将工程项目的利害关系者集合和工程项目的过程作为一个完整的整体进行研究，揭示了工程项目的系统集成是工程项目内在本质的要求。

(5) 工程项目管理模式多样化趋势。项目管理模式按项目管理主体的不同有自行管理模式(包括项目法人管理模式和政府管理模式)、委托型项目管理模式(包括项目管理承包 PMC 模式和代建型模式)，以及总承包管理模式。目前，在工业发达国家，不同国家有不同的项目管理模式，同一国家也有不同的项目管理模式，如在公路建设项目管理中，有政府管理模式、项目法人管理模式、总承包管理模式。近年来更是出现了代建制、BOT、Partnering、Project Controlling 多种新的管理模式，整体上呈现出项目管理模式多样化的特点和趋势。

(6) 项目管理的信息化、虚拟化趋势。伴随着 Internet 走进千家万户，以及知识经济时代的到来，项目管理的信息化已成必然趋势。21 世纪的主导经济——知识经济已经来临，与之相应的项目管理也将成为一个热门前沿领域。知识经济时代的项目管理是通过知识共享，运用集体智慧提高应变能力和创新能力。目前西方发达国家的一些项目管理公司已经在项目管理中运用了计算机网络技术，开始实现了项目管理网络化、虚拟化。另外，许多项目管理公司也开始大量使用项目管理软件进行项目管理，同时已开始项目管理软件的开发研究工作。种种迹象表明 21 世纪的项目管理将更多地依靠电脑技术和网络技术，新世纪的项目管理必将成为信息化管理，主要表现有：工程项目管理信息系统(MPIS)软件的开发，基于局域网(LAN)的工程项目管理，基于 Internet 的工程项目管理及虚拟建设(Virtual Construction)等。

下面针对几个主要方面进行阐述。

二、工程项目集成管理

1. 工程项目集成管理的概念

工程项目集成管理是为确保项目各专项工作能够有机地协调和配合而开展的一种综合性和全局性的项目管理工作，包括协调各种相互冲突的项目目标、选用最佳或满意的项目备选方案，以及集成控制项目的变更和持续改善项目工作方法等方面的内容。建设工程项目集成管理从本质上说就是从全局的观点出发，以项目整体利益最大化作为目标，以项目各专项管理(包括项目时间、成本、质量、资源、风险、采购管理等)的协调与整合为主要内容，所开展的系统性项目管理活动。

目前，国内外工程项目管理，大多数还停留在对工程项目管理过程中某个具体阶段或某项作业的管理。显然，这种孤立的、分散化的项目管理和决策方法已经适应不了当今新型项目建设的要求。

现代工程项目已经具有了复杂性、不确定性和动态性特点。尤其是其动态性的特点所要求的管理方式与静态工作所要求的有很大的不同，整个管理过程各参与方之间的关系有很大改变。工程项目的参与方越来越多，这迫切需要业主与各方及各方之间建立起真正的良好合作关系。承包商可对工程项目实施的全过程进行集成化的管理，提高项目执行的效率，还可利用现有的资源向业主提供价值最大化的项目产品。全过程工程项目集成和全要素工程项目集成属于全新的项目管理理念，需要以与之相适应的项目管理组织结构作为依托。最根本的做法是把注意力集中在项目执行的过程上，集中在各种活动的相互关系和影响上，从全局对项目执行的过程进行合理的计划和控制，进行集成化管理，从根本上减少和避免突发事件的发生。

2. 工程项目集成化管理体系

工程项目集成管理是一种由全生命周期集成、要素集成和外部集成三个部分构成的一个完整的集成管理体系。三种集成的含义分别如下：

(1) 全生命周期。全生命周期集成即工程项目生命周期的各阶段的集成，是指工程项目集成化管理将项目实施的整个周期，从决策、设计、计划、施工、运营到最后的后评价，各阶段各环节之间通过充分的信息交流集成为一个整体，使得信息在项目的各阶段间能准确、充分地传递，各阶段的参与方能进行有效的沟通与合作。

(2) 管理要素集成。工程项目同时具有工期、质量、成本、范围、人力资源、风险、沟通等多个相互影响和制约的管理目标。工程项目集成化管理在项目实施过程中对这些目标和要素进行了通盘的规划和考虑，以达到对项目的全局优化。

(3) 基于工程项目协同商务的工程项目管理的外部集成。现有的项目管理系统各参与者包括业主、咨询专家、设计师、监理工程师、承包商、分包商、设备供货商、原材料供应商等，他们之间是由独立的合同构成的交易关系。项目参与方之间缺乏相互交流和了解，影响各方的合作，容易造成各方追求局部优化的现象。特别是原先的工程项目管理体系对工程项目中供应商、分包商等的地位和作用缺乏必要的论述，成为了一个盲点。但是随着工程项目管理水平的提高，原有的工程项目管理体系内部可发掘的潜力越来越少，发掘原有管理体系外部的潜力成为提高工程项目管理水平的重要途径。

3. 工程项目集成化管理的实施

建设工程项目集成管理体系不是一个孤立的管理体系，它的实施需要各方面条件的配合。具体来说，它需要合作理念作为指导思想，信息平台作为实施的物理条件，合适的项目组织作为实施的组织基础。具体如下：

(1) 合作的理念是实施项目集成化管理的基础。工程项目集成化管理作为一种新的项目管理模式，其推广和实施是以合作的理念为基础的。合作理念意味着：

① 参与合作的各方不将其他企业单纯地视作竞争对手，而是视作在共同利益基础上的合作伙伴。

② 参与合作的各方将各自的工作重点放在如何保证和扩大共同利益上，而不是如何从合作对象中"占便宜"。

③ 合作是一种长期稳定的关系，合作参与各方的彼此信任和对商誉的重视是合作的基础。

工程项目集成化管理的实施将使工程建设业企业之间建立起一种真正的伙伴关系，改变他们现有的从自己利益出发的行为方式，从而消除传统管理模式中的一些消极现象。

(2) 信息平台是支持项目集成化管理实施的物理条件。在工程项目集成化管理中，信息系统是项目管理者进行项目集成化管理的工具。复杂、不确定和变化快是现代工程项目的基本特点，在工程项目集成化管理方式中，项目管理者需要大量的实时信息和反馈，以进行科学、系统的动态决策。没有一个完善、快速的信息系统，这种决策是难以想象的。因此，工程项目集成化管理的实施需要一个有效的信息系统作后盾，保证其计划和决策的及时性以及协调和控制的有效性。

目前的项目管理实践还停留在各参与方自行工作的基础上，各方都在自己合同范围内工作，与其他参与方处于相互隔绝的状态。工程项目集成化管理的信息系统将为各专业参与方提供信息交流的平台，保证项目的各参与方充分发挥各自的作用。

(3) 科学的项目组织是实施集成化管理的组织基础。项目组织是多种知识和技术构成的团体，各成员代表了各自特有的知识和技能，在项目组织内，他们之间有很强的依赖性，各方进行的工作往往需要其他参与方提供必要的信息。联合协调小组应该成为各成员交流信息需求的场所。在项目的联合协调小组中，各参与方的负责人可以直接与相关的参与方进行公开的交流和协商，共同讨论项目相关部分的执行方案。

三、工程项目管理新模式

在工程项目管理过程中，采取的项目管理模式不同，政府、项目法人、中介机构等在项目管理中的地位和作用问题也不同。我国改革开放以来所推行的建设项目法人制度、招标投标制度、工程监理制度、承包合同制度以及近年提出的项目代建制度，实际上都围绕工程项目管理模式问题而展开，至今仍在争论和探索。

在工程项目管理领域，常见的传统工程项目管理模式有"设计—招标—建造"模式(Design-Bid-Build，DBB)、"设计—建造"模式(Design-Build，DB)、CM模式(Construction Method，CM)等。除了以上传统的工程项目管理模式外，国际工程项目承包中涌现出了一些新模式，主要有工程总承包(EPC)、"建造—运营—移交"(BOT)、合作管理(Partnering)、项目总控模式(Project Controlling)及代建制等类型。各种具体模式将在后面相关课程学习，此处仅对合作管理和项目总控模式简单介绍。

1. 合作管理

传统的建设合同中，业主与承包商之间往往视彼此为对手，这导致了效率的降低和成本的增加。因此，业主们试图寻找一种新的模式来处理与承包商之间的工作关系。于是合作管理开始为人们所重视和使用。20世纪80年代合作管理模式兴起于美国，1984年壳牌石油公司与SIP 641工程公司签订了被美国建筑业协会(CII)认可的第一个真正的协议。所谓合作管理模式，是指业主与工程参与各方在相互信任、资源共享的基础上达成一种短期或长期的协议，在充分考虑参与各方利益的基础上确定建设工程共同的目标，建立工作小组，及时沟通以避免争议和诉讼的产生，相互合作、共同解决建设工程实施过程中出现的问题，共同分担工程风险和有关费用，以保证参与各方目标和利益的实现。选择了合作管理模式，就应抛弃传统的合同各方之间的对立关系，而为达到一种"双赢"(Winwin)局面而努力。因此，人际关系、权力的平衡和各方股东的利益的满足是合作管理模式需要解决的问题。合作管理模式有以下特点：出于自愿，高层管理的参与，Partnering协议不是法律意义上的合同，信息的开放性。

2. 工程项目总控

工程项目总控模式于20世纪90年代中期在德国首次出现并形成相应的理论。我国于1998年首次引进该模式。工程项目总控是指以独立和公正的方式，对工程项目实施活动进行综合协调，围绕工程项目的费用、进度和质量等目标进行综合系统规划，以使工程项目的实施成为一种可靠安全的目标控制机制。它通过对工程项目实施的所有环节的全过程进行调查、分析、建议和咨询，提出对工程项目实施切实可行的建议方案，供工程项目的管理层决策参考。根据建设工程的特点和业主方组织结构的具体情况，它可以分为单平面和多平面两种类型。

工程项目总控模式主要有以下特点：

(1) 工程项目总控是独立于工程项目实施班子之外的一个组织，是指挥部的高级参谋部，是业主代表旁边的一个机构。它不直接面对工程项目设计、材料供应单位，不介入各方之间的矛盾，只面对业主代表。工程项目总控方的核心任务是发现工程项目实施过程中存在的问题，并分析产生问题的原因，提出工程项目"诊断"报告，制定解决的方案。

(2) 工程项目总控是一种高层次的工程项目管理咨询活动，对知识要求较高。其工作主要是通过对工程项目全过程进行目标跟踪、调查和分析，及时向指挥部提出工程项目实施的有关信息与咨询建议，以供决策者参考。

(3) 工程项目总控模式中一个很重要的工作是要进行大量的信息处理。工程项目控制离不开计算机，因此要设立工程信息处理中心。

(4) 工程项目总控班子的人员组成是高层次的咨询工作者，其工作产品是有相当价值的信息，包括以书面形式不定期地对重大、关键问题提出的分析和控制建议；定期的工程项目控制报告(月度、季度、半年、年度)，范围包括资金运用情况、工程项目进展情况、工程项目质量以及合同执行的情况、组织协调上的问题、信息处理上的问题等；对影响工程项目目标的风险进行预测，对可能产生的偏差提出纠偏控制建议；以会议的形式，与工程项目各参与方共同讨论有关问题，对决策者提出有价值的建议。

四、工程项目管理的信息化、虚拟化

信息化是当今世界科技、经济与社会发展的重要趋势。信息技术已广泛渗透到经济和社会的各个领域，推动人类社会生产力达到一个崭新的高度。随着信息技术和网络技术的发展，信息在工程项目管理中的应用越来越广泛。

信息化(Informatization)的概念是20世纪60年代末日本人最先提出的，并作为此后20多年日本政府重要的政策内容。我国"国民经济和社会发展第十一个五年计划信息化重点专项规划"中所指的信息化是指"以信息技术广泛应用为主导，信息资源为核心，信息网络为基础，信息产业为支撑，信息人才为依托，法规、政策、标准为保障的综合体系"。这一概念准确、清晰地表述了当前和未来一段时期我国信息化建设的主要内容，以及应用、资源、网络、产业、人才、法规政策标准在信息化体系中的位置以及相互之间的关系。

工程项目管理信息化的概念，可借用上述定义并考虑工程项目管理的特点，描述为："以信息技术应用为主导，工程项目中的信息资源为核心，信息网络为基础，项目管理企业为支撑，信息人才为依托，质量标准为保障，为实现工程项目各生产要素的动态管理，以达到项目利润的最大化为目标的综合体系"。

随着信息技术的高速发展和不断应用，其影响已波及传统建设施工行业的方方面面。信息技术对工程项目管理的影响在于：

(1) 建设工程组织的虚拟化。在大型项目中，建设工程组织在地理上分散，但在工作上协同。

(2) 在建设工程的方法上，由于信息沟通技术的应用，项目实施中有效的信息沟通与组织协调使工程建设各方可以更多地采取主动控制，避免了许多不必要的工期拖延和费用损失，目标控制更为有效。

1. 网上招投标

1) 网上招标投标的定义

网上招标在现阶段就是通过互联网实施项目招标采购。我们所知道的招标程序实质上是一种需求方有条件的选择过程——从两个以上的潜在供应商之处，通过对供应商进行商务、技术以及价格的综合评定，选择性能价格比最优的供应商，并签订最终的购买合同。如果我们能够将上述这一过程在互联网上整体实现，那么就可以说我们阶段性地实现了网上招标。

2) 网上招投标的优势

招标作为采购的一种特殊方式，它的先进性和优越性是不言而喻的，因而正在被广泛地应用到经济生活的方方面面。网上招标相对传统招标而言，在简化操作、缩短周期、扩大宣传、降低成本、增加透明度等方面都有更大的优势。概括起来，主要体现为：

(1) 简化了招标准备工作。相关的项目管理信息通过一次性的录入数据库，从而在项目审批、文件编制、评标汇总、合同执行等阶段中被反复调用，避免了劳动的重复和差错的产生。

(2) 招标文件编制快速。招标人在编制招标文件时，可以通过调用数据库里的信息资源，快速完成项目招标文件的编制工作。由于电子文档的可复制性和可传输性，多个编制人员可以对所有招标文件实现共享，并且可以通过网络实现招标文件的远程编制。

(3) 招标信息发布便捷。招标信息在传统媒体上发表的同时，通过在互联网上的同步发送，可以被更多的潜在投标人所获得，从而扩大招标范围，增强了竞争性。同时通过可下载的电子招标文件，使投标人能更直接的获得详细的招标信息，并即时投入投标准备工作。

(4) 便于跨地区开标与竞价。在投标人充分完成投标准备以后，招标方可以通过网络收取投标人网上所递交的电子投标文件，实现跨地域的同时开标。不论是一次报价还是多次竞价，投标报价都可以通过网络同时反馈给招标方与投标方，最大程度上保证了招标的公开和公正。

(5) 缩短了评标时间，增强了评标安全性。针对投标人所递交的电子投标文件，可运用网络联接数据库里不同的专家评委，进行综合评定。这样就大大缩短了评标时间，增加了评标的公正和安全。系统将根据专家评委们的综合评定，自动按照事先公布的评分办法，计算出每一个投标人的综合得分，使招标方更加准确合理地确定中标方。

3) 网络招投标的实施阶段

(1) 初级阶段：部分招标程序的网络化。在网络招标的初级阶段，我们还不能够全面实施网络招标，尤其是在基础设施不健全、操作者水平不够高的情况下，我们只能实现部分招标程序的网络化。这些可网络化的招标程序包括项目招标预告、洽谈技术方案、编制招标文件、发布招标文件和进行公开开标。

① 项目招标预告。项目业主单位或代理机构对将要开展招标的项目进行预告，主要是把有关项目的背景材料、分包方案、采购清单和采购计划等通过网络发布出去，以便潜在的投标人能够尽早获取有关项目信息，保证有充裕的时间进行项目跟踪准备。

② 交流技术方案。招标采购中技术方案和技术参数的合理性和先进性是非常重要的，

在编制招标文件技术部分前，招标方通常会针对各种不同设计思想的技术方案和具体技术参数与各个潜在投标人进行交流。为获得合理可行的技术方案及先进的技术参数和规格，双方必须经过多次反复交流，既费时又费力。随着网络技术的发展及其在互联网络上的广泛应用，使得招标方在不同的地点同时进行"一对多"的在线技术交流成为了现实。实时的商谈、鲜明的对比、真实的记录，将大大提高技术方案交流的效率和质量，缩短项目准备时间，保证项目单位尽早投入到项目实施工作中去。

③ 编制招标文件。招标文件的主体包括商务部分和技术部分。商务部分大部分属于通用性的内容，针对这些内容可以建立健全相关的商务文件数据库，供历次招标反复使用。编标人员可以通过互联网调用商务文件数据库里的数据，在项目所在地即时编制商务招标文件。由于招标文件的技术部分涉及的行业不同，不具备普遍共性，在编制的过程中需要专家的参与，因此在初级阶段还不能够实现网络化。随着一定量的积累和专家库的逐步健全丰富，将最终形成相关行业技术文件数据库，如《公路工程国内招标范本》。

④ 发售招标文件。传统的招标信息的发布是通过报纸、杂志这些传统媒体，目的是使尽可能多的供应商获得招标信息，以便形成广泛的竞争，从而达到物美价廉的采购效果。供应商在获得有关的招标信息后，必须到指定地点按要求取得招标文件。互联网作为一种飞速发展并被广泛应用的新型载体，同时具备信息发布和文件传输的双重功能，较传统媒体而言，不仅具有广泛性——可以使任何潜在的供应商在任何地点获得招标信息，而且具有时效性——供应商在获得招标信息的同时，立即可以通过网络下载招标文件。这样一来，招标的范围扩大了，供应商获取招标文件的手续简化了，招标的竞争程度也相应增强了，就有可能达到更好的招标结果。

⑤ 进行公开开标。现场的公开开标是传统招标程序中体现招标公正的标志。通过公开开标，招投标双方产生了招标过程中的第一次真正意义上的信息交流，因而公开开标意义是十分重大的。但是，在互联网广泛应用的今天，传统的开标方式越来越表现出它的局限性。伴随着网络文件和数字信号在网络传输中的应用，公开开标这一标志性的环节在今天有了通过网络实现的可能。投标人可以在各自的办公室里实时参与千里之外公开开标的全过程，而且能够在开标结束后立即获得全部的开标记录。因此，网络开标不仅可以为投标人节省时间和费用，而且在具有安全保证的前提下更加公开、公正。

(2) 发展阶段：在线投标、专家参与以及网络评标。因为有了初级阶段基础设施的建设、人员的培训以及部分招标程序的网络化，故在发展阶段就可以通过在线投标、专家参与以及网络评标，完成全过程的网络招标。

① 在线投标。投标人为实现中标的目的，必须完成满足招标文件各项要求的投标文件(即响应)。而项目投标文件的质量是决定中标与否的关键性因素。由于针对不同项目的招标文件在商务和技术条件上存在着复杂多样的要求，这样即使是行业内专业的制造厂商或施工单位，一般也很难在初期参与投标的过程中就能高质量地完成投标文件，当然也就不能达到中标的目的。因此提供给供应商一份标准化的电子表格式的投标文件是十分必要的。投标人在投标的过程中只需要通过浏览器填写标准化的电子表格，就可以完成一份对招标文件做出充分响应的标准化投标文件。这样不仅减少了投标人由于无法响应招标文件而落标的可能，而且也为招标方简化了其评标工作。

② 专家参与以及网络评标。在网络招标中，由于招标过程绝大部分实现了网络化和自

动化，专家参与主要体现在评标的最后阶段，专家的意见将成为投标人中标与否的决定条件。因此在实施网络招标时，必须在拥有健全的、涉及各行业的专家数据库的基础上，有针对性地从其中选择聘请招标所需要的行业专家参与招标工作。专家的参与作用除了体现在编制招标文件技术部分之外，还集中地体现在通过网络进行评标——每个投标人的投标文件将通过网络匿名发送给所有已选定的行业专家进行评审，专家们根据个人的意见分别进行评标打分，然后网络系统按照招标文件的规定，将专家们的评分进行综合汇总，计算得出各投标人的最后评标分数，并按照得分由高到低的顺序对投标人进行排序，得分高且终审合格的投标人中标。

(3) 高级阶段：电子商务交易市场中针对特殊需求的特殊交易模式。由于网络时代电子商务的飞速发展，另外一些较先进的交易模式(如网络拍卖、电子化自动交易系统等)已经出现，它们可以连续地、自动地将需求方与供应方进行匹配，从而形成实时的动态定价，其一方面提高了效率，另一方面增加了供需双方的收益。而当网络招标的发展阶段全面实现以后，网络招标在成熟的电子商务市场中，将作为针对特殊需求的特殊交易模式而独立发展。

2．虚拟施工

2000 年 6 月，中国建筑第三工程局和华中理工大学(现华中科技大学)联合在上海浦东召开了"上海正大广场施工虚拟仿真系统演示研讨会"。来自中科院、华东建筑设计院、南京大学等科研机构的专家、学者一致认为，将虚拟技术运用于建筑工程施工，这在国内尚属首次，不仅填补了国内空白，还达到了国际先进水平。

1) 虚拟施工的概念

虚拟施工(Virtual Construction，VC)，是实际施工过程在计算机上的虚拟实现。它采用虚拟现实和结构仿真等技术，在高性能计算机等设备的支持下，在计算机上群组协同工作，对施工活动中的人、财、物的信息流动过程进行全面的仿真再现，以发现施工中可能出现的问题，以便在实际投资、设计或施工活动之前就采取预防措施，从而达到项目的可控性，并降低成本、缩短工期、减少风险，增强施工过程中的决策、优化与控制能力。虚拟施工不消耗现实资源和能量，所进行的过程是虚拟过程，因而能为工程施工提供有益的经验。通过虚拟施工技术，业主、设计者和施工方在策划、投资、设计和施工之前能够首先看到并了解施工的过程和结果。虚拟施工的过程如图 9-1 所示。

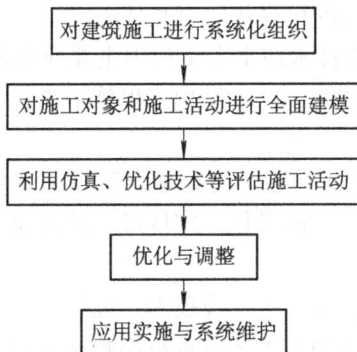

```
对建筑施工进行系统化组织
        ↓
对施工对象和施工活动进行全面建模
        ↓
利用仿真、优化技术等评估施工活动
        ↓
优化与调整
        ↓
应用实施与系统维护
```

图 9-1　虚拟施工的过程

2) 虚拟施工技术给项目管理带来的重大变革

(1) 由"一次性"到"多次性"。"一次性的任务"是项目的最根本的特征,项目实施过程中所面临的问题,可能都是以前从未遇见过的,这是项目管理的最大挑战。通过虚拟技术,可以让项目的实施过程在虚拟的环境中模拟多次,找出项目实施过程可能碰到的问题,并给出解决方案。

(2) 由"流线型"到"循环型"。在传统的建设过程中设计、施工、使用彼此独立,设计与施工之间缺乏信息反馈,由此常常产生施工过程中的设计变更,造成很大的损失。

通过应用虚拟施工技术,可实现设计与施工的全面整合与系统集成,如图 9-2 所示。

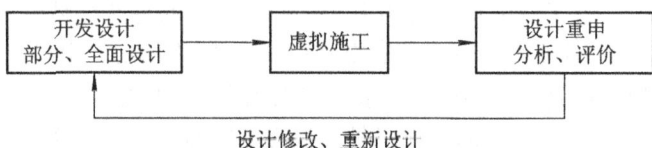

图 9-2 虚拟技术实现设计与施工的整合

(3) 虚拟施工技术的 5D 模型,实现设计、预算、进度的联动。通过 5D 模型,如图 9-3 所示,设计、预算、进度可以同步获得与 3D 模型关联,保持最新的、准确的预算和评估。

图 9-3 虚拟技术 5D 模型示意图

3) 虚拟施工的技术支撑体系

虚拟施工涉及多个学科领域,其主要支撑技术包括虚拟现实技术、计算机仿真技术、建模与优化技术以及相关的软硬件技术。

(1) 虚拟现实技术。虚拟现实技术综合了计算机图形技术、计算机仿真技术、传感器技术、显示技术等多种学科的优势,它为人机交互对话提供了更直接和真实的三维界面,并能在多维信息空间上创建一个虚拟信息环境,使用户具有身临其境的沉浸感。虚拟现实技术为虚拟施工开发提供了直接的可视化的交互环境。

(2) 计算机仿真技术。仿真技术在土木工程中主要应用在结构计算、施工技术与管理领域。仿真技术是虚拟施工的核心。对于结构工程施工来说,进行内力仿真分析对工程施工的安全将提供直接保证。

(3) 优化与建模技术。应用优化原理进行建筑工程的规划、设计、施工、管理能全面综合地考虑在技术、经济和时间上的最优,实现最大的效益。优化方法是虚拟施工系统的一个重要支撑技术。

产品建模方法是虚拟施工的另一个支撑技术。虚拟施工的系统模型包括基础模型、设计模型及施工模型。其中施工模型将工艺参数与影响施工的属性联系起来,以反映施工模型与设计模型之间的交互作用。施工模型必须具备以下功能:计算机工艺仿真、施工数据表、施工规划、统计模型以及物理和数学模型等。

(4) 软硬件基础。虚拟施工体系是已有的 CAD 技术与计算机仿真技术、数据库技术、计算机网络技术、人工智能技术、虚拟现实技术等学科技术的综合系统集成，因此其相关软件也是多方面的，如 EAI 公司的 PDV 产品、Realax、Division、MultiGen、Deneb 等。相关硬件主要有各种型号的 SGI 工作站、SUN 工作站、HP 工作站和 IRIX 工作站等，以及各种立体眼睛、显示器、头盔手套等。在网络应用方面主要有 VRML 语言(Virtual Reality Modeling Language)等。

复习思考题

1. 阅读国家国民经济和社会发展计划，分析将来有前景的主要工程领域，思考其对土木工程的需求。

2. 上网查阅资料，并讨论在我国的一些主要领域中对工程的需求。

3. 了解当前世界高科技的发展状况并举行讨论：现代高科技在工程及工程管理中有什么应用？

4. 工程管理专业及其学生如何适应现代工程及工程管理的发展要求？

参 考 文 献

[1] 中华人民共和国教育部高等教育司. 普通高等学校本科专业目录和专业介绍(1998 年). 北京：高等教育出版社，1998.

[2] 中华人民共和国教育部高等教育司. 普通高等学校本科专业目录和专业介绍(2012 年). 北京：高等教育出版社，2012.

[3] 成虎. 工程管理概论. 2 版. 北京：中国建筑工业出版社，2011.

[4] 任宏. 建设工程管理概论. 武汉：武汉理工大学出版社，2008.

[5] 刘亚辰，刘宁. 工程管理概论. 大连：大连理工大学出版社，2008.

[6] 刘光忱. 土木建筑工程概论. 大连：大连理工大学出版社，2008.

[7] 李毅，王林. 土木工程概论. 武汉：华中科技大学出版社，2008.

[8] 范宏. 建筑施工技术. 北京：化学工业出版社，2005.

[9] 姚兵. 建筑管理学研究. 北京：北方交通大学出版社，2003.

[10] 罗宾斯. 管理学. 11 版. 北京：中国人民大学出版社，2012.

[11] 郑文新，李献涛. 工程管理概论. 北京：北京大学出版社，2012.

[12] 清华斯维尔公司官网 http://www.thsware.com/

[13] 广联达公司官网 http://www.glodon.com/

[14] 鲁班软件公司官网 http://www.lubansoft.com/

[15] 微软中国官网 http://office.microsoft.com/zh-cn/

[16] 北京金山软件公司官网 http://www.kingsoft.com/

[17] 北京视锐达软件科技有限公司 http://www.visualproject.cn/

[18] 中国科学软件网 http://www.sciencesoftware.com.cn/

[19] 郭树荣，任晓宇. 中国建筑业市场准入制度的改革探讨. 中国工程管理论坛，2009.

[20] 赵丽，李海波，刘月君. 工程管理人才现状分析及期望调查. 科技资讯，2009.

[21] 陈文. 我国建筑企业准入市场研究[硕士论文]，天津大学，2008.

[22] 张建坤，成虎. 对工程管理专业地位和学科体系的思考. 建筑经济，2007.

[23] 易忠君. 工程管理专业人才培养中教师角色转换探讨. 当代教育理论与实践，2013.

[24] 杨德广，谢安邦. 高等教育学. 北京：高等教育出版社，2009.

[25] 史玉芳. 工程管理专业实践教学环节一体化构建研究. 中国城市经济，2011.

[26] 陈敬武，陈立文. 资质认证考试制度与工程管理专业本科培养方案研究. 土木建筑教育改革理论与实践，2009.

[27] 李建峰. 工程造价(专业)概论. 北京：机械工业出版社，2011.

[28] 刘伊生. 工程管理实践课程. 北京：北方交通大学出版社，2007.

[29] 梁世连. 工程项目管理. 北京：清华大学出版社，2011.

[30] 戚安邦. 项目管理学. 北京：科学出版社，2007.

[31] 大学生职业生涯规划与就业指导. 南京：东南大学出版社，2008.

[32] 唐伯武. 大学新生入学导论：走进河南工业职业技术学院. 武汉：武汉理工大学出版社，2008.